2018年会计专业技术
人员继续教育读本

赵 澄 主编

中国财经出版传媒集团
经济科学出版社
Economic Science Press

图书在版编目（CIP）数据

2018年会计专业技术人员继续教育读本/赵澄主编.—北京：经济科学出版社，2018.7
ISBN 978-7-5141-9489-0

Ⅰ.①2… Ⅱ.①赵… Ⅲ.①会计人员-继续教育-教材 Ⅳ.①F233

中国版本图书馆CIP数据核字（2018）第147271号

责任编辑：周国强
责任校对：王苗苗
责任印制：邱 天

2018年会计专业技术人员继续教育读本
赵 澄 主编
经济科学出版社出版、发行 新华书店经销
社址：北京市海淀区阜成路甲28号 邮编：100142
总编部电话：010-88191217 发行部电话：010-88191522
网址：www.esp.com.cn
电子邮件：esp@esp.com.cn
天猫网店：经济科学出版社旗舰店
网址：http://jjkxcbs.tmall.com
北京密兴印刷有限公司印装
787×1092 16开 15印张 350000字
2018年7月第1版 2018年7月第1次印刷
ISBN 978-7-5141-9489-0 定价：48.00元
（图书出现印装问题，本社负责调换。电话：010-88191510）
（版权所有 侵权必究 举报电话：010-88191586
电子邮箱：dbts@esp.com.cn）

前　言

为了规范会计专业技术人员继续教育，保障会计专业技术人员合法权益，不断提高会计专业技术人员素养，造就新时代会计技术人才，作者依照《中华人民共和国会计法》和《会计专业技术人员继续教育规定》撰写本书，以帮助广大基层财务人员对最新会计主要法规文件有一个较全面、系统的理解，特别是对相关政策规定的主要经济业务的会计处理方式的改变有一个全面的学习。希望本书能够对广大基层财务工作者在准确理解和把握相关政策方面提供相应的帮助和启示。

本书包含五章内容，分别是：第一章，营改增政策的解读；第二章，企业内部控制规范体系的解读；第三章，小企业会计准则的解读；第四章，政府会计准则的解读；第五章，企业会计准则的最新修订。本书涵盖了会计领域的最新内容，围绕最新发布或修订的准则内容进行全方位解读，适用于会计专业技术人员继续教育的使用，有助于会计专业技术人员适时把握会计行业发展趋势，引导会计专业技术人员更新知识、拓展技能，完善知识结构、全面提高素质。

当然，由于篇幅有限，本书并未对会计准则中的所有问题进行深入的解读；同时由于作者个人知识水平有限，可能对一些政策问题的解读较片面，对于书本中可能出现的问题，恳请广大读者阅读后予以指教。

2018 年 6 月 18 日

目　　录

第一章　**营改增政策的解读** / 1
　　第一节　基本情况介绍 / 1
　　第二节　增值税的主要特征 / 1
　　第三节　政策解读 / 2
　　第四节　改革试点 / 23
　　第五节　政策实施的意义 / 27

第二章　**企业内部控制规范体系的解读** / 29
　　第一节　内部控制规范体系建设的发展历程 / 29
　　第二节　企业内部控制规范的内容 / 32
　　第三节　内部控制应用指引 / 37
　　第四节　企业内部控制评价指引 / 67
　　第五节　企业内部控制审计指引 / 70
　　第六节　我国上市公司2014年执行企业内部控制规范体系情况分析报告 / 77
　　第七节　我国上市公司2015年执行企业内部控制规范体系情况分析报告 / 91
　　第八节　我国上市公司2016年执行企业内部控制规范体系情况分析报告 / 105

第三章　**小企业会计准则的解读** / 123

第一节　政策颁布背景 / 123

第二节　小企业会计准则核算的特点 / 124

第三节　主要内容解读和重大改革 / 125

第四节　小企业会计准则与企业会计准则经济业务
会计处理的差异 / 132

附：小企业会计准则 / 135

第四章　**政府会计准则的解读** / 152

第一节　政策颁布的背景 / 152

第二节　政府会计准则的创新点 / 153

第三节　政府会计准则与企业会计准则的差异分析 / 156

附：政府会计准则——基本准则 / 161

第五章　**企业会计准则的最新修订** / 167

第一节　修订内容概括 / 167

第二节　修订的6项会计准则的具体内容 / 169

第三节　新增1项会计准则及6项会计准则解释的具体内容 / 174

第四节　新发布的会计处理的具体规定 / 177

第五节　一般企业财务报表格式修订 / 180

第六节　新收入准则的解读 / 207

第七节　政府补助准则的解读 / 211

第八节　金融工具确认和计量的解读 / 213

第九节　金融资产转移的解读 / 221

第十节　金融工具列报准则的解读 / 226

参考文献 / 230

第一章 营改增政策的解读

第一节 基本情况介绍

营业税改增值税,简称"营改增",是指以前缴纳营业税的应税项目改成缴纳增值税。增值税只对产品或者服务的增值部分纳税,减少了重复纳税的环节,是党中央、国务院根据经济社会发展新形势,从深化改革的总体部署出发做出的重要决策。目的是加快财税体制改革、进一步减轻企业赋税,调动各方积极性,促进服务业尤其是科技等高端服务业的发展,促进产业和消费升级、培育新动能、深化供给侧结构性改革。

营改增在全国的推开,大致经历了以下三个阶段。2011年,经国务院批准,财政部、国家税务总局联合下发营业税改增值税试点方案。从2012年1月1日起,在上海交通运输业和部分现代服务业开展营业税改增值税试点。自2012年8月1日起至年底,国务院将扩大营改增试点至8省市;2013年8月1日,"营改增"范围已推广到全国试行,同时将广播影视服务业纳入试点范围。2014年1月1日起,铁路运输和邮政服务业纳入营业税改征增值税试点,至此交通运输业已全部纳入营改增范围。2016年3月18日召开的国务院常务会议决定,自2016年5月1日起,中国将全面推开营改增试点,将建筑业、房地产业、金融业、生活服务业全部纳入营改增试点。至此,营业税退出历史舞台,增值税制度将更加规范。这是自1994年分税制改革以来,财税体制的又一次深刻变革。

第二节 增值税的主要特征

一、营业税和增值税的区别

增值税是世界上最主流的流转税种,与营业税相比具有许多优势。增值税与营业税是两个独立而不能交叉的税种,即:交增值税时不交营业税、交营业税时不交增值税。两者在征收的对象、征税范围、计税的依据、税目、税率以及征收管理的方式都是不同的。

（1）征税范围不同：凡是销售不动产、提供劳务（不包括加工修理修配）、转让无形资产的交营业税，凡是销售动产、提供加工修理修配劳务的交纳增值税。

（2）计税依据不同：增值税是价外税，营业税是价内税。所以在计算增值税时应当先将含税收入换算成不含税收入，即计算增值税的收入应当为不含税的收入。而营业税则是直接用收入乘以税率即可。

二、增值税的特点

"营改增"的最大特点是减少重复征税，可以促使社会形成更好的良性循环，有利于企业降低税负。"营改增"可以说是一种减税的政策。在当前经济下行压力较大的情况下，全面实施营改增，可以促进有效投资带动供给，以供给带动需求。对企业来讲，提高盈利能力，就有可能进一步推进转型发展。每个个体企业的转型升级，无疑将实现产业乃至整个经济体的结构性改革，这也是推动结构性改革尤其是供给侧结构性改革和积极财政政策的重要内容。

"营改增"最大的变化，就是避免了营业税重复征税、不能抵扣、不能退税的弊端，实现了增值税"道道征税，层层抵扣"的目的，能有效降低企业税负。更重要的是，"营改增"改变了市场经济交往中的价格体系，把营业税的"价内税"变成了增值税的"价外税"，形成了增值税进项和销项的抵扣关系，这将从深层次上影响到产业结构的调整及企业的内部架构。

第三节 政策解读

一、增值税一般纳税人、小规模纳税人和扣缴义务人的规定

在中华人民共和国境内（以下称"境内"）销售服务、无形资产或者不动产（以下称"应税行为"）的单位和个人，为增值税纳税人，应当按照本办法缴纳增值税，不缴纳营业税。

单位以承包、承租、挂靠方式经营的，承包人、承租人、挂靠人（以下统称"承包人"）以发包人、出租人、被挂靠人（以下统称"发包人"）名义对外经营并由发包人承担相关法律责任的，以该发包人为纳税人。否则，以承包人为纳税人。

增值税纳税人分为一般纳税人和小规模纳税人。应税行为的年应征增值税销售额（以下称"应税销售额"）超过财政部和国家税务总局规定标准的纳税人为一般纳税人，未超过规定标准的纳税人为小规模纳税人。年应税销售额超过规定标准的其他个人不属于一般纳税人。年应税销售额超过规定标准但不经常发生应税行为的单位和个体工商户可选择按照小规模纳税人纳税。

应税行为年销售额标准为500万元（含500万元）。应税行为年销售额超过500万

元的纳税人为一般纳税人；应税行为年销售额未超过 500 万元的纳税人为小规模纳税人。财政部和国家税务总局可以根据试点情况对年应税销售额标准进行调整。其中，年应税销售额是指纳税人在连续不超过 12 个月的经营期内累计应征增值税销售额，含减免税销售额、提供境外应税行为销售额以及按照规定已从销售额中差额扣除的部分。如果该销售额是含税的，应按照适用税率或征收率换算为不含税销售额。

年应税销售额未超过规定标准的纳税人，会计核算健全，能够提供准确税务资料的，可以向主管税务机关办理一般纳税人资格登记，成为一般纳税人。会计核算健全，是指能够按照国家统一的会计制度规定设置账簿，根据合法、有效凭证核算。

符合一般纳税人条件的纳税人应当向主管税务机关办理一般纳税人资格登记。具体登记办法由国家税务总局制定。除国家税务总局另有规定外，一经登记为一般纳税人后，不得转为小规模纳税人。

中华人民共和国境外（以下称"境外"）单位或者个人在境内发生应税行为，在境内未设有经营机构的，以购买方为增值税扣缴义务人。财政部和国家税务总局另有规定的除外。

两个或者两个以上的纳税人，经财政部和国家税务总局批准可以视为一个纳税人合并纳税。纳税人应当按照国家统一的会计制度进行增值税会计核算。

二、增值税的征税范围和税率

增值税征税范围包括货物的生产、批发、零售和进口四个环节，2016 年 5 月 1 日以后，伴随着营业税改征增值税试点实施办法以及相关配套政策的实施，"营改增"试点行业扩大到销售服务、无形资产或者不动产（以下称"应税行为"），增值税的征税范围覆盖第一产业、第二产业和第三产业。

（一）销售货物

"货物"是指有形动产，包括电力、热力和气体在内。销售货物是指有偿转让货物的所有权。"有偿"不仅指从购买方取得货币，还包括取得货物或其他经济利益。

（二）提供加工和修理修配劳务

"加工"是指接收来料承做货物，加工后的货物所有权仍属于委托者的业务，即通常所说的委托加工业务。"委托加工业务"是指由委托方提供原料及主要材料，受托方按照委托方的要求制造货物并收取加工费的业务。"修理修配"是指受托对损伤和丧失功能的货物进行修复，使其恢复原状和功能的业务。这里的"提供加工和修理修配劳务"都是指有偿提供加工和修理修配劳务。但单位或个体工商户聘用的员工为本单位或雇主提供加工、修理修配劳务则不包括在内。

（三）销售服务

"销售服务"是指提供交通运输服务、邮政服务、电信服务、建筑服务、金融服务、现代服务、生活服务。

1. 交通运输服务

交通运输服务，是指使用运输工具将货物或者旅客送达目的地，使其空间位置得到转移的业务活动。包括陆路运输服务、水路运输服务、航空运输服务和管道运输服务。

（1）陆路运输服务。陆路运输服务，是指通过陆路（地上或者地下）运送货物或者旅客的运输业务活动，包括铁路运输服务和其他陆路运输服务。其中，铁路运输服务，是指通过铁路运送货物或者旅客的运输业务活动。其他陆路运输服务，是指铁路运输以外的陆路运输业务活动。包括公路运输、缆车运输、索道运输、地铁运输、城市轻轨运输等。出租车公司向使用本公司自有出租车的出租车司机收取的管理费用，按陆路运输服务征收增值税。

（2）水路运输服务。水路运输服务，是指通过江、河、湖、川等天然、人工水道或者海洋航道运送货物或者旅客的运输业务活动。水路运输的程租、期租业务，属于水路运输服务。其中：程租业务，是指运输企业为租船人完成某一特定航次的运输任务并收取租赁费的业务；期租业务，是指运输企业将配备有操作人员的船舶承租给他人使用一定期限，承租期内听候承租方调遣，不论是否经营，均按天向承租方收取租赁费，发生的固定费用均由船东负担的业务。

（3）航空运输服务。航空运输服务，是指通过空中航线运送货物或者旅客的运输业务活动。航空运输的湿租业务，属于航空运输服务。湿租业务，是指航空运输企业将配备有机组人员的飞机承租给他人使用一定期限，承租期内听候承租方调遣，不论是否经营，均按一定标准向承租方收取租赁费，发生的固定费用均由承租方承担的业务。航天运输服务，按照航空运输服务征收增值税。航天运输服务，是指利用火箭等载体将卫星、空间探测器等空间飞行器发射到空间轨道的业务活动。

（4）管道运输服务。管道运输服务，是指通过管道设施输送气体、液体、固体物质的运输业务活动。无运输工具承运业务，按照交通运输服务缴纳增值税。无运输工具承运业务，是指经营者以承运人身份与托运人签订运输服务合同，收取运费并承担承运人责任，然后委托实际承运人完成运输服务的经营活动。

2. 邮政服务

邮政服务，是指中国邮政集团公司及其所属邮政企业提供邮件寄递、邮政汇兑和机要通信等邮政基本服务的业务活动。包括邮政普遍服务、邮政特殊服务和其他邮政服务。

（1）邮政普遍服务。邮政普遍服务，是指函件、包裹等邮件寄递，以及邮票发行、报刊发行和邮政汇兑等业务活动。函件，是指信函、印刷品、邮资封片卡、无名址函件和邮政小包等。包裹，是指按照封装上的名址递送给特定个人或者单位的独立封装的物品，其重量不超过50千克，任何一边的尺寸不超过150厘米，长、宽、高合计不超过300厘米。

（2）邮政特殊服务。邮政特殊服务，是指义务兵平常信函、机要通信、盲人读物和革命烈士遗物的寄递等业务活动。

（3）其他邮政服务。其他邮政服务，是指邮册等邮品销售、邮政代理等业务活动。中国邮政速递物流股份有限公司及其子公司（含各级分支机构），不属于中国邮政集团公司所属邮政企业。

3. 电信服务

电信服务，是指利用有线、无线的电磁系统或者光电系统等各种通信网络资源，提供语音通话服务，传送、发射、接收或者应用图像、短信等电子数据和信息的业务活动。包括基础电信服务和增值电信服务。

（1）基础电信服务。基础电信服务，是指利用固网、移动网、卫星、互联网，提供语音通话服务的业务活动，以及出租或者出售带宽、波长等网络元素的业务活动。

（2）增值电信服务。增值电信服务，是指利用固网、移动网、卫星、互联网、有线电视网络，提供短信和彩信服务、电子数据和信息的传输及应用服务、互联网接入服务等业务活动。卫星电视信号落地转接服务，按照增值电信服务计算缴纳增值税。根据《国家税务总局关于营业税改征增值税试点期间有关增值税问题的公告》的规定，自2016年2月1日起，纳税人通过楼宇、隧道等室内通信分布系统，为电信企业提供的语音通话和移动互联网等无线信号室分系统传输服务，分别按照基础电信服务和增值电信服务缴纳增值税。

4. 建筑服务

建筑服务，是指各类建筑物、构筑物及其附属设施的建造、修缮、装饰，线路、管道、设备、设施等的安装以及其他工程作业的业务活动。包括工程服务、安装服务、修缮服务、装饰服务和其他建筑服务。

（1）工程服务。工程服务，是指新建、改建各种建筑物、构筑物的工程作业，包括与建筑物相连的各种设备或者支柱、操作平台的安装或者装设工程作业，以及各种窑炉和金属结构工程作业。

（2）安装服务。安装服务，是指生产设备、动力设备、起重设备、运输设备、传动设备、医疗实验设备以及其他各种设备、设施的装配、安置工程作业，包括与被安装设备相连的工作台、梯子、栏杆的装设工程作业，以及被安装设备的绝缘、防腐、保温、油漆等工程作业。固定电话、有线电视、宽带、水、电、燃气、暖气等经营者向用户收取的安装费、初装费、开户费、扩容费以及类似收费，按照安装服务缴纳增值税。

（3）修缮服务。修缮服务，是指对建筑物、构筑物进行修补、加固、养护、改善，使之恢复原来的使用价值或者延长其使用期限的工程作业。

（4）装饰服务。装饰服务，是指对建筑物、构筑物进行修饰装修，使之美观或者具有特定用途的工程作业。

（5）其他建筑服务。其他建筑服务，是指上列工程作业之外的各种工程作业服务，如钻井（打井）、拆除建筑物或者构筑物、平整土地、园林绿化、疏浚（不包括航道疏浚）、建筑物平移、搭脚手架、爆破、矿山穿孔、表面附着物（包括岩层、土层、沙层等）剥离和清理等工程作业。

5. 金融服务

金融服务，是指经营金融保险的业务活动。包括贷款服务、直接收费金融服务、保险服务和金融商品转让。

（1）贷款服务。贷款，是指将资金贷予他人使用而取得利息收入的业务活动。各种占用、拆借资金取得的收入，包括金融商品持有期间（含到期）利息（保本收益、报酬、资金占用费、补偿金等）收入、信用卡透支利息收入、买入返售金融商品利息收入、融资融券收取的利息收入，以及融资性售后回租、押汇、罚息、票据贴现、转贷等业务取得的利息及利息性质的收入,按照贷款服务缴纳增值税。融资性售后回租,是指承租方以融资为目的,将资产出售给从事融资性售后回租业务的企业后,从事融资性售后回租业务的企业将该资产出租给承租方的业务活动。以货币资金投资收取的固定利润或者保底利润,按照贷款服务缴纳增值税。

(2) 直接收费金融服务。直接收费金融服务,是指为货币资金融通及其他金融业务提供相关服务并且收取费用的业务活动。包括提供货币兑换、账户管理、电子银行、信用卡、信用证、财务担保、资产管理、信托管理、基金管理、金融交易场所(平台)管理、资金结算、资金清算、金融支付等服务。

(3) 保险服务。保险服务,是指投保人根据合同约定,向保险人支付保险费,保险人对于合同约定的可能发生的事故因其发生所造成的财产损失承担赔偿保险金责任,或者当被保险人死亡、伤残、疾病或者达到合同约定的年龄、期限等条件时承担给付保险金责任的商业保险行为。包括人身保险服务和财产保险服务。人身保险服务,是指以人的寿命和身体为保险标的的保险业务活动。财产保险服务,是指以财产及其有关利益为保险标的的保险业务活动。

(4) 金融商品转让。金融商品转让,是指转让外汇、有价证券、非货物期货和其他金融商品所有权的业务活动。其他金融商品转让包括基金、信托、理财产品等各类资产管理产品和各种金融衍生品的转让。

6. 现代服务

现代服务,是指围绕制造业、文化产业、现代物流产业等提供技术性、知识性服务的业务活动。包括研发和技术服务、信息技术服务、文化创意服务、物流辅助服务、租赁服务、鉴证咨询服务、广播影视服务、商务辅助服务和其他现代服务。

(1) 研发和技术服务。研发和技术服务,包括研发服务、合同能源管理服务、工程勘察勘探服务、专业技术服务。①研发服务,也称技术开发服务,是指就新技术、新产品、新工艺或者新材料及其系统进行研究与试验开发的业务活动。②合同能源管理服务,是指节能服务公司与用能单位以契约形式约定节能目标,节能服务公司提供必要的服务,用能单位以节能效果支付节能服务公司投入及其合理报酬的业务活动。③工程勘察勘探服务,是指在采矿、工程施工前后,对地形、地质构造、地下资源蕴藏情况进行实地调查的业务活动。④专业技术服务,是指气象服务、地震服务、海洋服务、测绘服务、城市规划、环境与生态监测服务等专项技术服务。

(2) 信息技术服务。信息技术服务,是指利用计算机、通信网络等技术对信息进行生产、收集、处理、加工、存储、运输、检索和利用,并提供信息服务的业务活动。包括软件服务、电路设计及测试服务、信息系统服务和业务流程管理服务和信息系统增值服务。①软件服务,是指提供软件开发服务、软件维护服务、软件测试服务的业务行为。②电路设计及测试服务,是指提供集成电路和电子电路产品设计、测试及相关技术支持服务的业务行为。③信息系统服务,是指提供信息系统集成、网络管理、桌面管理与维护、信息系统应用、基础信息技术管理平台整合、信息技术基础设施管理、数据中心、托管中心、信息安全服务、在线杀毒、虚拟主机等业务行为。包括网站对非自有的网络游戏提供的网络运营服务。根据《国家税务总局关于营业税改征增值税试点期间有关增值税问题的公告》的规定，自 2016 年 2 月 1 日起，纳税人通过蜂窝数字移动通信用塔（杆）及配套设施，为电信企业提供的基站天线、馈线及设备环境控制、动环监控、防雷消防、运行维护等塔类站址管理业务，按照"信息技术基础设施管理服务"缴纳增值税。④业务流程管理服务，是指依托计算机信息技术提供的人力资源管理、财务经济管理、审计管理、税务管理、物流信息管理、经营信息管理和呼叫中心等服务的活动。⑤信息系统增值服务，是指利用信息系统资源为用户附加提供的信息技术服务。包括数据处理、分析和整合、数据库管理、数据备份、数据存储、容灾服务、电子商务平台等。

（3）文化创意服务。文化创意服务，包括设计服务、知识产权服务、广告服务和会议展览服务。①设计服务，是指把计划、规划、设想通过视觉、文字等形式传递出来的业务活动。包括工业设计、造型设计、服装设计、环境设计、平面设计、包装设计、动漫设计、网游设计、展示设计、网站设计、机械设计、工程设计、广告设计、创意策划、文印晒图等。②知识产权服务，是指处理知识产权事务的业务活动。包括对专利、商标、著作权、软件、集成电路布图设计的登记、鉴定、评估、认证、检索服务。③广告服务，是指利用图书、报纸、杂志、广播、电视、电影、幻灯、路牌、招贴、橱窗、霓虹灯、灯箱、互联网等各种形式为客户的商品、经营服务项目、文体节目或者通告、声明等委托事项进行宣传和提供相关服务的业务活动。包括广告代理和广告的发布、播映、宣传、展示等。④会议展览服务，是指为商品流通、促销、展示、经贸洽谈、民间交流、企业沟通、国际往来等举办或者组织安排的各类展览和会议的业务活动。

（4）物流辅助服务。物流辅助服务，包括航空服务、港口码头服务、货运客运场站服务、打捞救助服务、装卸搬运服务、仓储服务和收派服务。①航空服务，包括航空地面服务和通用航空服务。航空地面服务，是指航空公司、飞机场、民航管理局、航站等向在境内航行或者在境内机场停留的境内外飞机或者其他飞行器提供的导航等劳务性地面服务的业务活动。包括旅客安全检查服务、停机坪管理服务、机场候机厅管理服务、飞机清洗消毒服务、空中飞行管理服务、飞机起降服务、飞行通信服务、地面信号服务、飞机安全服务、飞机跑道管理服务、空中交通管理服务等。通用航空服务，是指为专业工作提供飞行服务的业务活动，包括航空摄影、航空培训、航空测量、航空勘探、航空护林、航空吊挂播洒、航空降雨、航空气象探测、航空海洋监测、航空科学实验等。②港口码头服务，是指港务船舶调度服务、船舶通信服务、航道管理服务、航道疏浚服务、灯塔管理服务、航标管理服务、船舶引航服务、理货服务、系解缆服务、停泊和移泊服务、海上船舶溢油清除服务、水上交通管理服务、船只专业清洗消毒检测服务和防止船只漏油服务等为船只提供服务的业务活动。港口设施经营人收取的港口设施保安费按照"港口码头服务"征收增值税。③货运客运场站服务，是指货运客运场站提供的货物配载服务、运输组织服务、中转换乘服务、车辆调度服务、票务服务、货物打包整理、铁路线路使用服务、加挂铁路客车服务、铁路行包专列发送服务、铁路到达和中转服务、铁路车辆编解服务、车辆挂运服务、铁路接触网服务、铁路机车牵引服务等业务活动。④打捞救助服务，是指提供船舶人员救助、船舶财产救助、水上救助和沉船沉物打捞服务的业务活动。⑤装卸搬运服务，是指使用装卸搬运工具或人力、畜力将货物在运输工具之间、装卸现场之间或者运输工具与装卸现场之间进行装卸和搬运的业务活动。⑥仓储服务，是指利用仓库、货场或者其他场所代客贮放、保管货物的业务活动。⑦收派服务，是指接受寄件人委托，在承诺的时限内完成函件和包裹的收件、分拣、派送服务的业务活动。其中：收件服务，是指从寄件人收取函件和包裹，并运送到服务提供方同城的集散中心的业务活动；分拣服务，是指服务提供方在其集散中心对函件和包裹进行归类、分发的业务活动；派送服务，是指服务提供方从其集散中心将函件和包裹送达同城的收件人的业务活动。

（5）租赁服务。租赁服务，包括融资租赁服务和经营性租赁服务。①融资租赁服务，是指具有融资性质和所有权转移特点的租赁业务活动。即出租人根据承租人所要求的规格、型号、性能等条件购入有形动产或者不动产租赁给承租人，合同期内设备所有权属于出租人，承租人只拥有使用权，合同期满付清租金后，承租人有权按照残值购入租赁物，以拥有其所有权。不论出租人是否将租赁物残值销售给承租人，均属于融资租赁。按照标的物的不同，融资租赁服务可分为有形动产融资租赁服务和不动产融资租赁服务。融资性售后回租不按照本税目缴纳增值税。②经营性租赁服务，是指在约定时间内将有形动产或者不动产转让他人使用且租赁物所有权不变更的业务活动。按照标的物的不同，经营性租赁服务可分为有形动产经营租赁服务和不动产经营租赁服务。将建筑物、构筑物等不动产或者飞机、车辆等有形动产的广告位出租给其他单位或者个人用于发布广告，按照经营租赁服务缴纳增值税。车辆停放服务、道路通行服务（包括过路费、过桥费、过闸费等）等按照不动产经营租赁服务缴纳增值税。水路运输的光租业务、航空运输的干租业务，属于经营性租赁。光租业务，是指运输企业将船舶在约定的时间内出租给他人使用，不配备操作人员，不承担运输过程中发生的各项费用，只收取固定租赁费的业务活动。干租业务，是指航空运输企业将飞机在约定的时间内出租给他人使用，不配备机组人员，不承担运输过程中发生的各项费用，只收取固定租赁费的业务活动。

（6）鉴证咨询服务。鉴证咨询服务，包括认证服务、鉴证服务和咨询服务。①认证服务，是指具有专业资质的单位利用检测、检验、计量等技术，证明产品、服务、管理体系符合相关技术规范、相关技术规范的强制性要求或者标准的业务活动。②鉴证服务，是指具有专业资质的单位受托对相关事项进行鉴证，发表具有证明力的意见的业务活动。包括会计鉴证、税务鉴证、法律鉴证、职业技能鉴定、工程造价鉴证、工程监理、资产评估、环境评估、房地产土地评估、建筑图纸审核、医疗事故鉴定等。③咨询服务，是指提供信息、建议、策划、顾问等服务的活动。包括金融、软件、技术、财务、税收、法律、内部管理、业务运作、流程管理、健康等方面的咨询。翻译服务和市场调查服务按照咨询服务缴纳增值税。

（7）广播影视服务。广播影视服务，包括广播影视节目（作品）的制作服务、发行服务和播映（含放映，下同）服务。①广播影视节目（作品）制作服务，是指进行专题（特别节目）、专栏、综艺、体育、动画片、广播剧、电视剧、电影等广播影视节目和作品制作的服务。具体包括与广播影视节目和作品相关的策划、采编、拍摄、录音、音视频文字图片素材制作、场景布置、后期的剪辑、翻译（编译）、字幕制作、片头、片尾、片花制作、特效制作、影片修复、编目和确权等业务活动。②广播影视节目（作品）发行服务，是指以分账、买断、委托等方式，向影院、电台、电视台、网站等单位和个人发行广播影视节目（作品）以及转让体育赛事等活动的报道及播映权的业务活动。③广播影视节目（作品）播映服务，是指在影院、剧院、录像厅及其他场所播映广播影视节目（作品），以及通过电台、电视台、卫星通信、互联网、有线电视等无线或有线装置播映广播影视节目（作品）的业务活动。

（8）商务辅助服务。商务辅助服务，包括企业管理服务、经纪代理服务、人力资源服务、安全保护服务。①企业管理服务，是指提供总部管理、投资与资产管理、市场管理、物业管理、日常综合管理等服务的业务活动。②经纪代理服务，是指各类经纪、中介、代理服务。包括金融代理、知识产权代理、货物运输代理、代理报关、法律代理、房地产中介、职业中介、婚姻中介、代理记账、拍卖等。货物运输代理服务，是指接受货物收货人、发货人、船舶所有人、船舶承租人或者船舶经营人的委托，以委托人的名义，为委托人办理货物运输、装卸、仓储和船舶进出港口、引航、靠泊等相关手续的业务活动。代理报关服务，是指接受进出口货物的收、发货人委托，代为办理报关手续的业务活动。③人力资源服务，是指提供公共就业、劳务派遣、人才委托招聘、劳动力外包等服务的业务活动。④安全保护服务，是指提供保护人身安全和财产安全，维护社会治安等的业务活动。包括场所住宅保安、特种保安、安全系统监控以及其他安保服务。

（9）其他现代服务。其他现代服务，是指除研发和技术服务、信息技术服务、文化创意服务、物流辅助服务、租赁服务、鉴证咨询服务、广播影视服务和商务辅助服务以外的现代服务。

7. 生活服务

生活服务，是指为满足城乡居民日常生活需求提供的各类服务活动。包括文化体育服务、教育医疗服务、旅游娱乐服务、餐饮住宿服务、居民日常服务和其他生活服务。

（1）文化体育服务。文化体育服务，包括文化服务和体育服务。①文化服务，是指为满足社会公众文化生活需求提供的各种服务。包括文艺创作、文艺表演、文化比赛，图书馆的图书和资料借阅，档案馆的档案管理，文物及非物质遗产保护，组织举办宗教活动、科技活动、文化活动，提供游览场所。②体育服务，是指组织举办体育比赛、体育表演、体育活动，以及提供体育训练、体育指导、体育管理的业务活动。

（2）教育医疗服务。教育医疗服务，包括教育服务和医疗服务。①教育服务，是指提供学历教育服务、非学历教育服务、教育辅助服务的业务活动。学历教育服务，是指根据教育行政管理部门确定或者认可的招生和教学计划组织教学，并颁发相应学历证书的业务活动。包括初等教育、初级中等教育、高级中等教育、高等教育等。非学历教育服务，包括学前教育、各类培训、演讲、讲座、报告会等。教育辅助服务，包括教育测评、考试、招生等服务。②医疗服务，是指提供医学检查、诊断、治疗、康复、预防、保健、接生、计划生育、防疫服务等方面的服务，以及与这些服务有关的提供药品、医用材料器具、救护车、病房住宿和伙食的业务。

（3）旅游娱乐服务。旅游娱乐服务，包括旅游服务和娱乐服务。①旅游服务，是指根据旅游者的要求，组织安排交通、游览、住宿、餐饮、购物、文娱、商务等服务的业务活动。②娱乐服务，是指为娱乐活动同时提供场所和服务的业务。具体包括：歌厅、舞厅、夜总会、酒吧、台球、高尔夫球、保龄球、游艺（包括射击、狩猎、跑马、游戏机、蹦极、卡丁车、热气球、动力伞、射箭、飞镖）。

（4）餐饮住宿服务。餐饮住宿服务，包括餐饮服务和住宿服务。①餐饮服务，是指通过同时提供饮食和饮食场所的方式为消费者提供饮食消费服务的业务活动。②住宿服务，是指提供住宿场所及配套服务等的活动。包括宾馆、旅馆、旅社、度假村和其他经营性住宿场所提供的住宿服务。

（5）居民日常服务。居民日常服务，是指主要为满足居民个人及其家庭日常生活需求提供的服务，包括市容市政管理、家政、婚庆、养老、殡葬、照料和护理、救助救济、美容美发、按摩、桑拿、氧吧、足疗、沐浴、洗染、摄影扩印等服务。

（6）其他生活服务。其他生活服务，是指除文化体育服务、教育医疗服务、旅游娱乐服务、餐饮住宿服务和居民日常服务之外的生活服务。

（四）销售无形资产

销售无形资产，是指有偿转让无形资产，是转让无形资产所有权或者使用权的业务活动。无形资产，是指不具实物形态，但能带来经济利益的资产，包括技术、商标、著作权、商誉、自然资源使用权和其他权益性无形资产。技术，包括专利技术和非专利技术。自然资源使用权，包括土地使用权、海域使用权、探矿权、采矿权、取水权和其他自然资源使用权。其他权益性无形资产，包括基础设施资产经营权、公共事业特许权、配额、经营权（包括特许经营权、连锁经营权、其他经营权）、经销权、分销权、代理权、会员权、席位权、网络游戏虚拟道具、域名、名称权、肖像权、冠名权、转会费等。

（五）销售不动产

销售不动产，是指有偿转让不动产，是转让不动产所有权的业务活动。不动产，是指不能移动或者移动后会引起性质、形状改变的财产，包括建筑物、构筑物等。建筑物，包括住宅、商业营业用房、办公楼等可供居住、工作或者进行其他活动的建造物。构筑物，包括道路、桥梁、隧道、水坝等建造物。转让建筑物有限产权或者永久使用权的，转让在建的建筑物或者构筑物所有权的，以及在转让建筑物或者构筑物时一并转让其所占土地的使用权的，按照销售不动产缴纳增值税。有偿，是指取得货币、货物或者其他经济利益。

（六）进口货物

进口货物是指申报进入我国海关境内的货物。确定一项货物是否属于进口货物，必须看其是否办理了报关进口手续。通常，境外产品要输入境内，必须向我国海关申报进口，并办理有关报关手续。只要是报关进口的应税货物，均属于增值税征税范围，在进口环节缴纳增值税（享受免税政策的货物除外）。

三、增值税应纳税额的计算

（一）一般性规定

增值税的计税方法，包括一般计税方法和简易计税方法。一般纳税人发生应税行为适用一般计税方法计税。一般纳税人发生财政部和国家税务总局规定的特定应税行为，可以选择适用简易计税方法计税，但一经选择，36个月内不得变更。小规模纳税人发生应税行为适用简易计税方法计税。

境外单位或者个人在境内发生应税行为，在境内未设有经营机构的，扣缴义务人按照下列公式计算应扣缴税额：

$$应扣缴税额＝购买方支付的价款÷(1+税率)×税率$$

（二）一般计税方法

一般计税方法的应纳税额，是指当期销项税额抵扣当期进项税额后的余额。应纳税额计算公式：

$$应纳税额＝当期销项税额－当期进项税额$$

当期销项税额小于当期进项税额不足抵扣时，其不足部分可以结转下期继续抵扣。其中，销项税额，是指纳税人发生应税行为按照销售额和增值税税率计算并收取的增值税额。销项税额计算公式：

$$销项税额＝销售额×税率$$

一般计税方法的销售额不包括销项税额，纳税人采用销售额和销项税额合并定价方法的，按照下列公式计算销售额：

$$销售额＝含税销售额÷(1+税率)$$

上述公式中，"进项税额"是指纳税人购进货物、加工修理修配劳务、服务、无形资产或者不动产，支付或者负担的增值税额。按照《营业税改征增值税试点实施办法》第二十五条规定，下列进项税额准予从销项税额中抵扣：①从销售方取得的增值税专用发票（含税控机动车销售统一发票，下同）上注明的增值税额。②从海关取得的海关进口增值税专用缴款书上注明的增值税额。③购进农产品，除取得增值税专用发票或者海关进口增值税专用缴款书外，按照农产品收购发票或者销售发票上注明的农产品买价和13%的扣除率计算的进项税额。计算公式为：进项税额＝买价×扣除率。其中，买价，是指纳税人购进农产品在农产品收购发票或者销售发票上注明的价款和按照规定缴纳的烟叶税。购进农产品，按照《农产品增值税进项税额核定扣除试点实施办法》抵扣进项税额的除外。④从境外单位或者个人购进服务、无形资产或者不动产，自税务机关或者扣缴义务人取得的解缴税款的完税凭证上注明的增值税额。

按照《营业税改征增值税试点实施办法》第二十六条规定，纳税人取得的增值税扣税凭证不符合法律、行政法规或者国家税务总局有关规定的，其进项税额不得从销项税额中抵扣。增值税扣税凭证，是指增值税专用发票、海关进口增值税专用缴款书、农产品收购发票、农产品销售发票和完税凭证。纳税人凭完税凭证抵扣进项税额的，应当具备书面合同、付款证明和境外单位的对账单或者发票。资料不全的，其进项税额不得从销项税额中抵扣。

按照《营业税改征增值税试点实施办法》第二十七条规定，下列项目的进项税额不得从销项税额中抵扣：①用于简易计税方法计税项目、免征增值税项目、集体福利或者个人消费的购进货物、加工修理修配劳务、服务、无形资产和不动产。其中涉及的固定资产、无形资产、不动产，仅指专用于上述项目的固定资产、无形资产（不包括其他权益性无形资产)、不动产。纳税人的交际应酬消费属于个人消费。②非正常损失的购进货物,以及相关的加工修理修配劳务和交通运输服务。③非正常损失的在产品、产成品所耗用的购进货物(不包括固定资产)、加工修理修配劳务和交通运输服务。④非正常损失的不动产,以及该不动产所耗用的购进货物、设计服务和建筑服务。⑤非正常损失的不动产在建工程所耗用的购进货物、设计服务和建筑服务。纳税人新建、改建、扩建、修缮、装饰不动产,均属于不动产在建工程。⑥购进的旅客运输服务、贷款服务、餐饮服务、居民日常服务和娱乐服务。⑦财政部和国家税务总局规定的其他情形。本条第四项、第五项所称货物,是指构成不动产实体的材料和设备,包括建筑装饰材料和给排水、采暖、卫生、通风、照明、通信、煤气、消防、中央空调、电梯、电气、智能化楼宇设备及配套设施。

按照《营业税改征增值税试点实施办法》第二十九条规定,适用一般计税方法的纳税人,兼营简易计税方法计税项目、免征增值税项目而无法划分不得抵扣的进项税额,按照下列公式计算不得抵扣的进项税额:

不得抵扣的进项税额=当期无法划分的全部进项税额×(当期简易计税方法计税项目销售额+免征增值税项目销售额)÷当期全部销售额

主管税务机关可以按照上述公式依据年度数据对不得抵扣的进项税额进行清算。

按照《营业税改征增值税试点实施办法》第三十条规定,已抵扣进项税额的购进货物(不含固定资产)、劳务、服务,发生本办法第二十七条规定情形(简易计税方法计税项目、免征增值税项目除外)的,应当将该进项税额从当期进项税额中扣减;无法确定该进项税额的,按照当期实际成本计算应扣减的进项税额。已抵扣进项税额的固定资产、无形资产或者不动产,发生本办法第二十七条规定情形的,按照下列公式计算不得抵扣的进项税额:

不得抵扣的进项税额=固定资产、无形资产或者不动产净值×适用税率

固定资产、无形资产或者不动产净值,是指纳税人根据财务会计制度计提折旧或摊销后的余额。

纳税人适用一般计税方法计税的,因销售折让、中止或者退回而退还给购买方的增值税额,应当从当期的销项税额中扣减;因销售折让、中止或者退回而收回的增值税额,应当从当期的进项税额中扣减。但有下列情形之一者,应当按照销售额和增值税税率计算应纳税额,不得抵扣进项税额,也不得使用增值税专用发票:①一般纳税人会计核算不健全,或者不能够提供准确税务资料的。②应当办理一般纳税人资格登记而未办理的。

(三) 简易计税方法

小规模纳税人一律采用简易计税方法计税,一般纳税人提供的特定应税服务可以选择适用简易计税方法。按照《营业税改征增值税试点实施办法》第三十四条规定,简易计税方法的应纳税额,是指按照销售额和增值税征收率计算的增值税额,不得抵扣进项税额。应纳税额计算公式为:

应纳税额=销售额×征收率

其中,简易计税方法的销售额不包括其应纳税额,纳税人采用销售额和应纳税额合

并定价方法的，按照下列公式计算销售额：

$$销售额 = 含税销售额 \div (1 + 征收率)$$

纳税人适用简易计税方法计税的，因销售折让、中止或者退回而退还给购买方的销售额，应当从当期销售额中扣减。扣减当期销售额后仍有余额造成多缴的税款，可以从以后的应纳税额中扣减。

（四）销售额的确定

销售额，是指纳税人发生应税行为取得的全部价款和价外费用，财政部和国家税务总局另有规定的除外。其中，价外费用是指价外收取的各种性质的收费，但不包括以下项目：①代为收取并符合本办法第十条规定的政府性基金或者行政事业性收费；②以委托方名义开具发票代委托方收取的款项。

纳税人按照人民币以外的货币结算销售额的，应当折合成人民币计算，折合率可以选择销售额发生的当天或者当月1日的人民币汇率中间价。纳税人应当在事先确定采用何种折合率，确定后12个月内不得变更。

纳税人兼营销售货物、劳务、服务、无形资产或者不动产，适用不同税率或者征收率的，应当分别核算适用不同税率或者征收率的销售额；未分别核算的，从高适用税率。

一项销售行为如果既涉及服务又涉及货物，为混合销售。从事货物的生产、批发或者零售的单位和个体工商户的混合销售行为，按照销售货物缴纳增值税；其他单位和个体工商户的混合销售行为，按照销售服务缴纳增值税。

纳税人兼营免税、减税项目的，应当分别核算免税、减税项目的销售额；未分别核算的，不得免税、减税。

纳税人发生应税行为，开具增值税专用发票后，发生开票有误或者销售折让、中止、退回等情形的，应当按照国家税务总局的规定开具红字增值税专用发票；未按照规定开具红字增值税专用发票的，不得按照本办法第三十二条和第三十六条的规定扣减销项税额或者销售额。

纳税人发生应税行为，将价款和折扣额在同一张发票上分别注明的，以折扣后的价款为销售额；未在同一张发票上分别注明的，以价款为销售额，不得扣减折扣额。

按照《营业税改征增值税试点实施办法》第四十四条规定，纳税人发生应税行为价格明显偏低或者偏高且不具有合理商业目的的，或者发生本办法第十四条所列行为而无销售额的，主管税务机关有权按照下列顺序确定销售额：①按照纳税人最近时期销售同类服务、无形资产或者不动产的平均价格确定。②按照其他纳税人最近时期销售同类服务、无形资产或者不动产的平均价格确定。③按照组成计税价格确定。组成计税价格的公式为：

$$组成计税价格 = 成本 \times (1 + 成本利润率)$$

其中，计算公式中的成本利润率由国家税务总局确定。不具有合理商业目的，是指以谋取税收利益为主要目的，通过人为安排，减少、免除、推迟缴纳增值税税款，或者增加退还增值税税款。

四、增值税的税率和征收率

根据国务院公布的《中华人民共和国增值税暂行条例》第二条规定如下：①纳税人销售或进口货物，除本条第二项、第三项规定外，税率为17%。②纳税人销售或进口以下货物，税率为13%（注：2017年7月1日后并入11%）；粮食（不含淀粉）、食用植物油（含花椒油、橄榄油、核桃油、杏仁油、葡萄籽油和牡丹籽油；不含环氧大豆油、氢化植物油、肉桂油、桉油、香茅油）、鲜奶（含按规定标准生产的巴氏杀菌乳、灭菌乳，不含调制乳）；自来水、暖气、冷气、热水、煤气、石油液化气、天然气、沼气、居民用煤炭制品；图书、报纸、杂志；音像制品；电子出版物；饲料、化肥、农药、农机（含密集型烤房设备、频振式杀虫灯、自动虫情测报灯、黏虫板、农用挖掘机、养鸡设备系列、养猪设备系列产品）、农膜；国务院及其有关部门规定的其他货物。③纳税人出口货物，税率为零；但国务院另有规定的除外。④纳税人提供加工、修理修配劳务，税率为17%。

《营业税改征增值税试点实施办法》第十五条对"营改增"后的增值税税率规定如下：①纳税人发生应税行为，除以下三项规定外，税率为6%；②提供交通运输、邮政、基础电信、建筑、不动产租赁服务，销售不动产，转让土地使用权，税率为11%；③提供有形动产租赁服务，税率为17%；④境内单位和个人发生跨境应税行为，税率为零。

综上所述，我国目前增值税的税率总共有五个档位，分别是基础税率17%，低税率13%、11%、6%，以及零税率。其中，低税率13%在2017年7月1日后并入11%。具体营业税改征增值税后税率对比如表1-1所示。

表1-1　　　　　　　　营业税与增值税税率对比

征税项目大类	征税项目 2级类目	征税项目 3级类目	征税项目 4级类目	增值税税率	营业税税率
销售服务	交通运输服务	陆路运输服务	铁路运输服务	11%	3%
			其他陆路运输服务		
		水路运输服务			
		航空运输服务			
		管道运输服务			
	邮政服务	邮政普通服务		11%	3%
		邮政特殊服务			
		其他邮政服务			
	电信服务	基础电信服务		11%	
		增值电信服务		6%	

续表

征税项目大类	征税项目2级类目	征税项目3级类目	征税项目4级类目	增值税税率	营业税税率
销售服务	建筑服务	工程服务		11%	3%
		安装服务			
		修缮服务			
		装饰服务			
		其他建筑服务			
	金融服务	贷款服务		6%	5%
		直接收费金融服务			
		保险服务	人寿保险服务		
			财产保险服务		
		金融商品转让			
	现代服务	研发和技术服务	研发服务	6%	5%
			合同能源管理服务		
			工程勘察勘探服务		
			专业技术服务		
		信息技术服务	软件服务	6%	5%
			电路设计及测试服务		
			信息系统服务		
			业务流程管理服务		
			信息系统增值服务		
		物流辅助服务	航空码头服务	6%	3%或5%
			港口码头服务		
			货运客运场站服务		
			打捞救助服务		
			装卸搬运服务		
			仓储服务		
			收派服务		
		租赁服务	不动产融资租赁	11%	5%
			不动产经营租赁		
			有形动产融资租赁	17%	5%
			有形动产经营租赁		

续表

征税项目大类	征税项目 2级类目	征税项目 3级类目	征税项目 4级类目	增值税税率	营业税税率
销售服务	现代服务	鉴证咨询服务	认证服务	6%	5%
			鉴证服务		
			咨询服务		
		广播影视服务	广播影视节目制作服务	6%	3%或5%
			广播影视节目发行服务		
			广播影视节目播映服务		
		商务辅助服务	企业管理服务	6%	5%
			经纪代理服务		
			人力资源服务		
			安全保护服务		
		其他现代服务		6%	3%或5%
	生活服务	文化体育服务	文化服务	6%	3%或5% 娱乐业 5%~20%
			体育服务		
		教育医疗服务	教育服务		
			医疗服务		
		旅游娱乐服务	旅游服务		
			娱乐服务		
		餐饮住宿服务	餐饮服务		
			住宿服务		
		居民日常服务			
		其他生活服务			
销售无形资产	专利技术和非专利技术			6%（销售土地使用权适用税率11%）	5%
	商标权				
	著作权				
	商誉				
	自然资源使用权				
	其他权益性无形资产				
销售不动产	建筑物			11%	5%
	构筑物				

五、增值税会计核算的科目设置

关于增值税如何进行会计核算,财政部曾经发布过《关于增值税会计处理的规定》(财会字〔1993〕83号)、《营业税改征增值税试点有关企业会计处理规定》(财会〔2012〕13号)及《关于小微企业免征增值税和营业税的会计处理规定》(财会〔2013〕24号)等文件。随着"营改增"的全面推开,有关规定已经不能适应经济业务的发展变化,财政部在2016年12月印发《增值税会计处理规定》(以下简称"新规定")。新规定自发布之日(2016年12月3日)起施行,财会〔2012〕13号及财会〔2013〕24号等原有关增值税会计处理的规定同时废止。

新规定根据《增值税暂行条例》和《关于全面推开营业税改征增值税试点的通知》等制定,因此适用于所有增值税纳税人,包括原增值税纳税人和"营改增"试点纳税人。新规定中既明确了增值税会计核算应该使用的会计科目与专栏,也进一步说明了这些会计科目在特定业务中如何使用。具体内容包括:

(一)科目设置与核算内容

税费核算的一级科目为"应交税费",增值税的有关科目设置在该科目下,是二级科目,共有10个。这10个二级科目有"应交增值税""转让金融商品应交增值税""代扣代交增值税""未交增值税"等等,增值税一般纳税人还应在"应交增值税"明细账内设置"进项税额""销项税额抵减"等专栏,各科目与专栏,及其核算或记录的具体内容见表1-2。

表1-2 增值税会计核算的科目设置与核算内容

科目	专栏	核算/记录内容	备注
应交增值税	进项税额	一般纳税人购进货物、加工修理修配劳务、服务、无形资产或不动产而支付或负担的、准予从当期销项税额中抵扣的增值税额	进项税核算
	进项税额转出	一般纳税人购进货物、加工修理修配劳务、服务、无形资产或不动产等发生非正常损失以及其他原因而不应从销项税额中抵扣、按规定转出的进项税额	
	销项税额	一般纳税人销售货物、加工修理修配劳务、服务、无形资产或不动产应收取的增值税额	销项税核算
	销项税额抵减	一般纳税人按照现行增值税制度规定因扣减销售额而减少的销项税额	
	出口抵减内销产品应纳税额	实行"免、抵、退"办法的一般纳税人按规定计算的出口货物的进项税抵减内销产品的应纳税额	应纳税额抵减、减免
	减免税款	一般纳税人按现行增值税制度规定准予减免的增值税额	
	已交税金	一般纳税人当月已交纳的应交增值税额	

续表

科目	专栏	核算/记录内容	备注
应交增值税	转出未交增值税	一般纳税人月度终了转出当月应交未交或多交的增值税额	
	转出多交增值税		
	出口退税	一般纳税人出口货物、加工修理修配劳务、服务、无形资产按规定退回的增值税额	
未交增值税		一般纳税人月度终了从"应交增值税"或"预交增值税"明细科目转入当月应交未交、多交或预缴的增值税额,以及当月交纳以前期间未交的增值税额	
预交增值税		一般纳税人转让不动产、提供不动产经营租赁服务、提供建筑服务、采用预收款方式销售自行开发的房地产项目等,以及其他按现行增值税制度规定应预缴的增值税	
待抵扣进项税额		一般纳税人已取得增值税扣税凭证并经税务机关认证,按照现行增值税制度规定准予以后期间从销项税额中抵扣的进项税额。包括:一般纳税人自2016年5月1日后取得并按固定资产核算的不动产或者2016年5月1日后取得的不动产在建工程,按现行增值税制度规定准予以后期间从销项税额中抵扣的进项税额;实行纳税辅导期管理的一般纳税人取得的尚未交叉稽核比对的增值税扣税凭证上注明或计算的进项税额	
待认证进项税额		一般纳税人由于未经税务机关认证而不得从当期销项税额中抵扣的进项税额。包括:一般纳税人已取得增值税扣税凭证、按照现行增值税制度规定准予从销项税额中抵扣,但尚未经税务机关认证的进项税额;一般纳税人已申请稽核但尚未取得稽核相符结果的海关缴款书进项税额	
待转销项税额		一般纳税人销售货物、加工修理修配劳务、服务、无形资产或不动产,已确认相关收入(或利得)但尚未发生增值税纳税义务而需于以后期间确认为销项税额的增值税额	
增值税留抵税额		兼有销售服务、无形资产或者不动产的原增值税一般纳税人,截止到纳入"营改增"试点之日前的增值税期末留抵税额按照现行增值税制度规定不得从销售服务、无形资产或不动产的销项税额中抵扣的增值税留抵税额	
简易计税		一般纳税人采用简易计税方法发生的增值税计提、扣减、预缴、缴纳等业务	
转让金融商品应交增值税		增值税纳税人转让金融商品发生的增值税额	
代扣代交增值税		纳税人购进在境内未设经营机构的境外单位或个人在境内的应税行为代扣代缴的增值税	

10个二级科目与专栏，主要针对增值税一般纳税人，小规模纳税人只需要设置10个二级科目中的3个二级科目，即"应交增值税"科目、"转让金融商品应交增值税"和"代扣代交增值税"科目，不需要设置其他二级科目及专栏。

企业还需要注意的是，全面试行营业税改征增值税后，"营业税金及附加"科目名称调整为"税金及附加"科目，该科目核算企业经营活动发生的消费税、城市维护建设税、资源税、教育费附加及房产税、土地使用税、车船使用税、印花税等相关税费；利润表中的"营业税金及附加"项目调整为"税金及附加"项目。

（二）进项税账务处理需关注的几个问题

1. 待认证进项税额

一般纳税人购进货物、加工修理修配劳务、服务、无形资产或不动产，伴随着增值税进项税额，可抵扣的进项税，如果增值税专用发票（以下简称"专用发票"）当月已经认证，借记"应交税费——应交增值税（进项税额）"科目，如果当月尚未认证，借记"应交税费——待认证进项税额"科目。

一般纳税人的各种购进货物等，如果是用于简易计税方法计税项目、免征增值税项目、集体福利或个人消费等，其进项税额不得抵扣，专用发票认证之前，借记"应交税费——待认证进项税额"科目，专用发票认证后，应借记相关成本费用或资产科目，贷记"应交税费——应交增值税（进项税额转出）"科目。

2. 待抵扣进项税额

一般纳税人自2016年5月1日后取得并按固定资产核算的不动产或者2016年5月1日后取得的不动产在建工程，其进项税额按现行增值税制度规定自取得之日起分2年从销项税额中抵扣的，应当按当期可抵扣的增值税额，借记"应交税费——应交增值税（进项税额）"科目，按以后期间可抵扣的增值税额，借记"应交税费——待抵扣进项税额"科目。

计入待抵扣进项税的部分，待以后期间允许抵扣时，按允许抵扣的金额，借记"应交税费——应交增值税（进项税额）"科目，贷记"应交税费——待抵扣进项税额"科目。

3. 暂估入账无须含进项税额

一般纳税人购进的货物等已到达并验收入库，但尚未收到增值税扣税凭证并未付款的，应在月末按货物清单或相关合同协议上的价格暂估入账，不需要将增值税的进项税额暂估入账。

下月初，用红字冲销原暂估入账金额，待取得相关增值税扣税凭证并经认证后，按应计入相关成本费用或资产的金额，借记"原材料""库存商品"等科目，可抵扣的增值税额，借记"应交税费——应交增值税（进项税额）"科目。

（三）收入确认时点与纳税义务发生时间不一致时销项税额的账务处理

按照国家统一的会计制度确认收入的时点早于按照增值税制度确认增值税纳税义务发生时点的，应将相关销项税额计入"应交税费——待转销项税额"科目，待实际发生纳税义务时再转入"应交税费——应交增值税（销项税额）"或"应交税费——简易计税"科目。

按照增值税制度确认增值税纳税义务发生时点早于按照国家统一的会计制度确认收入时点的，应将相关销项税额，借记"应收账款"科目，贷记"应交税费——应交增值税（销项税额）"或"应交税费——简易计税"科目，按照国家统一的会计制度确认收入时，应按扣除增值税销项税额后的金额确认收入。

（四）视同销售的账务处理

根据《增值税暂行条例》的规定，原增值税纳税人的下列行为，视同销售货物：①将货物交付其他单位或者个人代销；②销售代销货物；③设有两个以上机构并实行统一核算的纳税人，将货物从一个机构移送其他机构用于销售，但相关机构设在同一县（市）的除外；④将自产或者委托加工的货物用于非增值税应税项目；⑤将自产、委托加工的货物用于集体福利或者个人消费；⑥将自产、委托加工或者购进的货物作为投资，提供给其他单位或者个体工商户；⑦将自产、委托加工或者购进的货物分配给股东或者投资者；⑧将自产、委托加工或者购进的货物无偿赠送其他单位或者个人。

根据《营业税改征增值税试点实施办法》，"营改增"试点纳税人的下列情形视同销售服务、无形资产或者不动产：①单位或者个体工商户向其他单位或者个人无偿提供服务，但用于公益事业或者以社会公众为对象的除外。②单位或者个人向其他单位或者个人无偿转让无形资产或者不动产，但用于公益事业或者以社会公众为对象的除外。

企业发生税法上视同销售的行为，应当按照企业会计准则制度相关规定进行相应的会计处理，并按照现行增值税制度规定计算的销项税额（或采用简易计税方法计算的应纳增值税额），借记"应付职工薪酬""利润分配"等科目，贷记"应交税费——应交增值税（销项税额）"（或"应交税费——简易计税"科目），小规模纳税人则应计入"应交税费——应交增值税"科目。

按税法规定要进行视同销售的上述行为，在进行会计处理时，有些不需要确认收入，也有相当一部分行为，按企业会计准则，也需要进行收入确认。

以增值税一般纳税人、一般计税方法为例，各种视同销售的具体处理如下：

（1）将货物交付其他单位或者个人代销（非买断方式）。

发出代销商品：

　　借：发出商品（或委托代销商品）
　　　　贷：库存商品

收到代销清单时：

　　借：应收账款
　　　　贷：主营业务收入
　　　　　　应交税费——应交增值税（销项税额）

（2）销售代销货物，售出代销商品时。

　　借：银行存款（或应收账款）
　　　　贷：应付账款
　　　　　　应交税费——应交增值税（销项税额）

（3）设有两个以上机构并实行统一核算的纳税人，将货物从一个机构移送其他机构用于销售，相关机构不在同一县（市）。

移送货物的一方：
  借：其他应收款（或应收账款）
    贷：库存商品（或主营业务收入等）
      应交税费——应交增值税（销项税额）

接收货物的一方：
  借：库存商品
    应交税费——应交增值税（进项税额）
    贷：其他应付款（或应付账款）

（4）将自产、委托加工的货物用于集体福利或者个人消费用于集体福利。
  借：应付职工薪酬——非货币性福利
    贷：主营业务收入
      应交税费——应交增值税（销项税额）

同时结转成本。

用于交际应酬消费等个人消费：
  借：管理费用——业务招待费等
    贷：库存商品
      应交税费——应交增值税（销项税额）

（5）将自产、委托加工或者购进的货物作为投资。

具有商业实质：
  借：长期股权投资
    贷：主营业务收入（或其他业务收入）
      应交税费——应交增值税（销项税额）

不具有商业实质：
  借：长期股权投资
    贷：库存商品（或原材料等）
      应交税费——应交增值税（销项税额）

（6）将自产、委托加工或者购进的货物分配给股东或者投资者。
  借：利润分配、应付股利等
    贷：主营业务收入（或其他业务收入）
      应交税费——应交增值税（销项税额）

（7）将自产、委托加工或者购进的货物无偿赠送其他单位或者个人。
  借：销售费用、营业外支出等
    贷：库存商品（或原材料等）
      应交税费——应交增值税（销项税额）

（8）无偿转让无形资产或者不动产。
  借：营业外支出等
    贷：无形资产、固定资产等（简化处理）
      应交税费——应交增值税（销项税额）

（五）"营改增"前已确认收入，后产生增值税纳税义务的账务处理

企业营业税改征增值税前已确认收入，但因未产生营业税纳税义务而未计提营业税的，在达到增值税纳税义务时点时，企业应在确认应交增值税销项税额的同时冲减当期收入；已经计提营业税且未缴纳的，在达到增值税纳税义务时点时，应借记"应交税费——应交营业税""应交税费——应交城市维护建设税""应交税费——应交教育费附加"等科目，贷记"主营业务收入"科目，并根据调整后的收入计算确定计入"应交税费——待转销项税额"科目的金额，同时冲减收入。

（六）月末转出多交增值税和未交增值税

月度终了，企业应当将当月应交未交或多交的增值税自"应交增值税"明细科目转入"未交增值税"明细科目。

（1）当月应交未交的增值税。

借：应交税费——应交增值税（转出未交增值税）
贷：应交税费——未交增值税

（2）对于当月多交的增值税。

借：应交税费——未交增值税
贷：应交税费——应交增值税（转出多交增值税）

六、增值税纳税义务和扣缴义务发生时间的确认

2017年11月19日，国务院总理李克强签发国务院令第691号，废止了《中华人民共和国营业税暂行条例》，并修改了《中华人民共和国增值税暂行条例》。随着《中华人民共和国增值税暂行条例》的实施，增值税的纳税义务时间发生了重大变化。近期增值税的纳税义务时间发生变化有关政策规定如下。

《中华人民共和国增值税暂行条例》第十九条规定，增值税纳税义务发生时间：①发生应税销售行为，为收讫销售款项或者取得索取销售款项凭据的当天；先开具发票的，为开具发票的当天。②进口货物，为报关进口的当天。增值税扣缴义务发生时间为纳税人增值税纳税义务发生的当天。

《财政部、国家税务总局关于全面推开营业税改征增值税试点的通知》、《营业税改征增值税试点实施办法》第四十五条对增值税纳税义务、扣缴义务发生时间的具体规定如下：①纳税人发生应税行为并收讫销售款项或者取得索取销售款项凭据的当天；先开具发票的，为开具发票的当天。其中，收讫销售款项，是指纳税人销售服务、无形资产、不动产过程中或者完成后收到款项。取得索取销售款项凭据的当天，是指书面合同确定的付款日期；未签订书面合同或者书面合同未确定付款日期的，为服务、无形资产转让完成的当天或者不动产权属变更的当天。②纳税人提供建筑服务、租赁服务采取预收款方式的，其纳税义务发生时间为收到预收款的当天。纳税人提供租赁服务采取预收款方式的，其纳税义务发生时间为收到预收款的当天。（注：根据2017年7月11日《财政部、国家税务总局关于建筑服务等营改增试点政策的通知》（财税〔2017〕58号）本项自2017年7月1日起修改为"纳税人提供租赁服务采取预收款方式的，其纳

税义务发生时间为收到预收款的当天";同时还规定纳税人提供建筑服务取得预收款,应在收到预收款时,以取得的预收款扣除支付的分包款后的余额,按照规定的预征率预缴增值税。)③纳税人从事金融商品转让的,为金融商品所有权转移的当天。④纳税人发生本办法第十四条规定情形的,其纳税义务发生时间为服务、无形资产转让完成的当天或者不动产权属变更的当天。⑤增值税扣缴义务发生时间为纳税人增值税纳税义务发生的当天。

有关货物和加工修理修配劳务的纳税义务发生时间。《中华人民共和国增值税暂行条例实施细则》第三十八条规定,条例第十九条第一款第(一)项规定的收讫销售款项或者取得索取销售款项凭据的当天,具体为:

(1)采取直接收款方式销售货物,不论货物是否发出,均为收到销售款或者取得索取销售款凭据的当天;

(2)采取托收承付和委托银行收款方式销售货物,为发出货物并办妥托收手续的当天;

(3)采取赊销和分期收款方式销售货物,为书面合同约定的收款日期的当天,无书面合同的或者书面合同没有约定收款日期的,为货物发出的当天;

(4)采取预收货款方式销售货物,为货物发出的当天,但生产销售生产工期超过12个月的大型机械设备、船舶、飞机等货物,为收到预收款或者书面合同约定的收款日期的当天;

(5)委托其他纳税人代销货物,为收到代销单位的代销清单或者收到全部或者部分货款的当天。未收到代销清单及货款的,为发出代销货物满180天的当天;

(6)销售应税劳务,为提供劳务同时收讫销售款或者取得索取销售款的凭据的当天;

(7)纳税人发生本细则第四条第(三)项至第(八)项所列视同销售货物行为,为货物移送的当天。

第四节 改革试点

一、营改增试点行业

(1)交通运输业:包括陆路、水路、航空、管道运输服务。

(2)部分现代服务业(主要是部分生产性服务业):①研发和技术服务;②信息技术服务;③文化创意服务(设计服务、广告服务、会议展览服务等);④物流辅助服务;⑤有形动产租赁服务;⑥鉴证咨询服务;⑦广播影视服务。

(3)邮政服务业。暂时不包括的行业:建筑业、金融保险业和生活性服务业。

(4)电信业:从事货物生产或者提供应税劳务的纳税人,以及以从事货物生产或者提供应税劳务为主,并兼营货物批发或者零售的纳税人,年应征增值税销售额(以下简称"应税销售额")在 50 万元以上的;除前项规定以外的纳税人,年应税销售额在 80 万元以上的为一般纳税人,并不是以 500 万元为标准。

二、"营改增"试点地区

营业税改征增值税试点改革,是国家实施结构性减税的一项重要举措,也是一项重大的税制改革。试点改革工作启动以来,各试点地区财税部门认真做好测算工作,拟订改革方案,加强政策衔接,强化宣传发动,确保试点工作有序进行。

(一)江西省峡江县

2013 年 8 月 1 日,峡江县"营改增"试点正式启动并顺利上线,首张货运物流业增值税专用发票在峡江县国税局办税服务大厅开出。此次纳入国税局管辖"营改增"纳税人共计 83 户,其中交通运输 67 户、现代服务业 16 户。县国税局办税服务大厅也专门辟出 2 个窗口,以方便纳税人办理"营改增"发票发售、代开增值税专用发票以及申报、税款征收、发票认证等业务。

(二)安徽

安徽要求各级各部门要远谋近施,精心操作,确保营改增试点平稳有序进行,重点做到"八个到位",确保"营改增"试点工作顺利推行。

一是组织力量要到位;二是宣传工作要到位;三是培训工作要到位;四是信息交接要到位;五是技术支撑要到位;六是政策保障要到位;七是模拟运行要到位;八是加强征管要到位。

(三)北京

为了平稳有序推进营业税改征增值税试点改革,北京出台了过渡性财政扶持政策。自 2012 年 9 月 1 日起,对税制转换期内按照新税制规定缴纳的增值税比按照老税制规定计算的营业税确实有所增加的试点企业给予财政资金扶持,帮助试点企业实现平稳过渡,确保试点行业和企业税负基本不增加,进一步调动试点企业参与试点改革的积极性。财政扶持资金由市与区县两级财政分别负担,并按照"企业据实申请、财税按月监控、财政按季预拨、资金按年清算、重点监督检查"的方式进行管理。

(四)天津

一是力保平稳转换。天津市财税部门抓紧实施改革方案和相关政策,明确工作职责,细化工作要求,落实工作措施。成立"营改增"试点工作领导小组,协调解决试点改革中的重大问题,全力推动各项工作,使政策不折不扣地落到实处。加强财政扶持资金管理,确保据实申请,分类扶持,及时拨付,年终结算。加强信息网络建设,做到可查询、可申诉、可纠错、可监督。坚持公开、公平、公正,依法行政、规范办事,确保各项改革措施落到实处。加强试点改革的宣传,做好政策解读工作,为新旧税制转换提供良好的舆论氛围,确保按期实现新旧税制的平稳转换。

二是加强组织协调。财政税务部门成立了"营改增"试点工作领导小组办公室,加强指导和协调,集中人员、集中精力、集中时间,研究制定税制改革的各项阶段性工作。

三是抢抓改革机遇。天津实施"营改增"试点改革,既是我国"十二五"时期财税改革的一项重要任务,同时也为天津加快产业结构调整,提升发展质量和水平提供了新机遇。天津作为沿海港口城市,第二产业发达,现代服务业规模不断扩大,对外经济贸易活跃,纳入营业税改征增值税试点,可以进一步促进社会专业化分工,推动二、三产业融合,支持现代服务业加快发展,减轻相关企业税收负担,促进交通运输和现代服务业聚集,推进发展方式转变和经济结构调整。天津市"营改增"试点后,对市政府制定的支持服务业和交通运输业营业税优惠政策,以及对试点后税负增加较多的单位,通过建立财政扶持资金的办法妥善解决。

(五)广东

自2012年8月1日开始面向社会组织实施试点准备,开展试点纳税人认定和培训、征管设备和系统调试、发票税控系统发行和安装,以及发票发售等准备工作。试点各项准备工作扎实有序推进:制定了试点实施方案,明确纳入试点范围的纳税人初步名单和基础数据,核实试点纳税人;全面培训试点税收征管人员,已完成培训数万人次;设立试点财政专项资金,做好专项扶持的预案,对可能增加税负的企业给予扶持。

一是加强组织领导,确保改革试点组织保障到位。省试点工作领导小组及其办公室要不断完善实施措施,帮助协调解决各地自身难以解决的问题。市县要认真参照省的做法,切实加强组织领导,健全工作机制,在人员、经费等方面给予必要保障。

二是加强实施准备,确保改革试点如期顺利启动。要认真做好税源摸查、征管衔接、纳税准备、模拟运行、制定过渡性财政扶持政策方案以及加强税务稽查管理等各项工作。要求2012年10月13日前要完成涉税系统的调整升级,10月20日前要在征管系统中完成所有相关涉税事项以及发表发售和税控器具的准备,并完成对所有试点纳税人的培训。同时,针对税务登记、发票管理、纳税申报、系统保障等方面可能出现的紧急情况,制定应急方案。

三是加强政策衔接,确保试点税收征管体制的平稳过渡。确定国税系统是营业税改征增值税后的征管主体。要继续加强国税、地税部门之间的工作衔接,认真落实试点期过渡性政策,对部分企业因试点可能增加的税收负担,由各级财政设立试点财政专项资金予以补助。省里已决定由省财政安排约10亿元设立试点专项资金保障试点顺利进行。抓紧完善促进现代服务业发展的政策保障,开展实施税收任务划转、财政体制调整、应急方案完善等各项工作。

四是加强督查评估,确保试点经验的及时总结推广。一方面加大监督检查力度,确保中央和省的决策部署不折不扣落到实处。另一方面科学评估试点效果,深入研究试点对企业税负变化的结构性影响和广东省财政收入的影响,及时发现问题并研究解决,避免出现部分行业实际税负加重的现象。

五是加强宣传发动,确保推进改革试点的良好氛围。要把宣传工作与对试点纳税人培训结合起来,确保试点运行后纳税人购票、开票、申报、征管等有关工作顺利进行。要主动及时通过新闻媒体向社会通报试点情况,着重就国家开展试点的目的、广东省及早参加试点的原因、试点将产生的预期成效,以及对有关行业的过渡性支持政策等进行宣传解释,引导社会各界准确理解、支持试点。

（六）上海市黄浦区

一是深化了分工协作，优化了投资导向。增值税抵扣链条打通后，企业购买应税服务的成本有所下降，增强了服务业竞争能力，形成了良好的产业导向，从而吸引更多资源向现代服务业集聚，对黄浦区大力发展总部经济，着力提升服务业发展能级、不断优化以金融为核心、以现代服务业为主体的产业结构起到积极促进作用。2012年1~8月，该区现代服务业实现税收219.14亿元，税收占比达75.6%。

二是打通了产业链条，为企业拓展业务创造了条件。营业税改征增值税改革试点后，从制度上解决了现代服务业企业的重复征税问题，为现代服务业加快发展创造了公平竞争的税制环境。

三是推动了服务出口，提升了企业国际竞争力。营业税改征增值税改革试点后，对国际运输服务和研发设计服务实行服务贸易出口退税政策，对技术转让、技术咨询、鉴证咨询、合同能源管理等服务贸易出口实行免税政策，增强了试点企业出口服务贸易的意愿，提升了服务贸易出口的竞争力，有效调动了服务贸易出口试点企业为境外单位和个人提供服务贸易的积极性，使服务贸易出口的能量得以释放。该区2012年1~8月涉外企业累计完成税收150.04亿元，同比增长12.0%，增收16.08亿元；其中，区级税收48.24亿元，同比增长12.2%，增收5.25亿元。在整体税收增速全面回落之际，涉外企业税收依旧呈现两位数增长，对全区税收贡献度达51.8%。

（七）湖北省南漳县

一是迅速开展调查研究，参谋推动。南漳县财政局积极与县国税、地税等部门联系，及时组织专班，就"营改增"后对该县的经济发展和财政收支的影响进行了调研，向县委、县政府领导进行了专题汇报。

二是迅速组建工作专班，强力推动。成立了由县委常委、常务副县长任组长、县直多个部门参加的"营改增"试点工作领导小组及办公室，统筹抓好改革相关事宜。

三是迅速拟订工作方案，有序推动。南漳县财政、国税、地税部门迅速制定并下发了《南漳县交通运输业和部分现代服务业营业税改征增值税纳税户信息移交方案》。

四是迅速建立部门协作工作机制，合力推动。南漳县财政、国税、地税部门搭建了"营改增"工作平台，定期召开联席会议。领导小组各成员单位都组建了工作专班，开展工作，形成了分工合作的局面。

五是迅速深入企业，服务推动。结合企业、行业特点，做好纳税人培训工作，帮助企业用好政策，熟悉流程，实现"无缝对接"。

（八）山西省

2013年8月1日起"营改增"试点在全国范围内推开，运行3个月来，山西"营改增"减税效果尤为明显。据山西省国税局统计数据显示，截至2013年10月底，山西全省纳入"营改增"试点的纳税人共有2.3万户，从减税效果看，涉及试点服务的应纳增值税税款累计为3.2亿元人民币，17.8%一般纳税人实现减税；试点小规模纳税人100%实现减税，减税3 800万元。

2013年，山西省第一、二、三产业结构的比例为5.7%、59.1%、35.2%。"营改增"的抵扣效应，已经对山西全省处于成长期的新兴服务业起到明显的促进作用，加快了生产和流通的专业化发展，推动技术进步与创新，增强经济增长的内生动力。2013年7月底，山西"营改增"试点纳税人共计1.75万户，其中涉及交通运输业4 546户、现代服务业1.3万户。同时，确认增值税一般纳税人2 008户，涉及交通运输业916户、现代服务业1 092户。到10月底，山西全省纳入"营改增"试点的纳税人共有2.33万户。其中：一般纳税人0.35万户，占15.04%；小规模纳税人1.98万户，占84.96%。

"营改增"不仅为企业带来减负，而且为产业结构调整、加快服务业发展、打造服务型经济带来质变。三个月以来，全省新增户数较多的行业为文化创意服务、鉴证咨询和交通运输业，分别增加1 363户、915户和775户，分别占新增试点纳税人的30.16%、20.25%和17.15%。

三、扩围金融

2014年1月1日开始，"营改增"在原来"1+6"的基础上实现再扩围，铁路运输和邮政服务纳入改革行列，与此同时，一场关于营业税九大税目纷纷纳入减税阵营的讨论正在形成。同时，作为营业税九大税目之一，金融保险业的营改增也在加速推进。2013年，财政部和国家税务总局就已经在研究金融保险业营改增的相关工作。此前，包括北京在内的各地金融局已经委托税务师事务所开始做税率、税负测算工作，而测算的核心主要采取简易计税法进行计征。

第五节　政策实施的意义

营业税是比较便于征收的税种，但存在重复征税现象，只要有流转环节就要征税，流转环节越多，重复征税现象越严重。增值税替代营业税，允许抵扣，将消除重复征税的弊端，有利于减轻企业税负。全面实施"营改增"，是深化财税体制改革、推进经济结构调整和产业转型的"重头戏"。营改增不只是简单的税制转换，它有利于消除重复征税，减轻企业负担，促进工业转型、服务业发展和商业模式创新，是一项"牵一发而动全身"的改革。作为一项改革，"营改增"不仅是结构性减税和税制的完善，它也是一项配合我国宏观经济形势的发展、转变经济增长发展方式进行的改革。截至2015年6月底，全国纳入"营改增"试点的纳税人共计509万户。据不完全数据统计，从2012年试点到2015年底，"营改增"已经累计减税5 000多亿元，后续产业链减税效果持续体现。

第一，通过"营改增"减轻税负不仅是对市场主体的激励，而且显示出税制优化对生产方式的引导。从税理的角度上来讲，流转税具有特殊流转税和一般流转税两种具有差别的税种，一般流转税是一种不对纳税人的经济选择、经济行为产生任何影响的税种，不会改变纳税人在消费、储蓄、投资、生产等方面的选择权利，而特殊流转税则着重实施调节功能。在我国现行的税制体系中，一般流转税具有两个不同税种，即营业税、增值税两种。增值税主要针对的是制造业，营业税主要针对的是服务业。虽然在进行税制设计时是希望这两个税种可以通过相互协调来确定税负水平，但在实际的运行过程当中，由于各种影响因素的存在，这两种税制很难达到税负平衡。另一方面，随着市场经济的发展，兼具服务业和制造业特征的新型生产性服务业快速崛起，使其产业归属很难给出明确的界定。这也就造成了两套税务机构之间的征管范围的矛盾。基于各方面的考虑，将两个税种合并为一个税种，即增值税。后来对增值税进行通俗化的表述，将其改称为"营业税改征增值税"，简称为"营改增"。随着一般流转税税制内部矛盾的加剧，进行"营改增"的税制改革是完善现行流转税税制的基础性举措。"营改增"对宏观经济的影响得到积极的体现，前者的作用更加直观，后者的影响更加深远。对优化生产方式形成引导，效应传导的基本路径是，以消除重复征税为前提，以市场充分竞争为基础，通过深化产业分工与协作，推动产业结构需求结构和就业结构不断优化，促进社会生产力水平相应提升。

第二，深化产业分工。"营改增"可以从根本上解决多环节经营活动面临的重复征税问题，推进现有营业税纳税人之间加深分工协作，也将从制度上使增值税抵扣链条贯穿于各个产业领域，消除目前增值税纳税人与营业税纳税人在税制上的隔离，促进各类纳税人之间开展分工协作。这就是链条打通的作用，使原来企业在营业税基础上的大而全、小而全进一步深化分工。

第三，优化产业结构。将现行适用于第三产业的营业税改征增值税，更有利于第三产业随着分工细化而实现规模拓展和质量提升，同时，分工会加快生产和流通的专业化发展，推动技术进步与创新，增强经济增长的内生动力。我国现在战略上需要创新，第三产业也需要创新机制，实行增值税以后，这个意义更加重要。

第四，扩大国内需求。"营改增"消除了重复征税，对投资者而言，减轻其对经济性或资本性投入的中间产品和劳务的税收负担，相当于降低投入成本，增加投资者的剩余收益，有利于扩大投资需求。对生产者和消费者而言，在生产和流通领域消除重复征税因素后，税额减少，可有利于扩大消费需求和供给。

第五，改善外贸出口。营业税改征增值税将实现出口退税，出口退税由货物贸易向服务贸易领域延伸。第三产业出口可以获得出口退税或出口免税，有利于改善我国服务贸易的出口。

第六，促进社会就业。第三产业得到更大的发展，规模扩大，带动了社会需求，扩大了生产供给，相应地也会带动劳动力需求的增加，必然会有利于促进社会就业，缓解我国目前的就业压力。

任何一个税种的改革都不是孤立的，与整体税制改革都是扣在一起的。加快推进"营改增"涉及整体税制改革所要形成的行业之间税负均衡，只有加快推进"营改增"才能实现行业之间的税负均衡。行业之间的税负均衡是十八大报告提到的"建立有利于社会公平的税制"的重点问题之一。只有加快推进"营改增"，才能够为整个有增有减的税制改革让出空间。房产税改革、资源税改革、环境税改革属于增税性改革，继续推进"营改增"就是要与增税性的改革建立一种平衡。税收法制化必须以税制稳定为基础，实施"营改增"才能使我国的流转税制相对稳定，在这个基础上才能推进增值税立法，解决重复征税问题。

第二章 企业内部控制规范体系的解读

第一节 内部控制规范体系建设的发展历程

　　企业内部控制已成为企业健康与可持续发展的"奠基石"、预防风险与舞弊的"防火墙"、迈向资本与证券市场的"通行证"、接受公众检阅的"试金石"。不仅企业重视内部控制,而且国家机构、政府部门、非营利机构等亦是如此。内部控制已成为或将成为社会经济生活中最为关注的焦点问题。

　　现代内部控制的理论与实践已有百年历史了,发展至今,基本形成了以美国、加拿大、英国为代表的三大内部控制框架体系。美国科索委员会(COSO)于1992年出台《内部控制——整合框架》(简称COSO报告),2004年推出《企业风险管理——整体框架》(简称ERM框架),2013年重新修订《内部控制——整合框架》(简称COSO报告新版本),逐渐制定与完善了被国际社会广泛认可的控制标准和审计评价标准,建立了以保证财务报告真实可靠为核心目标、服务资本市场为基本原则、全面、全员、全过程的内部控制规范体系,常被人们视为内部控制的典范。英国以特恩布尔(Turnbull)为首的内部控制专门委员会于1999年9月发布了《内部控制框架报告》(简称《特恩布尔报告》),基本确立了以风险控制为导向的、将内部控制嵌入公司治理的、控制范围更为广泛的、管理控制特性鲜明的内部控制框架体系。加拿大控制基准委员会(CO-CO)于1995年发布《控制指南》,1999年颁发《评估控制指南》,2000年又制定了《董事指南:应对董事会的风险》,基本建立起基于公司治理的、包含控制系统设计、评估和报告的内部控制理论体系。我国自2008年颁发《企业内部控制基本规范》,2010年制定《企业内部控制配套指引》,并于2011年在境内外同时上市的公司实施,标志着以基本规范为主、配套指引为辅的内部控制规范体系的初步形成。我国企业内部控制经历了三个阶段,分别是:①改革开放引导下的起步阶段。②亚洲金融影响下的调整提高阶段。③SOX法案推动下的系统完善阶段。

一、改革开放引导下的起步阶段

　　1996年6月,财政部发布《会计基础工作规范》,该规范的重要意义,在于立足具体操作层面,对内部会计控制做出了较为全面、系统的规定,包括会计机构的设置、会计人员的配备、会计核算的一般要求、会计监督和内部会计管理制度的建立等。《会计基础工作规范》的发布对各单位进一步夯实会计基础工作、加强内部会计控制和监督、提高会计信息质量发挥了积极作用和较大影响。

1996年12月，财政部发布《独立审计具体准则第9号——内部控制和审计风险》，要求注册会计师在执行审计业务时对企业的内部控制，包括对其控制环境、会计系统和控制程序进行审查。

1997年5月，中国人民银行发布《加强金融机构内部控制的指导原则》，这是我国发布的关于内部控制的较早的部门规定之一。随后，中国工商银行等金融机构于1998年起陆续制定《内部控制暂行规定》。

二、亚洲金融影响下的调整提高阶段

1999年，中国证监会发布《关于上市公司做好各项资产减值准备等有关事项的通知》，要求上市公司本着审慎经营、有效防范和化解资产损失风险的原则制定内部控制制度，监事会应对内部控制制度的制定和执行情况进行监督。

1999年10月，全国人大常委会审议通过第二次修订的《会计法》，自2000年7月1日正式施行。新《会计法》第二十七条明确规定：各单位应当建立健全本单位的内部会计监督制度，内部会计监督制度应当做到：①记账人员与经济业务事项和会计事项的审批人员、经办人员、财物保管人员的职责权限应当明确，并相互分离、相互制约；②重大对外投资、资产处置、资金调度和其他重要经济业务事项的决策和执行的相互监督，相互制约程序应当明确；③财产清查的范围、期限和组织程序应当明确；④对会计资料定期进行内部审计的办法和程序应当明确。《会计法》对内部会计监督制度提出的四个"应当明确"，实质上体现了内部控制的本质和精髓。《会计法》是我国第一部对内部控制，尤其是内部会计控制提出明确要求的法律。

2000年，中国证监会连续发布《公开发行证券公司信息披露编报规则》第1号、第3号、第5号，要求商业银行、保险公司、证券公司建立健全内部控制制度，并对内部控制制度的完整性、合理性和有效性作出说明；同时要求注册会计师对前述公司的内部控制制度及风险管理系统的完整性、合理性和有效性进行评价，提出改进建议，并以内部控制评价报告的形式向证监会作出报告。

2001年6月22日，财政部印发《内部会计控制规范——基本规范（试行）》和《内部会计控制规范——货币资金（试行）》，标志着我国内部会计控制规范建设取得了新成果、迈入了新阶段。此后，财政部陆续发布了一系列内部会计控制规范，成为在广大企业、中介机构中享有较高认同度的内部会计控制标准体系。

三、《萨班斯—奥克斯利法案》（SOX）推动下的系统完善阶段

2003年12月，证监会发布修订后的《证券公司内部控制指引》。引导证券公司规范经营，完善证券公司内部控制机制，增强证券公司的自我约束能力，推动证券公司现

代企业制度建设，防范和化解金融风险。

为规范和加强对商业银行内部控制的评价，建立健全内部控制机制，为全面风险管理体系的建立奠定基础，保证商业银行安全稳健运行，2004年12月，银监会发布《商业银行内部控制评价试行办法》，对内部控制评价的目标和原则，内容、程序和方法，评价标准与等级、罚则等作出规定。

2005年7月19日，财政部会计司、国资委企业改革局和中国证监会会计部、上市部召开联席会议，研究深入贯彻落实国务院领导批示精神、加快推进企业内部控制制度建设事宜。会议表示，要在财政部的牵头协调下，共同开展内部控制理论研究与政策制定工作。会议同意由财政部会计司研究提出企业内部控制指引的制订工作方案和大体框架，提交联席会议讨论；同意组织开展企业内部控制系列课题研究，为政策制定提供科学理论指导；同意建立企业内部控制制度制定工作联席会议制度，指定联系人，加强信息沟通和工作协调。会后，财政部迅速拟订了有关工作方案，启动了内部控制课题研究工作和企业内部控制指引起草工作。

2006年7月15日，企业内部控制标准委员会成立大会暨第一次全体会议在京召开。"委员会的成立，标志着我国企业内控标准体系建设进入了有组织、有规划、跨部门、讲协作、求实效的新阶段"。之后，财政部紧锣密鼓推进了组织建设、制度建设、标准建设等各方面的工作，陆续印发了《企业内部控制标准委员会工作大纲》、《企业内部控制标准制定程序》和《企业内部控制课题研究管理办法》等文件，同时，结合下属8个咨询专家组的研究特长，主要依托委员和咨询专家的力量，组织开展了20多项重点科研课题研究，为研究制订适应我国市场经济发展要求的企业内部控制制度体系奠定了坚实基础。

2006年6月和9月，上交所、深交所先后发布《上海证券交易所上市公司内部控制指引》和《深圳证券交易所上市公司内部控制指引》，以推动上市公司建立健全内部控制制度，促进公司规范运作和健康发展，保护投资者合法权益。上市公司应当在2007年6月30日之前，建立健全公司内部控制制度。

2006年7月，中国证监会发布《证券公司融资融券业务试点内部控制指引》，指导证券公司建立健全融资融券业务试点的内部控制机制，防范与融资、融券业务有关的各类风险，自同年8月1日起施行。

2007年3月2日，财政部草拟了《企业内部控制规范——基本规范》和《企业内部控制具体规范——货币资金》、《企业内部控制具体规范——采购与付款》等17项具体规范征求意见稿，公开发布征求意见。

2008年5月，财政部会同证监会、审计署、银监会、保监会五部委联合发布了《企业内部控制基本规范》，要求2009年7月1日起在上市公司内施行，并且鼓励非上市的大中型企业也基本执行基本规范。

2008年6月28日，我国财政部、证监会、审计署、银监会、保监会联合发布了《企业内部控制基本规范》。在基本规范中，内部控制定义为：由董事会、监事会、经理层和全体员工实施的、旨在实现控制目标的过程；内部控制的目标确定会合理保证企业经营管理合法合规、资产安全、财务报告及相关信息真实完整、提高经营效率和效果，促进企业实现发展战略。基本规范共7章五十条，包括：总则、内部环境、风险评估、控制活动、信息与沟通、内部监督和附则。基本规范坚持立足我国国情、借鉴国际惯例，确立了我国企业建立和实施内部控制的基本框架，并取得了重大突破。

2009年1月8日，企业内部控制标准委员会秘书处发布了《关于征求〈企业内部控制应用指引——组织架构〉等10项内部控制应用指引意见的通知》，在新增组织架构、发展战略等五个应用指引项目并征求意见的基础上，又调整修改了资金、采购、资产、销售、研发等五个应用指引。

2010年4月15日，财政部等五部委出台了《企业内部控制应用指引第1号——组织架构》等18项应用指引、《企业内部控制评价指引》和《企业内部控制审计指引》，要求2011年1月1日起在境内外同时上市的公司实行，在上海证券交易所、深圳证券交易所主板上市公司2012年1月1日起施行，并择机在中小板和创业板上市公司施行，同时也鼓励非上市大中型企业提前执行。

18项应用指引不仅包括了有关业务活动控制的实务指南，而且增加了对内部环境、风险评估、信息沟通、内部监督等控制要素的操作性指引，涵盖了企业的组织架构、发展战略、人力资源、销售业务、工程项目、担保业务、业务外包、合同管理等具体业务中内部控制的应用，还指导了企业进行财务报告、内部信息传递和信息系统等方面的内部控制行为。《企业内部控制评价指引》对企业内部控制评价的内容、程序、内部控制缺陷的认定和内部控制评价报告都进行了清晰的阐述，为企业内部控制评价提供了详尽的依据。《企业内部控制审计指引》对注册会计师执行企业内部控制审计业务进行了规范，并给出了内部控制审计报告的参考格式，使我国注册会计师对企业内部控制进行审计时有章可循。《企业内部控制应用指引》、《企业内部控制评价指引》和《企业内部控制审计指引》的发布标志着我国的内部控制规范体系已基本建成。

第二节 企业内部控制规范的内容

为了加强和规范企业内部控制，提高企业经营管理水平和风险防范能力，促进企业可持续发展，维护社会主义市场经济秩序和社会公众利益，根据国家有关法律法规，财政部会同证监会、审计署、银监会、保监会于2008年5月22日印发《企业内部控制基本规范》。本规范自2009年7月1日起在上市公司范围内施行，鼓励非上市的大中型企业执行。2010年4月26日，财政部等五部委又联合发布了《企业内部控制配套指引》。该配套指引包括了18项《企业内部控制应用指引》、《企业内部控制评价指引》和《企业内部控制审计指引》要求2011年1月1日起在境内外同时上市的公司实行，在上海证券交易所、深圳证券交易所主板上市公司2012年1月1日起施行，并择机在中小板和创业板上市公司施行，同时也鼓励非上市大中型企业提前执行。这标志着适应我国企业实际情况、融合国际先进经验的中国企业内部控制规范体系基本建成。我国成为继美国和日本之后第三个要求对本国企业实施全面内控审计的国家。

《企业内部控制基本规范》共七章五十条，各章分别是：总则、内部环境、风险评估、控制活动、信息与沟通、内部监督和附则。基本规范坚持立足我国国情、借鉴国际惯例，确立了我国企业建立和实施内部控制的基础框架，并取得了重大突破。一是科学界定内部控制的内涵，强调内部控制是由企业董事会、监事会、经理层和全体员工实施的、旨在实现控制目标的过程，有利于树立全面、全员、全过程控制的理念。二是准确定位内部控制的目标，要求企业在保证经营管理合法合规、资产安全、财务报告及相关信息真实完整、提高经营效率和效果的基础上，着力促进企业实现发展战略。三是合理确定内部控制的原则，要求企业在建立和实施内部控制全过程中贯彻全面性原则、重要性原则、制衡性原则、适应性原则和成本效益原则。四是统筹构建内部控制的要素，有机融合世界主要经济体加强内部控制的做法经验，构建了以内部环境为重要基础、以风险评估为重要环节、以控制活动为重要手段、以信息与沟通为重要条件、以内部监督为重要保证，相互联系、相互促进的五要素内部控制框架。五是开创性地建立了以企业为主体、以政府监管为促进、以中介机构审计为重要组成部分的内部控制实施机制，要求企业实行内部控制自我评价制度，并将各责任单位和全体员工实施内部控制的情况纳入绩效考评体系；国务院有关监管部门有权对企业建立并实施内部控制的情况进行监督检查；明确企业可以依法委托会计师事务所对本企业内部控制的有效性进行审计，出具审计报告。

一、内部环境

企业应当根据国家有关法律法规和企业章程，建立规范的公司治理结构和议事规则，明确决策、执行、监督等方面的职责权限，形成科学有效的职责分工和制衡机制。股东（大）会享有法律法规和企业章程规定的合法权利，依法行使企业经营方针、筹资、投资、利润分配等重大事项的表决权。董事会对股东（大）会负责，依法行使企业的经营决策权。监事会对股东（大）会负责，监督企业董事、经理和其他高级管理人员依法履行职责。经理层负责组织实施股东（大）会、董事会决议事项，主持企业的生产经营管理工作。

董事会负责内部控制的建立健全和有效实施。监事会对董事会建立与实施内部控制进行监督。经理层负责组织领导企业内部控制的日常运行。企业应当成立专门机构或者指定适当的机构具体负责组织协调内部控制的建立实施及日常工作。

企业应当在董事会下设立审计委员会。审计委员会负责审查企业内部控制，监督内部控制的有效实施和内部控制自我评价情况，协调内部控制审计及其他相关事宜等。审计委员会负责人应当具备相应的独立性、良好的职业操守和专业胜任能力。

企业应当结合业务特点和内部控制要求设置内部机构，明确职责权限，将权利与责任落实到各责任单位。企业应当通过编制内部管理手册，使全体员工掌握内部机构设置、岗位职责、业务流程等情况，明确权责分配，正确行使职权。

企业应当加强内部审计工作，保证内部审计机构设置、人员配备和工作的独立性。内部审计机构应当结合内部审计监督，对内部控制的有效性进行监督检查。内部审计机构对监督检查中发现的内部控制缺陷，应当按照企业内部审计工作程序进行报告；对监督检查中发现的内部控制重大缺陷，有权直接向董事会及其审计委员会、监事会报告。

企业应当制定和实施有利于企业可持续发展的人力资源政策。人力资源政策应当包括下列内容：①员工的聘用、培训、辞退与辞职。②员工的薪酬、考核、晋升与奖惩。③关键岗位员工的强制休假制度和定期岗位轮换制度。④掌握国家秘密或重要商业秘密的员工离岗的限制性规定。⑤有关人力资源管理的其他政策。

企业应当将职业道德修养和专业胜任能力作为选拔和聘用员工的重要标准，切实加强员工培训和继续教育，不断提升员工素质。

企业应当加强文化建设，培育积极向上的价值观和社会责任感，倡导诚实守信、爱岗敬业、开拓创新和团队协作精神，树立现代管理理念，强化风险意识。董事、监事、经理及其他高级管理人员应当在企业文化建设中发挥主导作用。企业员工应当遵守员工行为守则，认真履行岗位职责。

企业应当加强法制教育，增强董事、监事、经理及其他高级管理人员和员工的法制观念，严格依法决策、依法办事、依法监督，建立健全法律顾问制度和重大法律纠纷案件备案制度。

二、风险评估

企业应当根据设定的控制目标，全面系统持续地收集相关信息，结合实际情况，及时进行风险评估。

企业开展风险评估，应当准确识别与实现控制目标相关的内部风险和外部风险，确定相应的风险承受度。风险承受度是企业能够承担的风险限度，包括整体风险承受能力和业务层面的可接受风险水平。

企业识别内部风险，应当关注下列因素：①董事、监事、经理及其他高级管理人员的职业操守、员工专业胜任能力等人力资源因素。②组织机构、经营方式、资产管理、业务流程等管理因素。③研究开发、技术投入、信息技术运用等自主创新因素。④财务状况、经营成果、现金流量等财务因素。⑤营运安全、员工健康、环境保护等安全环保因素。⑥其他有关内部风险因素。

企业识别外部风险，应当关注下列因素：①经济形势、产业政策、融资环境、市场竞争、资源供给等经济因素。②法律法规、监管要求等法律因素。③安全稳定、文化传统、社会信用、教育水平、消费者行为等社会因素。④技术进步、工艺改进等科学技术因素。⑤自然灾害、环境状况等自然环境因素。⑥其他有关外部风险因素。

企业应当采用定性与定量相结合的方法，按照风险发生的可能性及其影响程度等，对识别的风险进行分析和排序，确定关注重点和优先控制的风险。企业进行风险分析，应当充分吸收专业人员，组成风险分析团队，按照严格规范的程序开展工作，确保风险分析结果的准确性。

企业应当根据风险分析的结果，结合风险承受度，权衡风险与收益，确定风险应对策略。企业应当合理分析、准确掌握董事、经理及其他高级管理人员、关键岗位员工的风险偏好，采取适当的控制措施，避免因个人风险偏好给企业经营带来重大损失。

企业应当综合运用风险规避、风险降低、风险分担和风险承受等风险应对策略，实现对风险的有效控制。风险规避是企业对超出风险承受度的风险，通过放弃或者停止与该风险相关的业务活动以避免和减轻损失的策略。风险降低是企业在权衡成本效益之后，准备采取适当的控制措施降低风险或者减轻损失，将风险控制在风险承受度之内的策略。风险分担是企业准备借助他人力量，采取业务分包、购买保险等方式和适当的控制措施，将风险控制在风险承受度之内的策略。风险承受是企业对风险承受度之内的风险，在权衡成本效益之后，不准备采取控制措施降低风险或者减轻损失的策略。

企业应当结合不同发展阶段和业务拓展情况，持续收集与风险变化相关的信息，进行风险识别和风险分析，及时调整风险应对策略。

三、控制活动

企业应当结合风险评估结果，通过手工控制与自动控制、预防性控制与发现性控制相结合的方法，运用相应的控制措施，将风险控制在可承受度之内。控制措施一般包括：不相容职务分离控制、授权审批控制、会计系统控制、财产保护控制、预算控制、运营分析控制和绩效考评控制等。

不相容职务分离控制要求企业全面系统地分析、梳理业务流程中所涉及的不相容职务，实施相应的分离措施，形成各司其职、各负其责、相互制约的工作机制。

授权审批控制要求企业根据常规授权和特别授权的规定，明确各岗位办理业务和事项的权限范围、审批程序和相应责任。企业应当编制常规授权的权限指引，规范特别授权的范围、权限、程序和责任，严格控制特别授权。常规授权是指企业在日常经营管理活动中按照既定的职责和程序进行的授权。特别授权是指企业在特殊情况、特定条件下进行的授权。企业各级管理人员应当在授权范围内行使职权和承担责任。企业对于重大的业务和事项，应当实行集体决策审批或者联签制度，任何个人不得单独进行决策或者擅自改变集体决策。

会计系统控制要求企业严格执行国家统一的会计准则制度，加强会计基础工作，明确会计凭证、会计账簿和财务会计报告的处理程序，保证会计资料真实完整。企业应当依法设置会计机构，配备会计从业人员。会计机构负责人应当具备会计师以上专业技术职务资格。大中型企业应当设置总会计师。设置总会计师的企业，不得设置与其职权重叠的副职。

财产保护控制要求企业建立财产日常管理制度和定期清查制度，采取财产记录、实物保管、定期盘点、账实核对等措施，确保财产安全。企业应当严格限制未经授权的人员接触和处置财产。

预算控制要求企业实施全面预算管理制度，明确各责任单位在预算管理中的职责权限，规范预算的编制、审定、下达和执行程序，强化预算约束。

运营分析控制要求企业建立运营情况分析制度，经理层应当综合运用生产、购销、投资、筹资、财务等方面的信息，通过因素分析、对比分析、趋势分析等方法，定期开展运营情况分析，发现存在的问题，及时查明原因并加以改进。

绩效考评控制要求企业建立和实施绩效考评制度，科学设置考核指标体系，对企业内部各责任单位和全体员工的业绩进行定期考核和客观评价，将考评结果作为确定员工薪酬以及职务晋升、评优、降级、调岗、辞退等的依据。

企业应当根据内部控制目标，结合风险应对策略，综合运用控制措施，对各种业务和事项实施有效控制。

企业应当建立重大风险预警机制和突发事件应急处理机制，明确风险预警标准，对可能发生的重大风险或突发事件，制定应急预案、明确责任人员、规范处置程序，确保突发事件得到及时妥善处理。

四、信息与沟通

企业应当建立信息与沟通制度，明确内部控制相关信息的收集、处理和传递程序，确保信息及时沟通，促进内部控制有效运行。

企业应当对收集的各种内部信息和外部信息进行合理筛选、核对、整合，提高信息的有用性。企业可以通过财务会计资料、经营管理资料、调研报告、专项信息、内部刊物、办公网络等渠道，获取内部信息。企业可以通过行业协会组织、社会中介机构、业务往来单位、市场调查、来信来访、网络媒体以及有关监管部门等渠道，获取外部信息。

企业应当将内部控制相关信息在企业内部各管理级次、责任单位、业务环节之间，以及企业与外部投资者、债权人、客户、供应商、中介机构和监管部门等有关方面之间进行沟通和反馈。信息沟通过程中发现的问题，应当及时报告并加以解决。重要信息应当及时传递给董事会、监事会和经理层。

企业应当利用信息技术促进信息的集成与共享，充分发挥信息技术在信息与沟通中的作用。企业应当加强对信息系统开发与维护、访问与变更、数据输入与输出、文件储存与保管、网络安全等方面的控制，保证信息系统安全稳定运行。

企业应当建立反舞弊机制，坚持惩防并举、重在预防的原则，明确反舞弊工作的重点领域、关键环节和有关机构在反舞弊工作中的职责权限，规范舞弊案件的举报、调查、处理、报告和补救程序。企业至少应当将下列情形作为反舞弊工作的重点：①未经授权或者采取其他不法方式侵占、挪用企业资产，牟取不当利益。②在财务会计报告和信息披露等方面存在的虚假记载、误导性陈述或者重大遗漏等。③董事、监事、经理及其他高级管理人员滥用职权。④相关机构或人员串通舞弊。

企业应当建立举报投诉制度和举报人保护制度，设置举报专线，明确举报投诉处理程序、办理时限和办结要求，确保举报、投诉成为企业有效掌握信息的重要途径。举报投诉制度和举报人保护制度应当及时传达至全体员工。

五、内部监督

企业应当根据本规范及其配套办法，制定内部控制监督制度，明确内部审计机构

（或经授权的其他监督机构）和其他内部机构在内部监督中的职责权限，规范内部监督的程序、方法和要求。内部监督分为日常监督和专项监督。日常监督是指企业对建立与实施内部控制的情况进行常规、持续的监督检查；专项监督是指在企业发展战略、组织结构、经营活动、业务流程、关键岗位员工等发生较大调整或变化的情况下，对内部控制的某一或者某些方面进行有针对性的监督检查。专项监督的范围和频率应当根据风险评估结果以及日常监督的有效性等予以确定。

企业应当制定内部控制缺陷认定标准，对监督过程中发现的内部控制缺陷，应当分析缺陷的性质和产生的原因，提出整改方案，采取适当的形式及时向董事会、监事会或者经理层报告。内部控制缺陷包括设计缺陷和运行缺陷。企业应当跟踪内部控制缺陷整改情况，并就内部监督中发现的重大缺陷，追究相关责任单位或者责任人的责任。

企业应当结合内部监督情况，定期对内部控制的有效性进行自我评价，出具内部控制自我评价报告。内部控制自我评价的方式、范围、程序和频率，由企业根据经营业务调整、经营环境变化、业务发展状况、实际风险水平等自行确定。国家有关法律法规另有规定的，从其规定。

企业应当以书面或者其他适当的形式，妥善保存内部控制建立与实施过程中的相关记录或者资料，确保内部控制建立与实施过程的可验证性。

第三节　内部控制应用指引

一、《企业内部控制应用指引第 1 号——组织架构》

（一）总则

为了促进企业实现发展战略，优化治理结构、管理体制和运行机制，建立现代企业制度，根据《中华人民共和国公司法》等有关法律法规和《企业内部控制基本规范》，制定本指引。本指引所称组织架构，是指企业按照国家有关法律法规、股东（大）会决议和企业章程，结合本企业实际，明确股东（大）会、董事会、监事会、经理层和企业内部各层级机构设置、职责权限、人员编制、工作程序和相关要求的制度安排。

企业至少应当关注组织架构设计与运行中的下列风险：①治理结构形同虚设，缺乏科学决策、良性运行机制和执行力，可能导致企业经营失败，难以实现发展战略。②内部机构设计不科学，权责分配不合理，可能导致机构重叠、职能交叉或缺失、推诿扯皮，运行效率低下。

（二）组织架构的设计

企业应当根据国家有关法律法规的规定，明确董事会、监事会和经理层的职责权限、任职条件、议事规则和工作程序，确保决策、执行和监督相互分离，形成制衡。董事会对股东（大）会负责，依法行使企业的经营决策权。可按照股东（大）会的有关决议，设立战略、审计、提名、薪酬与考核等专门委员会，明确各专门委员会的职责权限、任职资格、议事规则和工作程序，为董事会科学决策提供支持。监事会对股东（大）会负责，监督企业董事、经理和其他高级管理人员依法履行职责。经理层对董事会负责，主持企业的生产经营管理工作。经理和其他高级管理人员的职责分工应当明确。董事会、监事会和经理层的产生程序应当合法合规，其人员构成、知识结构、能力素质应当满足履行职责的要求。

企业的重大决策、重大事项、重要人事任免及大额资金支付业务等，应当按照规定的权限和程序实行集体决策审批或者联签制度。任何个人不得单独进行决策或者擅自改变集体决策意见。重大决策、重大事项、重要人事任免及大额资金支付业务的具体标准由企业自行确定。

企业应当按照科学、精简、高效、透明、制衡的原则，综合考虑企业性质、发展战略、文化理念和管理要求等因素，合理设置内部职能机构，明确各机构的职责权限，避免职能交叉、缺失或权责过于集中，形成各司其职、各负其责、相互制约、相互协调的工作机制。

企业应当对各机构的职能进行科学合理的分解，确定具体岗位的名称、职责和工作要求等，明确各个岗位的权限和相互关系。企业在确定职权和岗位分工过程中，应当体现不相容职务相互分离的要求。不相容职务通常包括：可行性研究与决策审批；决策审批与执行；执行与监督检查等。

企业应当制定组织结构图、业务流程图、岗（职）位说明书和权限指引等内部管理制度或相关文件，使员工了解和掌握组织架构设计及权责分配情况，正确履行职责。

（三）组织架构的运行

企业应当根据组织架构的设计规范，对现有治理结构和内部机构设置进行全面梳理，确保本企业治理结构、内部机构设置和运行机制等符合现代企业制度要求。企业梳理治理结构，应当重点关注董事、监事、经理及其他高级管理人员的任职资格和履职情况，以及董事会、监事会和经理层的运行效果。治理结构存在问题的，应当采取有效措施加以改进。企业梳理内部机构设置，应当重点关注内部机构设置的合理性和运行的高效性等。内部机构设置和运行中存在职能交叉、缺失或运行效率低下的，应当及时解决。

企业拥有子公司的，应当建立科学的投资管控制度，通过合法有效的形式履行出资人职责、维护出资人权益，重点关注子公司特别是异地、境外子公司的发展战略、年度财务预决算、重大投融资、重大担保、大额资金使用、主要资产处置、重要人事任免、内部控制体系建设等重要事项。

企业应当定期对组织架构设计与运行的效率和效果进行全面评估，发现组织架构设计与运行中存在缺陷的，应当进行优化调整。企业组织架构调整应当充分听取董事、监事、高级管理人员和其他员工的意见，按照规定的权限和程序进行决策审批。

二、《企业内部控制应用指引第2号——发展战略》

（一）总则

为了促进企业增强核心竞争力和可持续发展能力，根据有关法律法规和《企业内部控制基本规范》，制定本指引。本指引所称发展战略，是指企业在对现实状况和未来趋势进行综合分析和科学预测的基础上，制定并实施的长远发展目标与战略规划。

企业制定与实施发展战略至少应当关注下列风险：①缺乏明确的发展战略或发展战略实施不到位，可能导致企业盲目发展，难以形成竞争优势，丧失发展机遇和动力。②发展战略过于激进，脱离企业实际能力或偏离主业，可能导致企业过度扩张，甚至经营失败。③发展战略因主观原因频繁变动，可能导致资源浪费，甚至危及企业的生存和持续发展。

（二）发展战略的制定

企业应当在充分调查研究、科学分析预测和广泛征求意见的基础上制定发展目标。企业在制定发展目标过程中，应当综合考虑宏观经济政策、国内外市场需求变化、技术发展趋势、行业及竞争对手状况、可利用资源水平和自身优势与劣势等影响因素。

企业应当根据发展目标制定战略规划。战略规划应当明确发展的阶段性和发展程度，确定每个发展阶段的具体目标、工作任务和实施路径。

企业应当在董事会下设立战略委员会，或指定相关机构负责发展战略管理工作，履行相应职责。企业应当明确战略委员会的职责和议事规则，对战略委员会会议的召开程序、表决方式、提案审议、保密要求和会议记录等作出规定，确保议事过程规范透明、决策程序科学民主。战略委员会应当组织有关部门对发展目标和战略规划进行可行性研究和科学论证，形成发展战略建议方案；必要时，可借助中介机构和外部专家的力量为其履行职责提供专业咨询意见。战略委员会成员应当具有较强的综合素质和实践经验，其任职资格和选任程序应当符合有关法律法规和企业章程的规定。

董事会应当严格审议战略委员会提交的发展战略方案，重点关注其全局性、长期性和可行性。董事会在审议方案中如果发现重大问题，应当责成战略委员会对方案作出调整。企业的发展战略方案经董事会审议通过后，报经股东（大）会批准实施。

（三）发展战略的实施

企业应当根据发展战略，制定年度工作计划，编制全面预算，将年度目标分解、落实；同时完善发展战略管理制度，确保发展战略有效实施。

企业应当重视发展战略的宣传工作，通过内部各层级会议和教育培训等有效方式，将发展战略及其分解落实情况传递到内部各管理层级和全体员工。

战略委员会应当加强对发展战略实施情况的监控，定期收集和分析相关信息，对于明显偏离发展战略的情况，应当及时报告。

由于经济形势、产业政策、技术进步、行业状况以及不可抗力等因素发生重大变化，确需对发展战略作出调整的，应当按照规定权限和程序调整发展战略。

三、《企业内部控制应用指引第3号——人力资源》

（一）总则

为了促进企业加强人力资源建设，充分发挥人力资源对实现企业发展战略的重要作用，根据有关法律法规和《企业内部控制基本规范》，制定本指引。本指引所称人力资源，是指企业组织生产经营活动而录（任）用的各种人员，包括董事、监事、高级管理人员和全体员工。

企业人力资源管理至少应当关注下列风险：①人力资源缺乏或过剩、结构不合理、开发机制不健全，可能导致企业发展战略难以实现。②人力资源激励约束制度不合理、关键岗位人员管理不完善，可能导致人才流失、经营效率低下或关键技术、商业秘密和国家机密泄露。③人力资源退出机制不当，可能导致法律诉讼或企业声誉受损。

企业应当重视人力资源建设，根据发展战略，结合人力资源现状和未来需求预测，建立人力资源发展目标，制定人力资源总体规划和能力框架体系，优化人力资源整体布局，明确人力资源的引进、开发、使用、培养、考核、激励、退出等管理要求，实现人力资源的合理配置，全面提升企业核心竞争力。

（二）人力资源的引进与开发

企业应当根据人力资源总体规划，结合生产经营实际需要，制定年度人力资源需求计划，完善人力资源引进制度，规范工作流程，按照计划、制度和程序组织人力资源引进工作。

企业应当根据人力资源能力框架要求，明确各岗位的职责权限、任职条件和工作要求，遵循德才兼备、以德为先和公开、公平、公正的原则，通过公开招聘、竞争上岗等多种方式选聘优秀人才，重点关注选聘对象的价值取向和责任意识。企业选拔高级管理人员和聘用中层及以下员工，应当切实做到因事设岗、以岗选人，避免因人设事或设岗，确保选聘人员能够胜任岗位职责要求。企业选聘人员应当实行岗位回避制度。

企业确定选聘人员后，应当依法签订劳动合同，建立劳动用工关系。企业对于在产品技术、市场、管理等方面掌握或涉及关键技术、知识产权、商业秘密或国家机密的工作岗位，应当与该岗位员工签订有关岗位保密协议，明确保密义务。

企业应当建立选聘人员试用期和岗前培训制度，对试用人员进行严格考察，促进选聘员工全面了解岗位职责，掌握岗位基本技能，适应工作要求。试用期满考核合格后，方可正式上岗；试用期满考核不合格者，应当及时解除劳动关系。

企业应当重视人力资源开发工作，建立员工培训长效机制，营造尊重知识、尊重人才和关心员工职业发展的文化氛围，加强后备人才队伍建设，促进全体员工的知识、技能持续更新，不断提升员工的服务效能。

（三）人力资源的使用与退出

企业应当建立和完善人力资源的激励约束机制，设置科学的业绩考核指标体系，对各级管理人员和全体员工进行严格考核与评价，以此作为确定员工薪酬、职级调整和解除劳动合同等的重要依据，确保员工队伍处于持续优化状态。

企业应当制定与业绩考核挂钩的薪酬制度，切实做到薪酬安排与员工贡献相协调，体现效率优先，兼顾公平。

企业应当制定各级管理人员和关键岗位员工定期轮岗制度，明确轮岗范围、轮岗周期、轮岗方式等，形成相关岗位员工的有序持续流动，全面提升员工素质。

企业应当按照有关法律法规规定，结合企业实际，建立健全员工退出（辞职、解除劳动合同、退休等）机制，明确退出的条件和程序，确保员工退出机制得到有效实施。

企业对考核不能胜任岗位要求的员工，应当及时暂停其工作，安排再培训，或调整工作岗位，安排转岗培训；仍不能满足岗位职责要求的，应当按照规定的权限和程序解除劳动合同。企业应当与退出员工依法约定保守关键技术、商业秘密、国家机密和竞业限制的期限，确保知识产权、商业秘密和国家机密的安全。企业关键岗位人员离职前，应当根据有关法律法规的规定进行工作交接或离任审计。

企业应当定期对年度人力资源计划执行情况进行评估，总结人力资源管理经验，分析存在的主要缺陷和不足，完善人力资源政策，促进企业整体团队充满生机和活力。

四、《企业内部控制应用指引第4号——社会责任》

（一）总则

为了促进企业履行社会责任，实现企业与社会的协调发展，根据国家有关法律法规和《企业内部控制基本规范》，制定本指引。本指引所称社会责任，是指企业在经营发展过程中应当履行的社会职责和义务，主要包括安全生产、产品质量（含服务，下同）、环境保护、资源节约、促进就业、员工权益保护等。

企业至少应当关注在履行社会责任方面的下列风险：①安全生产措施不到位，责任不落实，可能导致企业发生安全事故。②产品质量低劣，侵害消费者利益，可能导致企业巨额赔偿、形象受损，甚至破产。③环境保护投入不足，资源耗费大，造成环境污染或资源枯竭，可能导致企业巨额赔偿、缺乏发展后劲，甚至停业。④促进就业和员工权益保护不够，可能导致员工积极性受挫，影响企业发展和社会稳定。

企业应当重视履行社会责任，切实做到经济效益与社会效益、短期利益与长远利益、自身发展与社会发展相互协调，实现企业与员工、企业与社会、企业与环境的健康和谐发展。

（二）安全生产

企业应当根据国家有关安全生产的规定，结合本企业实际情况，建立严格的安全生产管理体系、操作规范和应急预案，强化安全生产责任追究制度，切实做到安全生产。企业应当设立安全管理部门和安全监督机构，负责企业安全生产的日常监督管理工作。

企业应当重视安全生产投入，在人力、物力、资金、技术等方面提供必要的保障，健全检查监督机制，确保各项安全措施落实到位，不得随意降低保障标准和要求。

企业应当贯彻预防为主的原则，采用多种形式增强员工安全意识，重视岗位培训，对于特殊岗位实行资格认证制度。企业应当加强生产设备的经常性维护管理，及时排除安全隐患。

企业如果发生生产安全事故，应当按照安全生产管理制度妥善处理，排除故障，减轻损失，追究责任。重大生产安全事故应当启动应急预案，同时按照国家有关规定及时报告，严禁迟报、谎报和瞒报。

（三）产品质量

企业应当根据国家和行业相关产品质量的要求，从事生产经营活动，切实提高产品质量和服务水平，努力为社会提供优质安全健康的产品和服务，最大限度地满足消费者的需求，对社会和公众负责，接受社会监督，承担社会责任。

企业应当规范生产流程，建立严格的产品质量控制和检验制度，严把质量关，禁止缺乏质量保障、危害人民生命健康的产品流向社会。

企业应当加强产品的售后服务。售后发现存在严重质量缺陷、隐患的产品，应当及时召回或采取其他有效措施，最大限度地降低或消除缺陷、隐患产品的社会危害。企业应当妥善处理消费者提出的投诉和建议，切实保护消费者权益。

（四）环境保护与资源节约

企业应当按照国家有关环境保护与资源节约的规定，结合本企业实际情况，建立环境保护与资源节约制度，认真落实节能减排责任，积极开发和使用节能产品，发展循环经济，降低污染物排放，提高资源综合利用效率。企业应当通过宣传教育等有效形式，不断提高员工的环境保护和资源节约意识。

企业应当重视生态保护，加大对环保工作的人力、物力、财力的投入和技术支持，不断改进工艺流程，降低能耗和污染物排放水平，实现清洁生产。企业应当加强对废气、废水、废渣的综合治理，建立废料回收和循环利用制度。

企业应当重视资源节约和资源保护，着力开发利用可再生资源，防止对不可再生资源进行掠夺性或毁灭性开发。企业应当重视国家产业结构相关政策，特别关注产业结构调整的发展要求，加快高新技术开发和传统产业改造，切实转变发展方式，实现低投入、低消耗、低排放和高效率。

企业应当建立环境保护和资源节约的监控制度，定期开展监督检查，发现问题，及时采取措施予以纠正。污染物排放超过国家有关规定的，企业应当承担治理或相关法律责任。发生紧急、重大环境污染事件时，应当启动应急机制，及时报告和处理，并依法追究相关责任人的责任。

（五）促进就业与员工权益保护

企业应当依法保护员工的合法权益，贯彻人力资源政策，保护员工依法享有劳动权利和履行劳动义务，保持工作岗位相对稳定，积极促进充分就业，切实履行社会责任。企业应当避免在正常经营情况下批量辞退员工，增加社会负担。

企业应当与员工签订并履行劳动合同，遵循按劳分配、同工同酬的原则，建立科学的员工薪酬制度和激励机制，不得克扣或无故拖欠员工薪酬。企业应当建立高级管理人员与员工薪酬的正常增长机制，切实保持合理水平，维护社会公平。

企业应当及时办理员工社会保险，足额缴纳社会保险费，保障员工依法享受社会保险待遇。企业应当按照有关规定做好健康管理工作，预防、控制和消除职业危害；按期对员工进行非职业性健康监护，对从事有职业危害作业的员工进行职业性健康监护。企业应当遵守法定的劳动时间和休息休假制度，确保员工的休息休假权利。

企业应当加强职工代表大会和工会组织建设，维护员工合法权益，积极开展员工职业教育培训，创造平等发展机会。企业应当尊重员工人格，维护员工尊严，杜绝性别、民族、宗教、年龄等各种歧视，保障员工身心健康。

企业应当按照产学研用相结合的社会需求，积极创建实习基地，大力支持社会有关方面培养、锻炼社会需要的应用型人才。

企业应当积极履行社会公益方面的责任和义务,关心帮助社会弱势群体,支持慈善事业。

五、《企业内部控制应用指引第5号——企业文化》

(一) 总则

为了加强企业文化建设,发挥企业文化在企业发展中的重要作用,根据《企业内部控制基本规范》,制定本指引。本指引所称企业文化,是指企业在生产经营实践中逐步形成的、为整体团队所认同并遵守的价值观、经营理念和企业精神,以及在此基础上形成的行为规范的总称。

加强企业文化建设至少应当关注下列风险:①缺乏积极向上的企业文化,可能导致员工丧失对企业的信心和认同感,企业缺乏凝聚力和竞争力。②缺乏开拓创新、团队协作和风险意识,可能导致企业发展目标难以实现,影响可持续发展。③缺乏诚实守信的经营理念,可能导致舞弊事件的发生,造成企业损失,影响企业信誉。④忽视企业间的文化差异和理念冲突,可能导致并购重组失败。

(二) 企业文化的建设

企业应当采取切实有效的措施,积极培育具有自身特色的企业文化,引导和规范员工行为,打造以主业为核心的企业品牌,形成整体团队的向心力,促进企业长远发展。

企业应当培育体现企业特色的发展愿景、积极向上的价值观、诚实守信的经营理念、履行社会责任和开拓创新的企业精神,以及团队协作和风险防范意识。企业应当重视并购重组后的企业文化建设,平等对待被并购方的员工,促进并购双方的文化融合。

企业应当根据发展战略和实际情况,总结优良传统,挖掘文化底蕴,提炼核心价值,确定文化建设的目标和内容,形成企业文化规范,使其构成员工行为守则的重要组成部分。

董事、监事、经理和其他高级管理人员应当在企业文化建设中发挥主导和垂范作用,以自身的优秀品格和脚踏实地的工作作风,带动影响整个团队,共同营造积极向上的企业文化环境。企业应当促进文化建设在内部各层级的有效沟通,加强企业文化的宣传贯彻,确保全体员工共同遵守。

企业文化建设应当融入生产经营全过程,切实做到文化建设与发展战略的有机结合,增强员工的责任感和使命感,规范员工行为方式,使员工自身价值在企业发展中得到充分体现。企业应当加强对员工的文化教育和熏陶,全面提升员工的文化修养和内在素质。

(三) 企业文化的评估

企业应当建立企业文化评估制度,明确评估的内容、程序和方法,落实评估责任制,避免企业文化建设流于形式。

企业文化评估,应当重点关注董事、监事、经理和其他高级管理人员在企业文化建设中的责任履行情况、全体员工对企业核心价值观的认同感、企业经营管理行为与企业文化的一致性、企业品牌的社会影响力、参与企业并购重组各方文化的融合度,以及员工对企业未来发展的信心。

企业应当重视企业文化的评估结果，巩固和发扬文化建设成果，针对评估过程中发现的问题，研究影响企业文化建设的不利因素，分析深层次的原因，及时采取措施加以改进。

六、《企业内部控制应用指引第6号——资金活动》

（一）总则

为了促进企业正常组织资金活动，防范和控制资金风险，保证资金安全，提高资金使用效益，根据有关法律法规和《企业内部控制基本规范》，制定本指引。本指引所称资金活动，是指企业筹资、投资和资金营运等活动的总称。

企业资金活动至少应当关注下列风险：①筹资决策不当，引发资本结构不合理或无效融资，可能导致企业筹资成本过高或债务危机。②投资决策失误，引发盲目扩张或丧失发展机遇，可能导致资金链断裂或资金使用效益低下。③资金调度不合理、营运不畅，可能导致企业陷入财务困境或资金冗余。④资金活动管控不严，可能导致资金被挪用、侵占、抽逃或遭受欺诈。

企业应当根据自身发展战略，科学确定投融资目标和规划，完善严格的资金授权、批准、审验等相关管理制度，加强资金活动的集中归口管理，明确筹资、投资、营运等各环节的职责权限和岗位分离要求，定期或不定期检查和评价资金活动情况，落实责任追究制度，确保资金安全和有效运行。企业财会部门负责资金活动的日常管理，参与投融资方案等可行性研究。总会计师或分管会计工作的负责人应当参与投融资决策过程。企业有子公司的，应当采取合法有效措施，强化对子公司资金业务的统一监控。有条件的企业集团，应当探索财务公司、资金结算中心等资金集中管控模式。

（二）筹资

企业应当根据筹资目标和规划，结合年度全面预算，拟订筹资方案，明确筹资用途、规模、结构和方式等相关内容，对筹资成本和潜在风险作出充分估计。境外筹资还应考虑所在地的政治、经济、法律、市场等因素。

企业应当对筹资方案进行科学论证，不得依据未经论证的方案开展筹资活动。重大筹资方案应当形成可行性研究报告，全面反映风险评估情况。企业可以根据实际需要，聘请具有相应资质的专业机构进行可行性研究。

企业应当对筹资方案进行严格审批，重点关注筹资用途的可行性和相应的偿债能力。重大筹资方案，应当按照规定的权限和程序实行集体决策或者联签制度。筹资方案需经有关部门批准的，应当履行相应的报批程序。筹资方案发生重大变更的，应当重新进行可行性研究并履行相应审批程序。

企业应当根据批准的筹资方案，严格按照规定权限和程序筹集资金。银行借款或发行债券，应当重点关注利率风险、筹资成本、偿还能力以及流动性风险等；发行股票应当重点关注发行风险、市场风险、政策风险以及公司控制权风险等。企业通过银行借款方式筹资的，应当与有关金融机构进行洽谈，明确借款规模、利率、期限、担保、还款安排、相关的权利义务和违约责任等内容。双方达成一致意见后签署借款合同，据此办理相关借款业务。企业通过发行债券方式筹资的，应当合理选择债券种类，对还本付息方案作出系统安排，确保按期、足额偿还到期本金和利息。企业通过发行股票方式筹资的，应当依照《中华人民共和国证券法》等有关法律法规和证券监管部门的规定，优化企业组织架构，进行业务整合，并选择具备相应资质的中介机构协助企业做好相关工作，确保符合股票发行条件和要求。

企业应当严格按照筹资方案确定的用途使用资金。筹资用于投资的，应当分别按照本指引第三章和《企业内部控制应用指引第11号——工程项目》规定，防范和控制资金使用的风险。由于市场环境变化等确需改变资金用途的，应当履行相应的审批程序。严禁擅自改变资金用途。

企业应当加强债务偿还和股利支付环节的管理，对偿还本息和支付股利等作出适当安排。企业应当按照筹资方案或合同约定的本金、利率、期限、汇率及币种，准确计算应付利息，与债权人核对无误后按期支付。企业应当选择合理的股利分配政策，兼顾投资者近期和长远利益，避免分配过度或不足。股利分配方案应当经过股东（大）会批准，并按规定履行披露义务。

企业应当加强筹资业务的会计系统控制，建立筹资业务的记录、凭证和账簿，按照国家统一会计准则制度，正确核算和监督资金筹集、本息偿还、股利支付等相关业务，妥善保管筹资合同或协议、收款凭证、入库凭证等资料，定期与资金提供方进行账务核对，确保筹资活动符合筹资方案的要求。

（三）投资

企业应当根据投资目标和规划，合理安排资金投放结构，科学确定投资项目，拟订投资方案，重点关注投资项目的收益和风险。企业选择投资项目应当突出主业，谨慎从事股票投资或衍生金融产品等高风险投资。境外投资还应考虑政治、经济、法律、市场等因素的影响。企业采用并购方式进行投资的，应当严格控制并购风险，重点关注并购对象的隐性债务、承诺事项、可持续发展能力、员工状况及其与本企业治理层及管理层的关联关系，合理确定支付对价，确保实现并购目标。

企业应当加强对投资方案的可行性研究，重点对投资目标、规模、方式、资金来源、风险与收益等作出客观评价。企业根据实际需要，可以委托具备相应资质的专业机构进行可行性研究，提供独立的可行性研究报告。

企业应当按照规定的权限和程序对投资项目进行决策审批，重点审查投资方案是否可行、投资项目是否符合国家产业政策及相关法律法规的规定，是否符合企业投资战略目标和规划、是否具有相应的资金能力、投入资金能否按时收回、预期收益能否实现，以及投资和并购风险是否可控等。重大投资项目，应当按照规定的权限和程序实行集体决策或者联签制度。投资方案需经有关管理部门批准的，应当履行相应的报批程序。投资方案发生重大变更的，应当重新进行可行性研究并履行相应审批程序。

企业应当根据批准的投资方案，与被投资方签订投资合同或协议，明确出资时间、金额、方式、双方权利义务和违约责任等内容，按规定的权限和程序审批后履行投资合同或协议。企业应当指定专门机构或人员对投资项目进行跟踪管理，及时收集被投资方经审计的财务报告等相关资料,定期组织投资效益分析,关注被投资方的财务状况、经营成果、现金流量以及投资合同履行情况,发现异常情况,应当及时报告并妥善处理。

企业应当加强对投资项目的会计系统控制,根据对被投资方的影响程度,合理确定投资会计政策,建立投资管理台账,详细记录投资对象、金额、持股比例、期限、收益等事项,妥善保管投资合同或协议、出资证明等资料。企业财会部门对于被投资方出现财务状况恶化、市价当期大幅下跌等情形的,应当根据国家统一的会计准则制度规定,合理计提减值准备、确认减值损失。

企业应当加强投资收回和处置环节的控制,对投资收回、转让、核销等决策和审批程序作出明确规定。企业应当重视投资到期本金的回收。转让投资应当由相关机构或人员合理确定转让价格,报授权批准部门批准,必要时可委托具有相应资质的专门机构进行评估。核销投资应当取得不能收回投资的法律文书和相关证明文件。企业对于到期无法收回的投资,应当建立责任追究制度。

(四)营运

企业应当加强资金营运全过程的管理,统筹协调内部各机构在生产经营过程中的资金需求,切实做好资金在采购、生产、销售等各环节的综合平衡,全面提升资金营运效率。

企业应当充分发挥全面预算管理在资金综合平衡中的作用,严格按照预算要求组织协调资金调度,确保资金及时收付,实现资金的合理占用和营运良性循环。企业应当严禁资金的体外循环,切实防范资金营运中的风险。

企业应当定期组织召开资金调度会或资金安全检查,对资金预算执行情况进行综合分析,发现异常情况,及时采取措施妥善处理,避免资金冗余或资金链断裂。企业在营运过程中出现临时性资金短缺的,可以通过短期融资等方式获取资金。资金出现短期闲置的,在保证安全性和流动性的前提下,可以通过购买国债等多种方式,提高资金效益。

企业应当加强对营运资金的会计系统控制,严格规范资金的收支条件、程序和审批权限。企业在生产经营及其他业务活动中取得的资金收入应当及时入账,不得账外设账,严禁收款不入账、设立"小金库"。企业办理资金支付业务,应当明确支出款项的用途、金额、预算、限额、支付方式等内容,并附原始单据或相关证明,履行严格的授权审批程序后,方可安排资金支出。企业办理资金收付业务,应当遵守现金和银行存款管理的有关规定,不得由一人办理货币资金全过程业务,严禁将办理资金支付业务的相关印章和票据集中一人保管。

七、《企业内部控制应用指引第7号——采购业务》

(一)总则

为了促进企业合理采购,满足生产经营需要,规范采购行为,防范采购风险,根据有关法律法规和《企业内部控制基本规范》,制定本指引。本指引所称采购,是指购买物资(或接受劳务)及支付款项等相关活动。

企业采购业务至少应当关注下列风险：①采购计划安排不合理，市场变化趋势预测不准确，造成库存短缺或积压，可能导致企业生产停滞或资源浪费。②供应商选择不当，采购方式不合理，招投标或定价机制不科学，授权审批不规范，可能导致采购物资质次价高，出现舞弊或遭受欺诈。③采购验收不规范，付款审核不严，可能导致采购物资、资金损失或信用受损。

企业应当结合实际情况，全面梳理采购业务流程，完善采购业务相关管理制度，统筹安排采购计划，明确请购、审批、购买、验收、付款、采购后评估等环节的职责和审批权限，按照规定的审批权限和程序办理采购业务，建立价格监督机制，定期检查和评价采购。过程中的薄弱环节，采取有效控制措施，确保物资采购满足企业生产经营需要。

（二）购买

企业的采购业务应当集中，避免多头采购或分散采购，以提高采购业务效率，降低采购成本，堵塞管理漏洞。企业应当对办理采购业务的人员定期进行岗位轮换。重要和技术性较强的采购业务，应当组织相关专家进行论证，实行集体决策和审批。企业除小额零星物资或服务外，不得安排同一机构办理采购业务全过程。

企业应当建立采购申请制度，依据购买物资或接受劳务的类型，确定归口管理部门，授予相应的请购权，明确相关部门或人员的职责权限及相应的请购和审批程序。企业可以根据实际需要设置专门的请购部门，对需求部门提出的采购需求进行审核，并进行归类汇总，统筹安排企业的采购计划。具有请购权的部门对于预算内采购项目，应当严格按照预算执行进度办理请购手续，并根据市场变化提出合理采购申请。对于超预算和预算外采购项目，应先履行预算调整程序，由具备相应审批权限的部门或人员审批后，再行办理请购手续。

企业应当建立科学的供应商评估和准入制度，确定合格供应商清单，与选定的供应商签订质量保证协议，建立供应商管理信息系统，对供应商提供物资或劳务的质量、价格、交货及时性、供货条件及其资信、经营状况等进行实时管理和综合评价，根据评价结果对供应商进行合理选择和调整。企业可委托具有相应资质的中介机构对供应商进行资信调查。

企业应当根据市场情况和采购计划合理选择采购方式。大宗采购应当采用招标方式，合理确定招投标的范围、标准、实施程序和评标规则；一般物资或劳务等的采购可以采用询价或定向采购的方式并签订合同协议；小额零星物资或劳务等的采购可以采用直接购买等方式。

企业应当建立采购物资定价机制，采取协议采购、招标采购、谈判采购、询比价采购等多种方式合理确定采购价格，最大限度地减小市场变化对企业采购价格的影响。大宗采购等应当采用招投标方式确定采购价格，其他商品或劳务的采购，应当根据市场行情制定最高采购限价，并对最高采购限价适时调整。

企业应当根据确定的供应商、采购方式、采购价格等情况拟订采购合同，准确描述合同条款，明确双方权利、义务和违约责任，按照规定权限签订采购合同。企业应当根据生产建设进度和采购物资特性，选择合理的运输工具和运输方式，办理运输、投保等事宜。

企业应当建立严格的采购验收制度，确定检验方式，由专门的验收机构或验收人员对采购项目的品种、规格、数量、质量等相关内容进行验收，出具验收证明。涉及大宗和新、特物资采购的，还应进行专业测试。验收过程中发现的异常情况，负责验收的机构或人员应当立即向企业有权管理的相关机构报告，相关机构应当查明原因并及时处理。

企业应当加强物资采购供应过程的管理，依据采购合同中确定的主要条款跟踪合同履行情况，对有可能影响生产或工程进度的异常情况，应出具书面报告并及时提出解决方案。企业应当做好采购业务各环节的记录，实行全过程的采购登记制度或信息化管理，确保采购过程的可追溯性。

（三）付款

企业应当加强采购付款的管理，完善付款流程，明确付款审核人的责任和权力，严格审核采购预算、合同、相关单据凭证、审批程序等相关内容，审核无误后按照合同规定及时办理付款。企业在付款过程中，应当严格审查采购发票的真实性、合法性和有效性。发现虚假发票的，应查明原因，及时报告处理。企业应当重视采购付款的过程控制和跟踪管理，发现异常情况的，应当拒绝付款，避免出现资金损失和信用受损。企业应当合理选择付款方式，并严格遵循合同规定，防范付款方式不当带来的法律风险，保证资金安全。

企业应当加强预付账款和定金的管理。涉及大额或长期的预付款项，应当定期进行追踪核查，综合分析预付账款的期限、占用款项的合理性、不可收回风险等情况，发现有疑问的预付款项，应当及时采取措施。

企业应当加强对购买、验收、付款业务的会计系统控制，详细记录供应商情况、请购申请、采购合同、采购通知、验收证明、入库凭证、商业票据、款项支付等情况，确保会计记录、采购记录与仓储记录核对一致。企业应当指定专人通过函证等方式，定期与供应商核对应付账款、应付票据、预付账款等往来款项。

企业应当建立退货管理制度，对退货条件、退货手续、货物出库、退货货款回收等作出明确规定，并在与供应商的合同中明确退货事宜，及时收回退货货款。涉及符合索赔条件的退货，应在索赔期内及时办理索赔。

八、《企业内部控制应用指引第8号——资产管理》

（一）总则

为了提高资产使用效能，保证资产安全，根据有关法律法规和《企业内部控制基本规范》，制定本指引。本指引所称资产，是指企业拥有或控制的存货、固定资产和无形资产。

企业资产管理至少应当关注下列风险：①存货积压或短缺，可能导致流动资金占用过量、存货价值贬损或生产中断。②固定资产更新改造不够、使用效能低下、维护不当、产能过剩，可能导致企业缺乏竞争力、资产价值贬损、安全事故频发或资源浪费。

③无形资产缺乏核心技术、权属不清、技术落后、存在重大技术安全隐患,可能导致企业法律纠纷、缺乏可持续发展能力。

企业应当加强各项资产管理,全面梳理资产管理流程,及时发现资产管理中的薄弱环节,切实采取有效措施加以改进,并关注资产减值迹象,合理确认资产减值损失,不断提高企业资产管理水平。企业应当重视和加强各项资产的投保工作,采用招标等方式确定保险人,降低资产损失风险,防范资产投保舞弊。

(二) 存货

企业应当采用先进的存货管理技术和方法,规范存货管理流程,明确存货取得、验收入库、原料加工、仓储保管、领用发出、盘点处置等环节的管理要求,充分利用信息系统,强化会计、出入库等相关记录,确保存货管理全过程的风险得到有效控制。

企业应当建立存货管理岗位责任制,明确内部相关部门和岗位的职责权限,切实做到不相容岗位相互分离、制约和监督。企业内部除存货管理、监督部门及仓储人员外,其他部门和人员接触存货,应当经过相关部门特别授权。

企业应当重视存货验收工作,规范存货验收程序和方法,对入库存货的数量、质量、技术规格等方面进行查验,验收无误方可入库。外购存货的验收,应当重点关注合同、发票等原始单据与存货的数量、质量、规格等核对一致。涉及技术含量较高的货物,必要时可委托具有检验资质的机构或聘请外部专家协助验收。自制存货的验收,应当重点关注产品质量,通过检验合格的半成品、产成品才能办理入库手续,不合格品应及时查明原因、落实责任、报告处理。其他方式取得存货的验收,应当重点关注存货来源、质量状况、实际价值是否符合有关合同或协议的约定。

企业应当建立存货保管制度,定期对存货进行检查,重点关注下列事项:①存货在不同仓库之间流动时应当办理出入库手续。②应当按仓储物资所要求的储存条件贮存,并健全防火、防洪、防盗、防潮、防病虫害和防变质等管理规范。③加强生产现场的材料、周转材料、半成品等物资的管理,防止浪费、被盗和流失。④对代管、代销、暂存、受托加工的存货,应单独存放和记录,避免与本单位存货混淆。⑤结合企业实际情况,加强存货的保险投保,保证存货安全,合理降低存货意外损失风险。

企业应当明确存货发出和领用的审批权限,大批存货、贵重商品或危险品的发出应当实行特别授权。仓储部门应当根据经审批的销售(出库)通知单发出货物。

企业仓储部门应当详细记录存货入库、出库及库存情况,做到存货记录与实际库存相符,并定期与财会部门、存货管理部门进行核对。

企业应当根据各种存货采购间隔期和当前库存,综合考虑企业生产经营计划、市场供求等因素,充分利用信息系统,合理确定存货采购日期和数量,确保存货处于最佳库存状态。

企业应当建立存货盘点清查制度,结合本企业实际情况确定盘点周期、盘点流程等相关内容,核查存货数量,及时发现存货减值迹象。企业至少应当于每年年度终了开展全面盘点清查,盘点清查结果应当形成书面报告。盘点清查中发现的存货盘盈、盘亏、毁损、闲置以及需要报废的存货,应当查明原因、落实并追究责任,按照规定权限批准后处置。

（三）固定资产

企业应当加强房屋建筑物、机器设备等各类固定资产的管理，重视固定资产维护和更新改造，不断提升固定资产的使用效能，积极促进固定资产处于良好运行状态。

企业应当制定固定资产目录，对每项固定资产进行编号，按照单项资产建立固定资产卡片，详细记录各项固定资产的来源、验收、使用地点、责任单位和责任人、运转、维修、改造、折旧、盘点等相关内容。企业应当严格执行固定资产日常维修和大修理计划，定期对固定资产进行维护保养，切实消除安全隐患。企业应当强化对生产线等关键设备运转的监控，严格操作流程，实行岗前培训和岗位许可制度，确保设备安全运转。

企业应当根据发展战略，充分利用国家有关自主创新政策，加大技改投入，不断促进固定资产技术升级，淘汰落后设备，切实做到保持本企业固定资产技术的先进性和企业发展的可持续性。

企业应当严格执行固定资产投保政策，对应投保的固定资产项目按规定程序进行审批，及时办理投保手续。

企业应当规范固定资产抵押管理，确定固定资产抵押程序和审批权限等。企业将固定资产用作抵押的，应由相关部门提出申请，经企业授权部门或人员批准后，由资产管理部门办理抵押手续。企业应当加强对接收的抵押资产的管理，编制专门的资产目录，合理评估抵押资产的价值。

企业应当建立固定资产清查制度，至少每年进行全面清查。对固定资产清查中发现的问题，应当查明原因，追究责任，妥善处理。企业应当加强固定资产处置的控制，关注固定资产处置中的关联交易和处置定价，防范资产流失。

（四）无形资产

企业应当加强对品牌、商标、专利、专有技术、土地使用权等无形资产的管理，分类制定无形资产管理办法，落实无形资产管理责任制，促进无形资产有效利用，充分发挥无形资产对提升企业核心竞争力的作用。

企业应当全面梳理外购、自行开发以及其他方式取得的各类无形资产的权属关系，加强无形资产权益保护，防范侵权行为和法律风险。无形资产具有保密性质的，应当采取严格保密措施，严防泄露商业秘密。企业购入或者以支付土地出让金等方式取得的土地使用权，应当取得土地使用权有效证明文件。

企业应当定期对专利、专有技术等无形资产的先进性进行评估，淘汰落后技术，加大研发投入，促进技术更新换代，不断提升自主创新能力，努力做到核心技术处于同行业领先水平。

企业应当重视品牌建设，加强商誉管理，通过提供高质量产品和优质服务等多种方式，不断打造和培育主业品牌，切实维护和提升企业品牌的社会认可度。

九、《企业内部控制应用指引第9号——销售业务》

（一）总则

为了促进企业销售稳定增长，扩大市场份额，规范销售行为，防范销售风险，根据有关法律法规和《企业内部控制基本规范》，制定本指引。本指引所称销售，是指企业出售商品（或提供劳务）及收取款项等相关活动。

企业销售业务至少应当关注下列风险：①销售政策和策略不当，市场预测不准确，销售渠道管理不当等，可能导致销售不畅、库存积压、经营难以为继。②客户信用管理不到位，结算方式选择不当，账款回收不力等，可能导致销售款项不能收回或遭受欺诈。③销售过程存在舞弊行为，可能导致企业利益受损。

企业应当结合实际情况，全面梳理销售业务流程，完善销售业务相关管理制度，确定适当的销售政策和策略，明确销售、发货、收款等环节的职责和审批权限，按照规定的权限和程序办理销售业务，定期检查分析销售过程中的薄弱环节，采取有效控制措施，确保实现销售目标。

（二）销售

企业应当加强市场调查，合理确定定价机制和信用方式，根据市场变化及时调整销售策略，灵活运用销售折扣、销售折让、信用销售、代销和广告宣传等多种策略和营销方式，促进销售目标实现，不断提高市场占有率。企业应当健全客户信用档案，关注重要客户资信变动情况，采取有效措施，防范信用风险。企业对于境外客户和新开发客户，应当建立严格的信用保证制度。

企业在销售合同订立前，应当与客户进行业务洽谈、磋商或谈判，关注客户信用状况、销售定价、结算方式等相关内容。重大的销售业务谈判应当吸收财会、法律等专业人员参加，并形成完整的书面记录。销售合同应当明确双方的权利和义务，审批人员应当对销售合同草案进行严格审核。重要的销售合同，应当征询法律顾问或专家的意见。

企业销售部门应当按照经批准的销售合同开具相关销售通知。发货和仓储部门应当对销售通知进行审核，严格按照所列项目组织发货，确保货物的安全发运。企业应当加强销售退回管理，分析销售退回原因，及时妥善处理。企业应当严格按照发票管理规定开具销售发票。严禁开具虚假发票。

企业应当做好销售业务各环节的记录，填制相应的凭证，设置销售台账，实行全过程的销售登记制度。

企业应当完善客户服务制度，加强客户服务和跟踪，提升客户满意度和忠诚度，不断改进产品质量和服务水平。

（三）收款

企业应当完善应收款项管理制度，严格考核，实行奖惩。销售部门负责应收款项的催收，催收记录（包括往来函电）应妥善保存；财会部门负责办理资金结算并监督款项回收。

企业应当加强商业票据管理，明确商业票据的受理范围，严格审查商业票据的真实性和合法性，防止票据欺诈。企业应当关注商业票据的取得、贴现和背书，对已贴现但仍承担收款风险的票据以及逾期票据，应当进行追索监控和跟踪管理。

企业应当加强对销售、发货、收款业务的会计系统控制，详细记录销售客户、销售合同、销售通知、发运凭证、商业票据、款项收回等情况，确保会计记录、销售记录与仓储记录核对一致。企业应当指定专人通过函证等方式，定期与客户核对应收账款、应收票据、预收账款等往来款项。企业应当加强应收款项坏账的管理。应收款项全部或部分无法收回的，应当查明原因，明确责任，并严格履行审批程序，按照国家统一的会计准则制度进行处理。

十、《企业内部控制应用指引第 10 号——研究与开发》

（一）总则

为了促进企业自主创新，增强核心竞争力，有效控制研发风险，实现发展战略，根据有关法律法规和《企业内部控制基本规范》，制定本指引。本指引所称研究与开发，是指企业为获取新产品、新技术、新工艺等所开展的各种研发活动。

企业开展研发活动至少应当关注下列风险：①研究项目未经科学论证或论证不充分，可能导致创新不足或资源浪费。②研发人员配备不合理或研发过程管理不善，可能导致研发成本过高、舞弊或研发失败。③研究成果转化应用不足、保护措施不力，可能导致企业利益受损。

企业应当重视研发工作，根据发展战略，结合市场开拓和技术进步要求，科学制定研发计划，强化研发全过程管理，规范研发行为，促进研发成果的转化和有效利用，不断提升企业自主创新能力。

（二）立项与研究

企业应当根据实际需要，结合研发计划，提出研究项目立项申请，开展可行性研究，编制可行性研究报告。企业可以组织独立于申请及立项审批之外的专业机构和人员进行评估论证，出具评估意见。

研究项目应当按照规定的权限和程序进行审批，重大研究项目应当报经董事会或类似权力机构集体审议决策。审批过程中，应当重点关注研究项目促进企业发展的必要性、技术的先进性以及成果转化的可行性。

企业应当加强对研究过程的管理，合理配备专业人员，严格落实岗位责任制，确保研究过程高效、可控。企业应当跟踪检查研究项目进展情况，评估各阶段研究成果，提供足够的经费支持，确保项目按期、保质完成，有效规避研究失败风险。企业研究项目委托外单位承担的，应当采用招标、协议等适当方式确定受托单位，签订外包合同，约定研究成果的产权归属、研究进度和质量标准等相关内容。

企业与其他单位合作进行研究的，应当对合作单位进行尽职调查，签订书面合作研究合同，明确双方投资、分工、权利义务、研究成果产权归属等。

企业应当建立和完善研究成果验收制度，组织专业人员对研究成果进行独立评审和验收。企业对于通过验收的研究成果，可以委托相关机构进行审查，确认是否申请专利或作为非专利技术、商业秘密等进行管理。企业对于需要申请专利的研究成果，应当及时办理有关专利申请手续。

企业应当建立严格的核心研究人员管理制度，明确界定核心研究人员范围和名册清单，签署符合国家有关法律法规要求的保密协议。企业与核心研究人员签订劳动合同时，应当特别约定研究成果归属、离职条件、离职移交程序、离职后保密义务、离职后竞业限制年限及违约责任等内容。

(三) 开发与保护

企业应当加强研究成果的开发，形成科研、生产、市场一体化的自主创新机制，促进研究成果转化。研究成果的开发应当分步推进，通过试生产充分验证产品性能，在获得市场认可后方可进行批量生产。

企业应当建立研究成果保护制度，加强对专利权、非专利技术、商业秘密及研发过程中形成的各类涉密图纸、程序、资料的管理，严格按照制度规定借阅和使用。禁止无关人员接触研究成果。

企业应当建立研发活动评估制度，加强对立项与研究、开发与保护等过程的全面评估，认真总结研发管理经验，分析存在的薄弱环节，完善相关制度和办法，不断改进和提升研发活动的管理水平。

十一、《企业内部控制应用指引第 11 号——工程项目》

(一) 总则

为了加强工程项目管理，提高工程质量，保证工程进度，控制工程成本，防范商业贿赂等舞弊行为，根据有关法律法规和《企业内部控制基本规范》，制定本指引。本指引所称工程项目，是指企业自行或者委托其他单位所进行的建造、安装工程。

企业工程项目至少应当关注下列风险：①立项缺乏可行性研究或者可行性研究流于形式，决策不当，盲目上马，可能导致难以实现预期效益或项目失败。②项目招标暗箱操作，存在商业贿赂，可能导致中标人实质上难以承担工程项目、中标价格失实及相关人员涉案。③工程造价信息不对称，技术方案不落实，概预算脱离实际，可能导致项目投资失控。④工程物资质次价高，工程监理不到位，项目资金不落实，可能导致工程质量低劣，进度延迟或中断。⑤竣工验收不规范，最终把关不严，可能导致工程交付使用后存在重大隐患。

企业应当建立和完善工程项目各项管理制度，全面梳理各个环节可能存在的风险点，规范工程立项、招标、造价、建设、验收等环节的工作流程，明确相关部门和岗位的职责权限，做到可行性研究与决策、概预算编制与审核、项目实施与价款支付、竣工决算与审计等不相容职务相互分离，强化工程建设全过程的监控，确保工程项目的质量、进度和资金安全。

(二) 工程立项

企业应当指定专门机构归口管理工程项目，根据发展战略和年度投资计划，提出项目建议书，开展可行性研究，编制可行性研究报告。项目建议书的主要内容包括：项目的必要性和依据、产品方案、拟建规模、建设地点、投资估算、资金筹措、项目进度安排、经济效果和社会效益的估计、环境影响的初步评价等。可行性研究报告的内容主要包括：项目概况，项目建设的必要性，市场预测，项目建设选址及建设条件论证，建设规模和建设内容，项目外部配套建设，环境保护，劳动保护与卫生防疫，消防、节能、节水，总投资及资金来源，经济、社会效益，项目建设周期及进度安排，招投标法规定的相关内容等。企业可以委托具有相应资质的专业机构开展可行性研究，并按照有关要求形成可行性研究报告。

企业应当组织规划、工程、技术、财会、法律等部门的专家对项目建议书和可行性研究报告进行充分论证和评审，出具评审意见，作为项目决策的重要依据。在项目评审过程中，应当重点关注项目投资方案、投资规模、资金筹措、生产规模、投资效益、布局选址、技术、安全、设备、环境保护等方面，核实相关资料的来源和取得途径是否真实、可靠和完整。企业可以委托具有相应资质的专业机构对可行性研究报告进行评审，出具评审意见。从事项目可行性研究的专业机构不得再从事可行性研究报告的评审。

企业应当按照规定的权限和程序对工程项目进行决策，决策过程应有完整的书面记录。重大工程项目的立项，应当报经董事会或类似权力机构集体审议批准。总会计师或分管会计工作的负责人应当参与项目决策。任何个人不得单独决策或者擅自改变集体决策意见。工程项目决策失误应当实行责任追究制度。

企业应当在工程项目立项后、正式施工前，依法取得建设用地、城市规划、环境保护、安全、施工等方面的许可。

（三）工程招标

企业的工程项目一般应当采用公开招标的方式，择优选择具有相应资质的承包单位和监理单位。在选择承包单位时，企业可以将工程的勘察、设计、施工、设备采购一并发包给一个项目总承包单位，也可以将其中的一项或者多项发包给一个工程总承包单位，但不得违背工程施工组织设计和招标设计计划，将应由一个承包单位完成的工程肢解为若干部分发包给几个承包单位。企业应当依照国家招投标法的规定，遵循公开、公正、平等竞争的原则，发布招标公告，提供载有招标工程的主要技术要求、主要合同条款、评标的标准和方法，以及开标、评标、定标的程序等内容的招标文件。企业可以根据项目特点决定是否编制标底。需要编制标底的，标底编制过程和标底应当严格保密。在确定中标人前，企业不得与投标人就投标价格、投标方案等实质性内容进行谈判。

企业应当依法组织工程招标的开标、评标和定标，并接受有关部门的监督。

企业应当依法组建评标委员会。评标委员会由企业的代表和有关技术、经济方面的专家组成。评标委员会应当客观、公正地履行职务，遵守职业道德，对所提出的评审意见承担责任。企业应当采取必要的措施，保证评标在严格保密的情况下进行。评标委员会应当按照招标文件确定的标准和方法，对投标文件进行评审和比较，择优选择中标候选人。

评标委员会成员和参与评标的有关工作人员不得透露对投标文件的评审和比较、中标候选人的推荐情况以及与评标有关的其他情况，不得私下接触投标人，不得收受投标人的财物或者其他好处。

企业应当按照规定的权限和程序从中标候选人中确定中标人，及时向中标人发出中标通知书，在规定的期限内与中标人。订立书面合同，明确双方的权利、义务和违约责任。企业和中标人不得再行订立背离合同实质性内容的其他协议。

（四）工程造价

企业应当加强工程造价管理，明确初步设计概算和施工图预算的编制方法，按照规定的权限和程序进行审核批准，确保概预算科学合理。企业可以委托具备相应资质的中介机构开展工程造价咨询工作。

企业应当向招标确定的设计单位提供详细的设计要求和基础资料，进行有效的技术、经济交流。初步设计应当在技术、经济交流的基础上，采用先进的设计管理实务技术，进行多方案比选。施工图设计深度及图纸交付进度应当符合项目要求，防止因设计深度不足、设计缺陷，造成施工组织、工期、工程质量、投资失控以及生产运行成本过高等问题。

企业应当建立设计变更管理制度。设计单位应当提供全面、及时的现场服务。因过失造成设计变更的，应当实行责任追究制度。

企业应当组织工程、技术、财会等部门的相关专业人员或委托具有相应资质的中介机构对编制的概预算进行审核，重点审查编制依据、项目内容、工程量的计算、定额套用等是否真实、完整和准确。工程项目概预算按照规定的权限和程序审核批准后执行。

（五）工程建设

企业应当加强对工程建设过程的监控，实行严格的概预算管理，切实做到及时备料，科学施工，保障资金，落实责任，确保工程项目达到设计要求。

按照合同约定，企业自行采购工程物资的，应当按照《企业内部控制应用指引第7号——采购业务》等相关指引的规定，组织工程物资采购、验收和付款；由承包单位采购工程物资的，企业应当加强监督，确保工程物资采购符合设计标准和合同要求。严禁不合格工程物资投入工程项目建设。重大设备和大宗材料的采购应当根据有关招标采购的规定执行。

企业应当实行严格的工程监理制度，委托经过招标确定的监理单位进行监理。工程监理单位应当依照国家法律法规及相关技术标准、设计文件和工程承包合同，对承包单位在施工质量、工期、进度、安全和资金使用等方面实施监督。工程监理人员应当具备良好的职业操守，客观公正地执行监理任务，发现工程施工不符合设计要求、施工技术标准和合同约定的，应当要求承包单位改正；发现工程设计不符合建筑工程质量标准或者合同约定的质量要求的，应当报告企业要求设计单位改正。未经工程监理人员签字，工程物资不得在工程上使用或者安装，不得进行下一道工序施工，不得拨付工程价款，不得进行竣工验收。

企业财会部门应当加强与承包单位的沟通，准确掌握工程进度，根据合同约定，按照规定的审批权限和程序办理工程价款结算，不得无故拖欠。

企业应当严格控制工程变更，确需变更的，应当按照规定的权限和程序进行审批。重大的项目变更应当按照项目决策和概预算控制的有关程序和要求重新履行审批手续。因工程变更等原因造成价款支付方式及金额发生变动的，应当提供完整的书面文件和其他相关资料，并对工程变更价款的支付进行严格审核。

（六）工程验收

企业收到承包单位的工程竣工报告后，应当及时编制竣工决算，开展竣工决算审计，组织设计、施工、监理等有关单位进行竣工验收。

企业应当组织审核竣工决算，重点审查决算依据是否完备，相关文件资料是否齐全，竣工清理是否完成，决算编制是否正确。企业应当加强竣工决算审计，未实施竣工决算审计的工程项目，不得办理竣工验收手续。

企业应当及时组织工程项目竣工验收。交付竣工验收的工程项目，应当符合规定的质量标准，有完整的工程技术经济资料，并具备国家规定的其他竣工条件。验收合格的工程项目，应当编制交付使用财产清单，及时办理交付使用手续。

企业应当按照国家有关档案管理的规定，及时收集、整理工程建设各环节的文件资料，建立完整的工程项目档案。

企业应当建立完工项目后评估制度，重点评价工程项目预期目标的实现情况和项目投资效益等，并以此作为绩效考核和责任追究的依据。

十二、《企业内部控制应用指引第 12 号——担保业务》

（一）总则

为了加强企业担保业务管理，防范担保业务风险，根据《中华人民共和国担保法》等有关法律法规和《企业内部控制基本规范》，制定本指引。本指引所称担保，是指企业作为担保人按照公平、自愿、互利的原则与债权人约定，当债务人不履行债务时，依照法律规定和合同协议承担相应法律责任的行为。

企业办理担保业务至少应当关注下列风险：①对担保申请人的资信状况调查不深，审批不严或越权审批，可能导致企业担保决策失误或遭受欺诈。②对被担保人出现财务困难或经营陷入困境等状况监控不力，应对措施不当，可能导致企业承担法律责任。③担保过程中存在舞弊行为，可能导致经办审批等相关人员涉案或企业利益受损。

企业应当依法制定和完善担保业务政策及相关管理制度，明确担保的对象、范围、方式、条件、程序、担保限额和禁止担保等事项，规范调查评估、审核批准、担保执行等环节的工作流程，按照政策、制度、流程办理担保业务，定期检查担保政策的执行情况及效果，切实防范担保业务风险。

（二）调查评估与审批

企业应当指定相关部门负责办理担保业务，对担保申请人进行资信调查和风险评估，评估结果应出具书面报告。企业也可委托中介机构对担保业务进行资信调查和风险评估工作。

企业在对担保申请人进行资信调查和风险评估时，应当重点关注以下事项：①担保业务是否符合国家法律法规和本企业担保政策等相关要求。②担保申请人的资信状况，一般包括：基本情况、资产质量、经营情况、偿债能力、盈利水平、信用程度、行业前景等。③担保申请人用于担保和第三方担保的资产状况及其权利归属。④企业要求担保申请人提供反担保的，还应当对与反担保有关的资产状况进行评估。

企业对担保申请人出现以下情形之一的，不得提供担保：①担保项目不符合国家法律法规和本企业担保政策的。②已进入重组、托管、兼并或破产清算程序的。③财务状况恶化、资不抵债、管理混乱、经营风险较大的。④与其他企业存在较大经济纠纷，面临法律诉讼且可能承担较大赔偿责任的。⑤与本企业已经发生过担保纠纷且仍未妥善解决的，或不能及时足额交纳担保费用的。

企业应当建立担保授权和审批制度，规定担保业务的授权批准方式、权限、程序、责任和相关控制措施，在授权范围内进行审批，不得超越权限审批。重大担保业务，应当报经董事会或类似权力机构批准。经办人员应当在职责范围内，按照审批人员的批准意见办理担保业务。对于审批人超越权限审批的担保业务，经办人员应当拒绝办理。

企业应当采取合法有效的措施加强对子公司担保业务的统一监控。企业内设机构未经授权不得办理担保业务。企业为关联方提供担保的，与关联方存在经济利益或近亲属关系的有关人员在评估与审批环节应当回避。对境外企业进行担保的，应当遵守外汇管理规定，并关注被担保人所在国家的政治、经济、法律等因素。

被担保人要求变更担保事项的，企业应当重新履行调查评估与审批程序。

（三）执行与监控

企业应当根据审核批准的担保业务订立担保合同。担保合同应明确被担保人的权利、义务、违约责任等相关内容，并要求被担保人定期提供财务报告与有关资料，及时通报担保事项的实施情况。担保申请人同时向多方申请担保的，企业应当在担保合同中明确约定本企业的担保份额和相应的责任。

企业担保经办部门应当加强担保合同的日常管理，定期监测被担保人的经营情况和财务状况，对被担保人进行跟踪和监督，了解担保项目的执行、资金的使用、贷款的归还、财务运行及风险等情况，确保担保合同有效履行。担保合同履行过程中，如果被担保人出现异常情况，应当及时报告，妥善处理。对于被担保人未按有法律效力的合同条款偿付债务或履行相关合同项下的义务的，企业应当按照担保合同履行义务，同时主张对被担保人的追索权。

企业应当加强对担保业务的会计系统控制，及时足额收取担保费用，建立担保事项台账，详细记录担保对象、金额、期限、用于抵押和质押的物品或权利以及其他有关事项。企业财会部门应当及时收集、分析被担保人担保期内经审计的财务报告等相关资料，持续关注被担保人的财务状况、经营成果、现金流量以及担保合同的履行情况，积极配合担保经办部门防范担保业务风险。对于被担保人出现财务状况恶化、资不抵债、破产清算等情形的，企业应当根据国家统一的会计准则制度规定，合理确认预计负债和损失。

企业应当加强对反担保财产的管理，妥善保管被担保人用于反担保的权利凭证，定期核实财产的存续状况和价值，发现问题及时处理，确保反担保财产安全完整。

企业应当建立担保业务责任追究制度，对在担保中出现重大决策失误、未履行集体审批程序或不按规定管理担保业务的部门及人员，应当严格追究相应的责任。

企业应当在担保合同到期时，全面清查用于担保的财产、权利凭证，按照合同约定及时终止担保关系。企业应当妥善保管担保合同、与担保合同相关的主合同、反担保函或反担保合同，以及抵押、质押的权利凭证和有关原始资料，切实做到担保业务档案完整无缺。

十三、《企业内部控制应用指引第 13 号——业务外包》

（一）总则

为了加强业务外包管理，规范业务外包行为，防范业务外包风险，根据有关法律法规和《企业内部控制基本规范》，制定本指引。本指引所称业务外包，是指企业利用专业化分工优势，将日常经营中的部分业务委托给本企业以外的专业服务机构或其他经济组织（以下简称"承包方"）完成的经营行为。本指引不涉及工程项目外包。

企业应当对外包业务实施分类管理，通常划分为重大外包业务和一般外包业务。重大外包业务是指对企业生产经营有重大影响的外包业务。外包业务通常包括：研发、资信调查、可行性研究、委托加工、物业管理、客户服务、IT 服务等。

企业的业务外包至少应当关注下列风险：①外包范围和价格确定不合理，承包方选择不当，可能导致企业遭受损失。②业务外包监控不严、服务质量低劣，可能导致企业难以发挥业务外包的优势。③业务外包存在商业贿赂等舞弊行为，可能导致企业相关人员涉案。

企业应当建立和完善业务外包管理制度，规定业务外包的范围、方式、条件、程序和实施等相关内容，明确相关部门和岗位的职责权限，强化业务外包全过程的监控，防范外包风险，充分发挥业务外包的优势。企业应当权衡利弊，避免核心业务外包。

（二）承包方选择

企业应当根据年度生产经营计划和业务外包管理制度，结合确定的业务外包范围，拟订实施方案，按照规定的权限和程序审核批准。总会计师或分管会计工作的负责人应当参与重大业务外包的决策。重大业务外包方案应当提交董事会或类似权力机构审批。

企业应当按照批准的业务外包实施方案选择承包方。承包方至少应当具备下列条件：①承包方是依法成立和合法经营的专业服务机构或其他经济组织，具有相应的经营范围和固定的办公场所。②承包方应当具备相应的专业资质，其从业人员符合岗位要求和任职条件，并具有相应的专业技术资格。③承包方的技术及经验水平符合本企业业务外包的要求。

企业应当综合考虑内外部因素，合理确定外包价格，严格控制业务外包成本，切实做到符合成本效益原则。

企业应当引入竞争机制，遵循公开、公平、公正的原则，采用适当方式，择优选择外包业务的承包方。采用招标方式选择承包方的，应当符合招投标法的相关规定。企业及相关人员在选择承包方的过程中，不得收受贿赂、回扣或者索取其他好处。承包方及其工作人员不得利用向企业及其工作人员行贿、提供回扣或者给予其他好处等不正当手段承揽业务。

企业应当按照规定的权限和程序从候选承包方中确定最终承包方，并签订业务外包合同。业务外包合同内容主要包括：外包业务的内容和范围，双方权利和义务，服务和质量标准，保密事项，费用结算标准和违约责任等事项。

企业外包业务需要保密的，应当在业务外包合同或者另行签订的保密协议中明确规定承包方的保密义务和责任,要求承包方向其从业人员提示保密要求和应承担的责任。

(三)业务外包实施

企业应当加强业务外包实施的管理,严格按照业务外包制度、工作流程和相关要求,组织开展业务外包,并采取有效的控制措施,确保承包方严格履行业务外包合同。

企业应当做好与承包方的对接工作,加强与承包方的沟通与协调,及时搜集相关信息,发现和解决外包业务日常管理中存在的问题。对于重大业务外包,企业应当密切关注承包方的履约能力,建立相应的应急机制,避免业务外包失败造成本企业生产经营活动中断。

企业应当根据国家统一的会计准则制度,加强对外包业务的核算与监督,做好业务外包费用结算工作。

企业应当对承包方的履约能力进行持续评估,有确凿证据表明承包方存在重大违约行为,导致业务外包合同无法履行的,应当及时终止合同。承包方违约并造成企业损失的,企业应当按照合同对承包方进行索赔,并追究责任人责任。

业务外包合同执行完成后需要验收的,企业应当组织相关部门或人员对完成的业务外包合同进行验收,出具验收证明。验收过程中发现异常情况,应当立即报告,查明原因,及时处理。

十四、《企业内部控制应用指引第 14 号——财务报告》

(一)总则

为了规范企业财务报告,保证财务报告的真实、完整,根据《中华人民共和国会计法》等有关法律法规和《企业内部控制基本规范》,制定本指引。本指引所称财务报告,是指反映企业某一特定日期财务状况和某一会计期间经营成果、现金流量的文件。

企业编制、对外提供和分析利用财务报告,至少应当关注下列风险:①编制财务报告违反会计法律法规和国家统一的会计准则制度,可能导致企业承担法律责任和声誉受损。②提供虚假财务报告,误导财务报告使用者,造成决策失误,干扰市场秩序。③不能有效利用财务报告,难以及时发现企业经营管理中存在的问题,可能导致企业财务和经营风险失控。

企业应当严格执行会计法律法规和国家统一的会计准则制度,加强对财务报告编制、对外提供和分析利用全过程的管理,明确相关工作流程和要求,落实责任制,确保财务报告合法合规、真实完整和有效利用。总会计师或分管会计工作的负责人负责组织领导财务报告的编制、对外提供和分析利用等相关工作。企业负责人对财务报告的真实性、完整性负责。

(二)财务报告的编制

企业编制财务报告,应当重点关注会计政策和会计估计,对财务报告产生重大影响的交易和事项的处理应当按照规定的权限和程序进行审批。企业在编制年度财务报告前,应当进行必要的资产清查、减值测试和债权债务核实。

企业应当按照国家统一的会计准则制度规定,根据登记完整、核对无误的会计账簿记录和其他有关资料编制财务报告，做到内容完整、数字真实、计算准确，不得漏报或者随意进行取舍。

企业财务报告列示的资产、负债、所有者权益金额应当真实可靠。各项资产计价方法不得随意变更，如有减值，应当合理计提减值准备，严禁虚增或虚减资产。各项负债应当反映企业的现时义务，不得提前、推迟或不确认负债，严禁虚增或虚减负债。所有者权益应当反映企业资产扣除负债后由所有者享有的剩余权益，由实收资本、资本公积、留存收益等构成。企业应当做好所有者权益保值增值工作，严禁虚假出资、抽逃出资、资本不实。

企业财务报告应当如实列示当期收入、费用和利润。各项收入的确认应当遵循规定的标准，不得虚列或者隐瞒收入，推迟或提前确认收入。各项费用、成本的确认应当符合规定，不得随意改变费用、成本的确认标准或计量方法，虚列、多列、不列或者少列费用、成本。利润由收入减去费用后的净额、直接计入当期利润的利得和损失等构成。不得随意调整利润的计算、分配方法，编造虚假利润。

企业财务报告列示的各种现金流量由经营活动、投资活动和筹资活动的现金流量构成，应当按照规定划清各类交易和事项的现金流量的界限。

附注是财务报告的重要组成部分，对反映企业财务状况、经营成果、现金流量的报表中需要说明的事项，作出真实、完整、清晰的说明。企业应当按照国家统一的会计准则制度编制附注。

企业集团应当编制合并财务报表，明确合并财务报表的合并范围和合并方法，如实反映企业集团的财务状况、经营成果和现金流量。

企业编制财务报告，应当充分利用信息技术，提高工作效率和工作质量，减少或避免编制差错和人为调整因素。

（三）财务报告的对外提供

企业应当依照法律法规和国家统一的会计准则制度的规定，及时对外提供财务报告。

企业财务报告编制完成后，应当装订成册，加盖公章，由企业负责人、总会计师或分管会计工作的负责人、财会部门负责人签名并盖章。

财务报告须经注册会计师审计的，注册会计师及其所在的事务所出具的审计报告，应当随同财务报告一并提供。企业对外提供的财务报告应当及时整理归档，并按有关规定妥善保存。

（四）财务报告的分析利用

企业应当重视财务报告分析工作，定期召开财务分析会议，充分利用财务报告反映的综合信息，全面分析企业的经营管理状况和存在的问题，不断提高经营管理水平。企业财务分析会议应吸收有关部门负责人参加。总会计师或分管会计工作的负责人应当在财务分析和利用工作中发挥主导作用。

企业应当分析企业的资产分布、负债水平和所有者权益结构，通过资产负债率、流动比率、资产周转率等指标分析企业的偿债能力和营运能力；分析企业净资产的增减变化，了解和掌握企业规模和净资产的变化过程。

企业应当分析各项收入、费用的构成及其增减变动情况，通过净资产收益率、每股收益等指标，分析企业的盈利能力和发展能力，了解和掌握当期利润增减变化的原因和未来发展趋势。

企业应当分析经营活动、投资活动、筹资活动现金流量的运转情况，重点关注现金流量能否保证生产经营过程的正常运行，防止现金短缺或闲置。

企业定期的财务分析应当形成分析报告，构成内部报告的组成部分。财务分析报告结果应当及时传递给企业内部有关管理层级，充分发挥财务报告在企业生产经营管理中的重要作用。

十五、《企业内部控制应用指引第 15 号——全面预算》

（一）总则

为了促进企业实现发展战略，发挥全面预算管理作用，根据有关法律法规和《企业内部控制基本规范》，制定本指引。本指引所称全面预算，是指企业对一定期间经营活动、投资活动、财务活动等作出的预算安排。

企业实行全面预算管理，至少应当关注下列风险：①不编制预算或预算不健全，可能导致企业经营缺乏约束或盲目经营。②预算目标不合理、编制不科学，可能导致企业资源浪费或发展战略难以实现。③预算缺乏刚性、执行不力、考核不严，可能导致预算管理流于形式。

企业应当加强全面预算工作的组织领导，明确预算管理体制以及各预算执行单位的职责权限、授权批准程序和工作协调机制。企业应当设立预算管理委员会履行全面预算管理职责，其成员由企业负责人及内部相关部门负责人组成。预算管理委员会主要负责拟订预算目标和预算政策，制定预算管理的具体措施和办法，组织编制、平衡预算草案，下达经批准的预算，协调解决预算编制和执行中的问题，考核预算执行情况，督促完成预算目标。预算管理委员会下设预算管理工作机构，由其履行日常管理职责。预算管理工作机构一般设在财会部门。总会计师或分管会计工作的负责人应当协助企业负责人负责企业全面预算管理工作的组织领导。

（二）预算编制

企业应当建立和完善预算编制工作制度，明确编制依据、编制程序、编制方法等内容，确保预算编制依据合理、程序适当、方法科学，避免预算指标过高或过低。企业应当在预算年度开始前完成全面预算草案的编制工作。

企业应当根据发展战略和年度生产经营计划，综合考虑预算期内经济政策、市场环境等因素，按照上下结合、分级编制、逐级汇总的程序，编制年度全面预算。企业可以选择或综合运用固定预算、弹性预算、滚动预算等方法编制预算。

企业预算管理委员会应当对预算管理工作机构在综合平衡基础上提交的预算方案进行研究论证，从企业发展全局角度提出建议，形成全面预算草案，并提交董事会。

企业董事会审核全面预算草案，应当重点关注预算科学性和可行性，确保全面预算与企业发展战略、年度生产经营计划相协调。企业全面预算应当按照相关法律法规及企业章程的规定报经审议批准。批准后，应当以文件形式下达执行。

（三）预算执行

企业应当加强对预算执行的管理，明确预算指标分解方式、预算执行审批权限和要求、预算执行情况报告等，落实预算执行责任制，确保预算刚性，严格预算执行。

企业全面预算一经批准下达，各预算执行单位应当认真组织实施，将预算指标层层分解，从横向和纵向落实到内部各部门、各环节和各岗位，形成全方位的预算执行责任体系。企业应当以年度预算作为组织、协调各项生产经营活动的基本依据，将年度预算细分为季度、月度预算，通过实施分期预算控制，实现年度预算目标。

企业应当根据全面预算管理要求，组织各项生产经营活动和投融资活动，严格预算执行和控制。企业应当加强资金收付业务的预算控制，及时组织资金收入，严格控制资金支付，调节资金收付平衡，防范支付风险。对于超预算或预算外的资金支付，应当实行严格的审批制度。企业办理采购与付款、销售与收款、成本费用、工程项目、对外投融资、研究与开发、信息系统、人力资源、安全环保、资产购置与维护等业务和事项，均应符合预算要求。涉及生产过程和成本费用的，还应执行相关计划、定额、定率标准。对于工程项目、对外投融资等重大预算项目，企业应当密切跟踪其实施进度和完成情况，实行严格监控。

企业预算管理工作机构应当加强与各预算执行单位的沟通，运用财务信息和其他相关资料监控预算执行情况，采用恰当方式及时向决策机构和各预算执行单位报告、反馈预算执行进度、执行差异及其对预算目标的影响，促进企业全面预算目标的实现。

企业预算管理工作机构和各预算执行单位应当建立预算执行情况分析制度，定期召开预算执行分析会议，通报预算执行情况，研究、解决预算执行中存在的问题，提出改进措施。企业分析预算执行情况，应当充分收集有关财务、业务、市场、技术、政策、法律等方面的信息资料，根据不同情况分别采用比率分析、比较分析、因素分析等方法，从定量与定性两个层面充分反映预算执行单位的现状、发展趋势及其存在的潜力。

企业批准下达的预算应当保持稳定，不得随意调整。由于市场环境、国家政策或不可抗力等客观因素，导致预算执行发生重大差异确需调整预算的，应当履行严格的审批程序。

（四）预算考核

企业应当建立严格的预算执行考核制度，对各预算执行单位和个人进行考核，切实做到有奖有惩、奖惩分明。

企业预算管理委员会应当定期组织预算执行情况考核，将各预算执行单位负责人签字上报的预算执行报告和已掌握的动态监控信息进行核对，确认各执行单位预算完成情况。必要时，实行预算执行情况内部审计制度。

企业预算执行情况考核工作，应当坚持公开、公平、公正的原则，考核过程及结果应有完整的记录。

十六、《企业内部控制应用指引第 16 号——合同管理》

(一) 总则

为了促进企业加强合同管理，维护企业合法权益，根据《中华人民共和国合同法》等有关法律法规和《企业内部控制基本规范》，制定本指引。本指引所称合同，是指企业与自然人、法人及其他组织等平等主体之间设立、变更、终止民事权利义务关系的协议。企业与职工签订的劳动合同，不适用本指引。

企业合同管理至少应当关注下列风险：①未订立合同、未经授权对外订立合同、合同对方主体资格未达要求、合同内容存在重大疏漏和欺诈，可能导致企业合法权益受到侵害。②合同未全面履行或监控不当，可能导致企业诉讼失败、经济利益受损。③合同纠纷处理不当，可能损害企业利益、信誉和形象。

企业应当加强合同管理，确定合同归口管理部门，明确合同拟订、审批、执行等环节的程序和要求，定期检查和评价合同管理中的薄弱环节，采取相应控制措施，促进合同有效履行，切实维护企业的合法权益。

(二) 合同的订立

企业对外发生经济行为，除即时结清方式外，应当订立书面合同。合同订立前，应当充分了解合同对方的主体资格、信用状况等有关内容，确保对方当事人具备履约能力。对于影响重大、涉及较高专业技术或法律关系复杂的合同，应当组织法律、技术、财会等专业人员参与谈判，必要时可聘请外部专家参与相关工作。谈判过程中的重要事项和参与谈判人员的主要意见，应当予以记录并妥善保存。

企业应当根据协商、谈判等的结果，拟订合同文本，按照自愿、公平原则，明确双方的权利义务和违约责任，做到条款内容完整，表述严谨准确，相关手续齐备，避免出现重大疏漏。合同文本一般由业务承办部门起草、法律部门审核。重大合同或法律关系复杂的特殊合同应当由法律部门参与起草。国家或行业有合同示范文本的，可以优先选用，但对涉及权利义务关系的条款应当进行认真审查，并根据实际情况进行适当修改。合同文本须报经国家有关主管部门审查或备案的，应当履行相应程序。

企业应当对合同文本进行严格审核，重点关注合同的主体、内容和形式是否合法，合同内容是否符合企业的经济利益，对方当事人是否具有履约能力，合同权利和义务、违约责任和争议解决条款是否明确等。企业对影响重大或法律关系复杂的合同文本，应当组织内部相关部门进行审核。相关部门提出不同意见的，应当认真分析研究，慎重对待，并准确无误地加以记录；必要时应对合同条款作出修改。内部相关部门应当认真履行职责。

企业应当按照规定的权限和程序与对方当事人签署合同。正式对外订立的合同，应当由企业法定代表人或由其授权的代理人签名或加盖有关印章。授权签署合同的，应当签署授权委托书。属于上级管理权限的合同，下级单位不得签署。下级单位认为确有需要签署涉及上级管理权限的合同，应当提出申请，并经上级合同管理机构批准后办理。上级单位应当加强对下级单位合同订立、履行情况的监督检查。

企业应当建立合同专用章保管制度。合同经编号、审批及企业法定代表人或由其授权的代理人签署后，方可加盖合同专用章。

企业应当加强合同信息安全保密工作，未经批准，不得以任何形式泄露合同订立与履行过程中涉及的商业秘密或国家机密。

（三）合同的履行

企业应当遵循诚实信用原则严格履行合同，对合同履行实施有效监控，强化对合同履行情况及效果的检查、分析和验收，确保合同全面有效履行。合同生效后，企业就质量、价款、履行地点等内容与合同对方没有约定或者约定不明确的，可以协议补充；不能达成补充协议的，按照国家相关法律法规、合同有关条款或者交易习惯确定。

在合同履行过程中发现有显失公平、条款有误或对方有欺诈行为等情形，或因政策调整、市场变化等客观因素，已经或可能导致企业利益受损，应当按规定程序及时报告，并经双方协商一致，按照规定权限和程序办理合同变更或解除事宜。

企业应当加强合同纠纷管理，在履行合同过程中发生纠纷的，应当依据国家相关法律法规，在规定时效内与对方当事人协商并按规定权限和程序及时报告。合同纠纷经协商一致的，双方应当签订书面协议。合同纠纷经协商无法解决的，应当根据合同约定选择仲裁或诉讼方式解决。企业内部授权处理合同纠纷的，应当签署授权委托书。纠纷处理过程中，未经授权批准，相关经办人员不得向对方当事人作出实质性答复或承诺。

企业财会部门应当根据合同条款审核后办理结算业务。未按合同条款履约的，或应签订书面合同而未签订的，财会部门有权拒绝付款，并及时向企业有关负责人报告。

合同管理部门应当加强合同登记管理，充分利用信息化手段，定期对合同进行统计、分类和归档，详细登记合同的订立、履行和变更等情况，实行合同的全过程封闭管理。

企业应当建立合同履行情况评估制度，至少于每年年末对合同履行的总体情况和重大合同履行的具体情况进行分析评估，对分析评估中发现合同履行中存在的不足，应当及时加以改进。企业应当健全合同管理考核与责任追究制度。对合同订立、履行过程中出现的违法违规行为，应当追究有关机构或人员的责任。

十七、《企业内部控制应用指引第17号——内部信息传递》

（一）总则

为了促进企业生产经营管理信息在内部各管理层级之间的有效沟通和充分利用，根据《企业内部控制基本规范》，制定本指引。本指引所称内部信息传递，是指企业内部各管理层级之间通过内部报告形式传递生产经营管理信息的过程。

企业内部信息传递至少应当关注下列风险：①内部报告系统缺失、功能不健全、内容不完整，可能影响生产经营有序运行。②内部信息传递不通畅、不及时，可能导致决策失误、相关政策措施难以落实。③内部信息传递中泄露商业秘密，可能削弱企业核心竞争力。

企业应当加强内部报告管理，全面梳理内部信息传递过程中的薄弱环节，建立科学的内部信息传递机制，明确内部信息传递的内容、保密要求及密级分类、传递方式、传递范围以及各管理层级的职责权限等，促进内部报告的有效利用，充分发挥内部报告的作用。

（二）内部报告的形成

企业应当根据发展战略、风险控制和业绩考核要求，科学规范不同级次内部报告的指标体系，采用经营快报等多种形式，全面反映与企业生产经营管理相关的各种内外部信息。内部报告指标体系的设计应当与全面预算管理相结合，并随着环境和业务的变化不断进行修订和完善。设计内部报告指标体系时，应当关注企业成本费用预算的执行情况。内部报告应当简洁明了、通俗易懂、传递及时，便于企业各管理层级和全体员工掌握相关信息，正确履行职责。

企业应当制定严密的内部报告流程，充分利用信息技术，强化内部报告信息集成和共享，将内部报告纳入企业统一信息平台，构建科学的内部报告网络体系。企业内部各管理层级均应当指定专人负责内部报告工作，重要信息应及时上报，并可以直接报告高级管理人员。企业应当建立内部报告审核制度，确保内部报告信息质量。

企业应当关注市场环境、政策变化等外部信息对企业生产经营管理的影响，广泛收集、分析、整理外部信息，并通过内部报告传递到企业内部相关管理层级，以便采取应对策略。

企业应当拓宽内部报告渠道，通过落实奖励措施等多种有效方式，广泛收集合理化建议。企业应当重视和加强反舞弊机制建设，通过设立员工信箱、投诉热线等方式，鼓励员工及企业利益相关方举报和投诉企业内部的违法违规、舞弊和其他有损企业形象的行为。

（三）内部报告的使用

企业各级管理人员应当充分利用内部报告管理和指导企业的生产经营活动，及时反映全面预算执行情况，协调企业内部相关部门和各单位的运营进度，严格绩效考核和责任追究，确保企业实现发展目标。

企业应当有效利用内部报告进行风险评估，准确识别和系统分析企业生产经营活动中的内外部风险，确定风险应对策略，实现对风险的有效控制。企业对于内部报告反映出的问题应当及时解决；涉及突出问题和重大风险的，应当启动应急预案。

企业应当制定严格的内部报告保密制度，明确保密内容、保密措施、密级程度和传递范围，防止泄露商业秘密。

企业应当建立内部报告的评估制度，定期对内部报告的形成和使用进行全面评估，重点关注内部报告的及时性、安全性和有效性。

十八、《企业内部控制应用指引第18号——信息系统》

（一）总则

为了促进企业有效实施内部控制，提高企业现代化管理水平，减少人为因素，根据有关法律法规和《企业内部控制基本规范》，制定本指引。本指引所称信息系统，是指企业利用计算机和通信技术，对内部控制进行集成、转化和提升所形成的信息化管理平台。

企业利用信息系统实施内部控制至少应当关注下列风险：①信息系统缺乏或规划不合理，可能造成信息孤岛或重复建设，导致企业经营管理效率低下。②系统开发不符合内部控制要求，授权管理不当，可能导致无法利用信息技术实施有效控制。③系统运行维护和安全措施不到位，可能导致信息泄漏或毁损，系统无法正常运行。

企业应当重视信息系统在内部控制中的作用，根据内部控制要求，结合组织架构、业务范围、地域分布、技术能力等因素，制定信息系统建设整体规划，加大投入力度，有序组织信息系统开发、运行与维护，优化管理流程，防范经营风险，全面提升企业现代化管理水平。企业应当指定专门机构对信息系统建设实施归口管理，明确相关单位的职责权限，建立有效工作机制。企业可委托专业机构从事信息系统的开发、运行和维护工作。企业负责人对信息系统建设工作负责。

（二）信息系统的开发

企业应当根据信息系统建设整体规划提出项目建设方案，明确建设目标、人员配备、职责分工、经费保障和进度安排等相关内容，按照规定的权限和程序审批后实施。企业信息系统归口管理部门应当组织内部各单位提出开发需求和关键控制点，规范开发流程，明确系统设计、编程、安装调试、验收、上线等全过程的管理要求，严格按照建设方案、开发流程和相关要求组织开发工作。企业开发信息系统，可以采取自行开发、外购调试、业务外包等方式。选定外购调试或业务外包方式的，应当采用公开招标等形式择优确定供应商或开发单位。

企业开发信息系统，应当将生产经营管理业务流程、关键控制点和处理规则嵌入系统程序，实现手工环境下难以实现的控制功能。企业在系统开发过程中，应当按照不同业务的控制要求，通过信息系统中的权限管理功能控制用户的操作权限，避免将不相容职责的处理权限授予同一用户。企业应当针对不同数据的输入方式，考虑对进入系统数据的检查和校验功能。对于必需的后台操作，应当加强管理，建立规范的流程制度，对操作情况进行监控或者审计。企业应当在信息系统中设置操作日志功能，确保操作的可审计性。对异常的或者违背内部控制要求的交易和数据，应当设计由系统自动报告并设置跟踪处理机制。

企业信息系统归口管理部门应当加强信息系统开发全过程的跟踪管理，组织开发单位与内部各单位的日常沟通和协调，督促开发单位按照建设方案、计划进度和质量要求完成编程工作，对配备的硬件设备和系统软件进行检查验收，组织系统上线运行等。

企业应当组织独立于开发单位的专业机构对开发完成的信息系统进行验收测试，确保在功能、性能、控制要求和安全性等方面符合开发需求。

企业应当切实做好信息系统上线的各项准备工作，培训业务操作和系统管理人员，制定科学的上线计划和新旧系统转换方案，考虑应急预案，确保新旧系统顺利切换和平稳衔接。系统上线涉及数据迁移的，还应制定详细的数据迁移计划。

（三）信息系统的运行与维护

企业应当加强信息系统运行与维护的管理，制定信息系统工作程序、信息管理制度以及各模块子系统的具体操作规范,及时跟踪、发现和解决系统运行中存在的问题,确保信息系统按照规定的程序、制度和操作规范持续稳定运行。企业应当建立信息系统变更管理流程,信息系统变更应当严格遵照管理流程进行操作。信息系统操作人员不得擅自进行系统软件的删除、修改等操作;不得擅自升级、改变系统软件版本;不得擅自改变软件系统环境配置。

企业应当根据业务性质、重要性程度、涉密情况等确定信息系统的安全等级,建立不同等级信息的授权使用制度,采用相应技术手段保证信息系统运行安全有序。企业应当建立信息系统安全保密和泄密责任追究制度。委托专业机构进行系统运行与维护管理的,应当审查该机构的资质,并与其签订服务合同和保密协议。企业应当采取安装安全软件等措施防范信息系统受到病毒等恶意软件的感染和破坏。

企业应当建立用户管理制度,加强对重要业务系统的访问权限管理,定期审阅系统账号,避免授权不当或存在非授权账号,禁止不相容职务用户账号的交叉操作。

企业应当综合利用防火墙、路由器等网络设备,漏洞扫描、入侵检测等软件技术以及远程访问安全策略等手段,加强网络安全,防范来自网络的攻击和非法侵入。企业对于通过网络传输的涉密或关键数据,应当采取加密措施,确保信息传递的保密性、准确性和完整性。

企业应当建立系统数据定期备份制度,明确备份范围、频度、方法、责任人、存放地点、有效性检查等内容。

企业应当加强服务器等关键信息设备的管理,建立良好的物理环境,指定专人负责检查,及时处理异常情况。未经授权,任何人不得接触关键信息设备。

第四节 企业内部控制评价指引

一、总则

为了促进企业全面评价内部控制的设计与运行情况,规范内部控制评价程序和评价报告,揭示和防范风险,根据有关法律法规和《企业内部控制基本规范》,制定本指引。本指引所称内部控制评价,是指企业董事会或类似权力机构对内部控制的有效性进行全面评价、形成评价结论、出具评价报告的过程。

企业实施内部控制评价至少应当遵循下列原则:①全面性原则。评价工作应当包括内部控制的设计与运行,涵盖企业及其所属单位的各种业务和事项。②重要性原则。评价工作应当在全面评价的基础上,关注重要业务单位、重大业务事项和高风险领域。③客观性原则。评价工作应当准确地揭示经营管理的风险状况,如实反映内部控制设计与运行的有效性。

企业应当根据本评价指引,结合内部控制设计与运行的实际情况,制定具体的内部控制评价办法,规定评价的原则、内容、程序、方法和报告形式等,明确相关机构或岗位的职责权限，落实责任制，按照规定的办法、程序和要求，有序开展内部控制评价工作。

企业董事会应当对内部控制评价报告的真实性负责。

二、内部控制评价的内容

企业应当根据《企业内部控制基本规范》、应用指引以及本企业的内部控制制度，围绕内部环境、风险评估、控制活动、信息与沟通、内部监督等要素，确定内部控制评价的具体内容，对内部控制设计与运行情况进行全面评价。

企业组织开展内部环境评价，应当以组织架构、发展战略、人力资源、企业文化、社会责任等应用指引为依据，结合本企业的内部控制制度，对内部环境的设计及实际运行情况进行认定和评价。

企业组织开展风险评估机制评价，应当以《企业内部控制基本规范》有关风险评估的要求，以及各项应用指引中所列主要风险为依据，结合本企业的内部控制制度，对日常经营管理过程中的风险识别、风险分析、应对策略等进行认定和评价。

企业组织开展控制活动评价，应当以《企业内部控制基本规范》和各项应用指引中的控制措施为依据，结合本企业的内部控制制度，对相关控制措施的设计和运行情况进行认定和评价。

企业组织开展信息与沟通评价，应当以内部信息传递、财务报告、信息系统等相关应用指引为依据，结合本企业的内部控制制度，对信息收集、处理和传递的及时性、反舞弊机制的健全性、财务报告的真实性、信息系统的安全性，以及利用信息系统实施内部控制的有效性等进行认定和评价。

企业组织开展内部监督评价，应当以《企业内部控制基本规范》有关内部监督的要求，以及各项应用指引中有关日常管控的规定为依据，结合本企业的内部控制制度，对内部监督机制的有效性进行认定和评价，重点关注监事会、审计委员会、内部审计机构等是否在内部控制设计和运行中有效发挥监督作用。

内部控制评价工作应当形成工作底稿，详细记录企业执行评价工作的内容，包括评价要素、主要风险点、采取的控制措施、有关证据资料以及认定结果等。

评价工作底稿应当设计合理、证据充分、简便易行、便于操作。

三、内部控制评价的程序

企业应当按照内部控制评价办法规定的程序，有序开展内部控制评价工作。内部控制评价程序一般包括：制定评价工作方案、组成评价工作组、实施现场测试、认定控制缺陷、汇总评价结果、编报评价报告等环节。企业可以授权内部审计部门或专门机构（以下简称"内部控制评价部门"）负责内部控制评价的具体组织实施工作。

企业内部控制评价部门应当拟订评价工作方案，明确评价范围、工作任务、人员组织、进度安排和费用预算等相关内容，报经董事会或其授权机构审批后实施。

企业内部控制评价部门应当根据经批准的评价方案,组成内部控制评价工作组,具体实施内部控制评价工作。评价工作组应当吸收企业内部相关机构熟悉情况的业务骨干参加。评价工作组成员对本部门的内部控制评价工作应当实行回避制度。企业可以委托中介机构实施内部控制评价。为企业提供内部控制审计服务的会计师事务所,不得同时为同一企业提供内部控制评价服务。

内部控制评价工作组应当对被评价单位进行现场测试,综合运用个别访谈、调查问卷、专题讨论、穿行测试、实地查验、抽样和比较分析等方法,充分收集被评价单位内部控制设计和运行是否有效的证据,按照评价的具体内容,如实填写评价工作底稿,研究分析内部控制缺陷。

四、内部控制缺陷的认定

内部控制缺陷包括设计缺陷和运行缺陷。企业对内部控制缺陷的认定,应当以日常监督和专项监督为基础,结合年度内部控制评价,由内部控制评价部门进行综合分析后提出认定意见,按照规定的权限和程序进行审核后予以最终认定。

企业在日常监督、专项监督和年度评价工作中,应当充分发挥内部控制评价工作组的作用。内部控制评价工作组应当根据现场测试获取的证据,对内部控制缺陷进行初步认定,并按其影响程度分为重大缺陷、重要缺陷和一般缺陷。重大缺陷,是指一个或多个控制缺陷的组合,可能导致企业严重偏离控制目标。重要缺陷,是指一个或多个控制缺陷的组合,其严重程度和经济后果低于重大缺陷,但仍有可能导致企业偏离控制目标。一般缺陷,是指除重大缺陷、重要缺陷之外的其他缺陷。重大缺陷、重要缺陷和一般缺陷的具体认定标准,由企业根据上述要求自行确定。

企业内部控制评价工作组应当建立评价质量交叉复核制度,评价工作组负责人应当对评价工作底稿进行严格审核,并对所认定的评价结果签字确认后,提交企业内部控制评价部门。

企业内部控制评价部门应当编制内部控制缺陷认定汇总表,结合日常监督和专项监督发现的内部控制缺陷及其持续改进情况,对内部控制缺陷及其成因、表现形式和影响程度进行综合分析和全面复核,提出认定意见,并以适当的形式向董事会、监事会或者经理层报告。重大缺陷应当由董事会予以最终认定。企业对于认定的重大缺陷,应当及时采取应对策略,切实将风险控制在可承受度之内,并追究有关部门或相关人员的责任。

五、内部控制评价报告

企业应当根据《企业内部控制基本规范》、应用指引和本指引,设计内部控制评价报告的种类、格式和内容,明确内部控制评价报告编制程序和要求,按照规定的权限报经批准后对外报出。

内部控制评价报告应当分别内部环境、风险评估、控制活动、信息与沟通、内部监督等要素进行设计,对内部控制评价过程、内部控制缺陷认定及整改情况、内部控制有效性的结论等相关内容作出披露。

内部控制评价报告至少应当披露下列内容：①董事会对内部控制报告真实性的声明。②内部控制评价工作的总体情况。③内部控制评价的依据。④内部控制评价的范围。⑤内部控制评价的程序和方法。⑥内部控制缺陷及其认定情况。⑦内部控制缺陷的整改情况及重大缺陷拟采取的整改措施。⑧内部控制有效性的结论。

企业应当根据年度内部控制评价结果，结合内部控制评价工作底稿和内部控制缺陷汇总表等资料，按照规定的程序和要求，及时编制内部控制评价报告。

内部控制评价报告应当报经董事会或类似权力机构批准后对外披露或报送相关部门。企业内部控制评价部门应当关注自内部控制评价报告基准日至内部控制评价报告发出日之间是否发生影响内部控制有效性的因素，并根据其性质和影响程度对评价结论进行相应调整。

企业内部控制审计报告应当与内部控制评价报告同时对外披露或报送。企业应当以12月31日作为年度内部控制评价报告的基准日。内部控制评价报告应于基准日后4个月内报出。

企业应当建立内部控制评价工作档案管理制度。内部控制评价的有关文件资料、工作底稿和证明材料等应当妥善保管。

第五节　企业内部控制审计指引

一、总则

为了规范注册会计师执行企业内部控制审计业务，明确工作要求，保证执业质量，根据《企业内部控制基本规范》《中国注册会计师鉴证业务基本准则》及相关执业准则，制定本指引。本指引所称内部控制审计，是指会计师事务所接受委托，对特定基准日内部控制设计与运行的有效性进行审计。

建立健全和有效实施内部控制，评价内部控制的有效性是企业董事会的责任。按照本指引的要求，在实施审计工作的基础上对内部控制的有效性发表审计意见，是注册会计师的责任。

注册会计师执行内部控制审计工作，应当获取充分、适当的证据，为发表内部控制审计意见提供合理保证。注册会计师应当对财务报告内部控制的有效性发表审计意见，并对内部控制审计过程中注意到的非财务报告内部控制的重大缺陷，在内部控制审计报告中增加"非财务报告内部控制重大缺陷描述段"予以披露。

注册会计师可以单独进行内部控制审计，也可将内部控制审计与财务报表审计整合进行（以下简称"整合审计"）。在整合审计中，注册会计师应当对内部控制设计与运行的有效性进行测试，以同时实现下列目标：①获取充分、适当的证据，支持其在内部控制审计中对内部控制有效性发表的意见。②获取充分、适当的证据，支持其在财务报表审计中对控制风险的评估结果。

二、计划审计工作

注册会计师应当恰当地计划内部控制审计工作,配备具有专业胜任能力的项目组,并对助理人员进行适当的督导。

在计划审计工作时,注册会计师应当评价下列事项对内部控制、财务报表以及审计工作的影响:①与企业相关的风险。②相关法律法规和行业概况。③企业组织结构、经营特点和资本结构等相关重要事项。④企业内部控制最近发生变化的程度。⑤与企业沟通过的内部控制缺陷。⑥重要性、风险等与确定内部控制重大缺陷相关的因素。⑦对内部控制有效性的初步判断。⑧可获取的、与内部控制有效性相关的证据的类型和范围。

注册会计师应当以风险评估为基础,选择拟测试的控制,确定测试所需收集的证据。内部控制的特定领域存在重大缺陷的风险越高,给予该领域的审计关注就越多。

注册会计师应当对企业内部控制自我评价工作进行评估,判断是否利用企业内部审计人员、内部控制评价人员和其他相关人员的工作以及可利用的程度,相应减少可能本应由注册会计师执行的工作。注册会计师利用企业内部审计人员、内部控制评价人员和其他相关人员的工作,应当对其专业胜任能力和客观性进行充分评价。与某项控制相关的风险越高,可利用程度就越低,注册会计师应当更多地对该项控制亲自进行测试。注册会计师应当对发表的审计意见独立承担责任,其责任不因为利用企业内部审计人员、内部控制评价人员和其他相关人员的工作而减轻。

三、实施审计工作

注册会计师应当按照自上而下的方法实施审计工作。自上而下的方法是注册会计师识别风险、选择拟测试控制的基本思路。注册会计师在实施审计工作时,可以将企业层面控制和业务层面控制的测试结合进行。

注册会计师测试企业层面控制,应当把握重要性原则,至少应当关注:①与内部环境相关的控制。②针对董事会、经理层凌驾于控制之上的风险而设计的控制。③企业的风险评估过程。④对内部信息传递和财务报告流程的控制。⑤对控制有效性的内部监督和自我评价。

注册会计师测试业务层面控制,应当把握重要性原则,结合企业实际、企业内部控制各项应用指引的要求和企业层面控制的测试情况,重点对企业生产经营活动中的重要业务与事项的控制进行测试。注册会计师应当关注信息系统对内部控制及风险评估的影响。

注册会计师在测试企业层面控制和业务层面控制时,应当评价内部控制是否足以应对舞弊风险。

注册会计师应当测试内部控制设计与运行的有效性。如果某项控制由拥有必要授权和专业胜任能力的人员按照规定的程序与要求执行,能够实现控制目标,表明该项控制的设计是有效的。如果某项控制正在按照设计运行,执行人员拥有必要授权和专业胜任能力，能够实现控制目标，表明该项控制的运行是有效的。

注册会计师应当根据与内部控制相关的风险，确定拟实施审计程序的性质、时间安排和范围，获取充分、适当的证据。与内部控制相关的风险越高，注册会计师需要获取的证据应越多。

注册会计师在测试控制设计与运行的有效性时，应当综合运用询问适当人员、观察经营活动、检查相关文件、穿行测试和重新执行等方法。询问本身并不足以提供充分、适当的证据。

注册会计师在确定测试的时间安排时，应当在下列两个因素之间作出平衡，以获取充分、适当的证据：①尽量在接近企业内部控制自我评价基准日实施测试。②实施的测试需要涵盖足够长的期间。

注册会计师对于内部控制运行偏离设计的情况（即控制偏差），应当确定该偏差对相关风险评估、需要获取的证据以及控制运行有效性结论的影响。

在连续审计中，注册会计师在确定测试的性质、时间安排和范围时，应当考虑以前年度执行内部控制审计时了解的情况。

四、评价控制缺陷

内部控制缺陷按其成因分为设计缺陷和运行缺陷，按其影响程度分为重大缺陷、重要缺陷和一般缺陷。注册会计师应当评价其识别的各项内部控制缺陷的严重程度，以确定这些缺陷单独或组合起来，是否构成重大缺陷。在确定一项内部控制缺陷或多项内部控制缺陷的组合是否构成重大缺陷时，注册会计师应当评价补偿性控制（替代性控制）的影响。企业执行的补偿性控制应当具有同样的效果。表明内部控制可能存在重大缺陷的迹象，主要包括：①注册会计师发现董事、监事和高级管理人员舞弊。②企业更正已经公布的财务报表。③注册会计师发现当期财务报表存在重大错报，而内部控制在运行过程中未能发现该错报。④企业审计委员会和内部审计机构对内部控制的监督无效。

五、完成审计工作

注册会计师完成审计工作后，应当取得经企业签署的书面声明。书面声明应当包括下列内容：①企业董事会认可其对建立健全和有效实施内部控制负责。②企业已对内部控制的有效性作出自我评价，并说明评价时采用的标准以及得出的结论。③企业没有利用注册会计师执行的审计程序及其结果作为自我评价的基础。④企业已向注册会计师披露识别出的所有内部控制缺陷，并单独披露其中的重大缺陷和重要缺陷。⑤企业对于注册会计师在以前年度审计中识别的重大缺陷和重要缺陷，是否已经采取措施予以解决。⑥企业在内部控制自我评价基准日后，内部控制是否发生重大变化，或者存在对内部控制具有重要影响的其他因素。

企业如果拒绝提供或以其他不当理由回避书面声明，注册会计师应当将其视为审计范围受到限制，解除业务约定或出具无法表示意见的内部控制审计报告。

注册会计师应当与企业沟通审计过程中识别的所有控制缺陷。对于其中的重大缺陷和重要缺陷，应当以书面形式与董事会和经理层沟通。注册会计师认为审计委员会和内部审计机构对内部控制的监督无效的，应当就此以书面形式直接与董事会和经理层沟通。书面沟通应当在注册会计师出具内部控制审计报告之前进行。

注册会计师应当对获取的证据进行评价，形成对内部控制有效性的意见。

六、出具审计报告

注册会计师在完成内部控制审计工作后，应当出具内部控制审计报告。标准内部控制审计报告应当包括下列要素：①标题。②收件人。③引言段。④企业对内部控制的责任段。⑤注册会计师的责任段。⑥内部控制固有局限性的说明段。⑦财务报告内部控制审计意见段。⑧非财务报告内部控制重大缺陷描述段。⑨注册会计师的签名和盖章。⑩会计师事务所的名称、地址及盖章。⑪报告日期。

符合下列所有条件的，注册会计师应当对财务报告内部控制出具无保留意见的内部控制审计报告：①企业按照《企业内部控制基本规范》《企业内部控制应用指引》《企业内部控制评价指引》以及企业自身内部控制制度的要求，在所有重大方面保持了有效的内部控制。②注册会计师已经按照《企业内部控制审计指引》的要求计划和实施审计工作，在审计过程中未受到限制。

注册会计师认为财务报告内部控制虽不存在重大缺陷，但仍有一项或者多项重大事项需要提请内部控制审计报告使用者注意的，应当在内部控制审计报告中增加强调事项段予以说明。注册会计师应当在强调事项段中指明，该段内容仅用于提醒内部控制审计报告使用者关注，并不影响对财务报告内部控制发表的审计意见。

注册会计师认为财务报告内部控制存在一项或多项重大缺陷的，除非审计范围受到限制，应当对财务报告内部控制发表否定意见。注册会计师出具否定意见的内部控制审计报告，还应当包括下列内容：①重大缺陷的定义。②重大缺陷的性质及其对财务报告内部控制的影响程度。

注册会计师审计范围受到限制的，应当解除业务约定或出具无法表示意见的内部控制审计报告，并就审计范围受到限制的情况，以书面形式与董事会进行沟通。注册会计师在出具无法表示意见的内部控制审计报告时，应当在内部控制审计报告中指明审计范围受到限制，无法对内部控制的有效性发表意见。注册会计师在已执行的有限程序中发现财务报告内部控制存在重大缺陷的，应当在内部控制审计报告中对重大缺陷作出详细说明。

注册会计师对在审计过程中注意到的非财务报告内部控制缺陷，应当区别具体情况予以处理：①注册会计师认为非财务报告内部控制缺陷为一般缺陷的，应当与企业进行沟通，提醒企业加以改进，但无须在内部控制审计报告中说明。②注册会计师认为非财务报告内部控制缺陷为重要缺陷的，应当以书面形式与企业董事会和经理层沟通，提醒企业加以改进，但无须在内部控制审计报告中说明。③注册会计师认为非财务报告内部控制缺陷为重大缺陷的，应当以书面形式与企业董事会和经理层沟通，提醒企业加以改进；同时应当在内部控制审计报告中增加非财务报告内部控制重大缺陷描述段，对重大缺陷的性质及其对实现相关控制目标的影响程度进行披露，提示内部控制审计报告使用者注意相关风险。

在企业内部控制自我评价基准日并不存在、但在该基准日之后至审计报告日之前（以下简称期后期间）内部控制可能发生变化，或出现其他可能对内部控制产生重要影响的因素。注册会计师应当询问是否存在这类变化或影响因素，并获取企业关于这些情况的书面声明。注册会计师知悉对企业内部控制自我评价基准日内部控制有效性有重大负面影响的期后事项的，应当对财务报告内部控制发表否定意见。注册会计师不能确定期后事项对内部控制有效性的影响程度的，应当出具无法表示意见的内部控制审计报告。

七、记录审计工作

注册会计师应当按照《中国注册会计师审计准则第1131号——审计工作底稿》的规定，编制内部控制审计工作底稿，完整记录审计工作情况。

注册会计师应当在审计工作底稿中记录下列内容：①内部控制审计计划及重大修改情况。②相关风险评估和选择拟测试的内部控制的主要过程及结果。③测试内部控制设计与运行有效性的程序及结果。④对识别的控制缺陷的评价。⑤形成的审计结论和意见。⑥其他重要事项。

八、内部控制审计报告的参考格式

（一）标准内部控制审计报告

内部控制审计报告

××股份有限公司全体股东：

按照《企业内部控制审计指引》及中国注册会计师执业准则的相关要求，我们审计了××股份有限公司（以下简称××公司）××年×月×日的财务报告内部控制的有效性。

1. 企业对内部控制的责任

按照《企业内部控制基本规范》《企业内部控制应用指引》《企业内部控制评价指引》的规定，建立健全和有效实施内部控制，并评价其有效性是企业董事会的责任。

2. 注册会计师的责任

我们的责任是在实施审计工作的基础上，对财务报告内部控制的有效性发表审计意见，并对注意到的非财务报告内部控制的重大缺陷进行披露。

3. 内部控制的固有局限性

内部控制具有固有局限性，存在不能防止和发现错报的可能性。此外，由于情况的变化可能导致内部控制变得不恰当，或对控制政策和程序遵循的程度降低，根据内部控制审计结果推测未来内部控制的有效性具有一定风险。

4. 财务报告内部控制审计意见

我们认为，××公司按照《企业内部控制基本规范》和相关规定在所有重大方面保持了有效的财务报告内部控制。

5. 非财务报告内部控制的重大缺陷

在内部控制审计过程中，我们注意到××公司的非财务报告内部控制存在重大缺陷［描述该缺陷的性质及其对实现相关控制目标的影响程度］。由于存在上述重大缺陷，我们提醒本报告使用者注意相关风险。需要指出的是，我们并不对××公司的非财务报告内部控制发表意见或提供保证。本段内容不影响对财务报告内部控制有效性发表的审计意见。

××会计师事务所（盖章） 中国注册会计师：×××（签名并盖章）
中国注册会计师：×××（签名并盖章）
中国××市 ××××年×月×日

（二）带强调事项段的无保留意见内部控制审计报告

内部控制审计报告

××股份有限公司全体股东：

按照《企业内部控制审计指引》及中国注册会计师执业准则的相关要求，我们审计了××股份有限公司（以下简称××公司）××年×月×日的财务报告内部控制的有效性。

［"1. 企业对内部控制的责任"至"5. 非财务报告内部控制的重大缺陷"参见标准内部控制审计报告相关段落表述。］

6. 强调事项

我们提醒内部控制审计报告使用者关注，（描述强调事项的性质及其对内部控制的重大影响）。本段内容不影响已对财务报告内部控制发表的审计意见。

××会计师事务所（盖章） 中国注册会计师：×××（签名并盖章）
中国注册会计师：×××（签名并盖章）
中国××市 ××××年×月×日

（三）否定意见内部控制审计报告

内部控制审计报告

××股份有限公司全体股东：

按照《企业内部控制审计指引》及中国注册会计师执业准则的相关要求，我们审计了××股份有限公司（以下简称××公司）××年×月×日的财务报告内部控制的有效性。

［"1. 企业对内部控制的责任"至"3. 内部控制的固有局限性"参见标准内部控制审计报告相关段落表述。］

4. 导致否定意见的事项

重大缺陷，是指一个或多个控制缺陷的组合，可能导致企业严重偏离控制目标。

［指出注册会计师已识别出的重大缺陷，并说明重大缺陷的性质及其对财务报告内部控制的影响程度。］

有效的内部控制能够为财务报告及相关信息的真实完整提供合理保证，而上述重大缺陷使××公司内部控制失去这一功能。

5. 财务报告内部控制审计意见

我们认为，由于存在上述重大缺陷及其对实现控制目标的影响，××公司未能按照《企业内部控制基本规范》和相关规定在所有重大方面保持有效的财务报告内部控制。

7. 非财务报告内部控制的重大缺陷

[参见标准内部控制审计报告相关段落表述。]

××会计师事务所（盖章）　中国注册会计师：×××（签名并盖章）
中国注册会计师：×××（签名并盖章）
中国××市××××年×月×日

（四）无法表示意见内部控制审计报告

内部控制审计报告

××股份有限公司全体股东：

我们接受委托，对××股份有限公司（以下简称××公司）××年×月×日的财务报告内部控制进行审计。

[删除注册会计师的责任段，"1. 企业对内部控制的责任"和"2. 内部控制的固有局限性"参见标准内部控制审计报告相关段落表述。]

3. 导致无法表示意见的事项

[描述审计范围受到限制的具体情况。]

4. 财务报告内部控制审计意见

由于审计范围受到上述限制，我们未能实施必要的审计程序以获取发表意见所需的充分、适当证据，因此，我们无法对××公司财务报告内部控制的有效性发表意见。

5. 识别的财务报告内部控制重大缺陷（如在审计范围受到限制前，执行有限程序未能识别出重大缺陷，则应删除本段）

重大缺陷，是指一个或多个控制缺陷的组合，可能导致企业严重偏离控制目标。

尽管我们无法对××公司财务报告内部控制的有效性发表意见，但在我们实施的有限程序的过程中，发现了以下重大缺陷：

[指出注册会计师已识别出的重大缺陷，并说明重大缺陷的性质及其对财务报告内部控制的影响程度。]

有效的内部控制能够为财务报告及相关信息的真实完整提供合理保证，而上述重大缺陷使××公司内部控制失去这一功能。

6. 非财务报告内部控制的重大缺陷

[参见标准内部控制审计报告相关段落表述。]

××会计师事务所（盖章）　中国注册会计师：×××（签名并盖章）
中国注册会计师：×××（签名并盖章）
中国××市××××年×月×日

第六节　我国上市公司 2014 年执行企业内部控制规范体系情况分析报告

根据财政部、证监会、审计署、银监会和保监会联合颁布的《企业内部控制基本规范》及其配套指引，以及财政部、证监会发布的《关于 2012 年主板上市公司分类分批实施企业内部控制规范体系的通知》要求，在分类分批实施的基础上，我国所有主板上市公司应当在 2014 年实施企业内部控制规范体系。为了全面、深入了解近年来我国上市公司实施企业内部控制规范体系情况，财政部、证监会联合山东财经大学，跟踪分析了 2014 年上海证券交易所和深圳证券交易所公开披露的上市公司年度内部控制评价报告、内部控制审计报告、年度报告等资料，结合我国上市公司 2011~2013 年实施企业内部控制规范体系情况，以及财政部和证监会在推动内部控制规范体系实施和日常监管工作中掌握的有关情况，形成了《我国上市公司 2014 年实施企业内部控制规范体系情况分析报告》（以下简称"2014 年报告"）。

一、2014 年我国上市公司实施企业内部控制规范体系基本情况

（一）总体情况

1. 内部控制评价报告披露情况

截至 2014 年 12 月 31 日，沪、深交易所共有上市公司 2 613 家。其中，沪市上市公司 995 家，深市上市公司 1 618 家。从所属板块划分来看，包括主板公司 480 家，中小板公司 732 家，创业板公司 406 家。

2014 年度，2 571 家上市公司披露了内部控制评价报告，占全部上市公司的 98.39%。与 2013 年度相比，披露数量提高了 259 家，披露比例提高 5.5%。

2. 内部控制评价报告的结论

2014 年度，在 2 571 家披露了内部控制评价报告的上市公司中，2 538 家内部控制评价结论为整体有效，占披露了内部控制评价报告上市公司的 98.72%，33 家内部控制评价结论为非整体有效，占披露了内部控制评价报告上市公司的 1.28%。如表 2-1 所示，在内部控制评价结论为非整体有效的上市公司中，9 家上市公司内部控制评价报告的结论为财务报告内部控制有效、非财务报告内部控制无效；16 家上市公司内部控制评价报告的结论为财务报告内部控制无效、非财务报告内部控制有效；6 家上市公司内部控制评价报告的结论为财务报告内部控制和非财务报告内部控制均无效；2 家上市公司披露内部控制存在重大缺陷但是未区分财务报告内部控制和非财务报告内部控制。

表 2-1　　　　　　　　　内部控制有效性结论披露情况

内部控制有效性	整体有效	财务报告内部控制有效、非财务报告内部控制无效	财务报告内部控制无效、非财务报告内部控制有效	财务报告内部控制和非财务报告内部控制均无效	内部控制存在重大缺陷但未区分财务报告和非财务报告	总计
公司数量（家）	2 538	9	16	6	2	2 571
占比（%）	98.72	0.35	0.62	0.23	0.08	100

3. 内部控制缺陷的认定标准

2014 年度，在披露内部控制评价报告的 2 571 家上市公司中，2 149 家上市公司披露了内部控制缺陷认定标准。其中：2 113 家上市公司分别披露了财务报告和非财务报告内部控制缺陷认定标准，占比 82.19%，比 2013 年上升了近 7 个百分点；36 家上市公司未区分财务报告和非财务报告披露内部控制缺陷认定标准，占比 1.40%，比 2013 年下降了 0.33 个百分点。422 家上市公司未披露内部控制缺陷认定标准，占比 16.41%，比 2013 年下降了 6.51 个百分点（如表 2-2 所示）。这说明在披露内部控制评价报告的上市公司数量不断上升的情况下，2014 年内部控制缺陷认定标准的信息披露质量比 2013 年有一定程度的提高。

表 2-2　　　　　　2013~2014 年内部控制缺陷认定标准披露情况

分类	2013 年 家数（家）	2013 年 占比（%）	2014 年 家数（家）	2014 年 占比（%）
区分财务报告和非财务报告披露缺陷认定标准	1 739	75.35	2 113	82.19
未区分财务报告和非财务报告披露缺陷认定标准	40	1.73	36	1.40
未披露内部控制缺陷认定标准	529	22.92	422	16.41
合计	2 308	100.00	2 571	100.00

4. 内部控制缺陷的数量及内容

在 2 571 家披露内部控制评价报告的上市公司中，524 家披露内部控制存在缺陷，占比 20.38%。其中，39 家披露内部控制存在重大缺陷，53 家披露内部控制存在重要缺陷，455 家披露内部控制存在一般缺陷；2 047 家披露内部控制未存在缺陷，占比 79.62%。

（1）关于财务报告内部控制的重大缺陷和重要缺陷。25 家上市公司披露了 64 个财务报告内部控制重大缺陷；13 家上市公司披露了 17 个财务报告内部控制重要缺陷；1 家上市公司披露存在财务报告内部控制重大和重要缺陷共 3 个，但未分别披露重大缺陷和重要缺陷的数量。从披露的财务报告内部控制重大缺陷和重要缺陷的内容看，突出表现在以下几个方面：

第一，担保业务管理方面。包括未经批准对外提供担保，或对被担保人的资信状况和履约能力调查不够深入，致使企业承担相应的法律责任；对企业债权未能采取有效的担保措施，造成应收账款不能按期回收，导致企业承担坏账风险。这方面的重大和重要缺陷有 13 个，占全部财务报告内部控制重大和重要缺陷的 15.48%。

第二，资金管理方面。包括银行账户的管理混乱，部分银行账户余额甚至未纳入报表，未定期进行银行对账；资金支付未经有效审核；资金管理的独立性不足，资金被关联方占用等。这方面的重大和重要缺陷有 11 个，占全部财务报告内部控制重大和重要缺陷的 13.1%。

第三，销售及收款方面。包括对客户资信等级的评估及授信额度管理存在缺陷，赊销的控制力度不足；收入确认不规范；未同客户定期对账，逾期应收账款催收缺乏有效措施等。这方面的重大和重要缺陷有 8 个，占全部财务报告内部控制重大和重要缺陷的 9.52%。

第四，资产管理方面。包括对固定资产、存货等资产的管理力度不够，对资产减值的处理存在缺陷。这方面的重大和重要缺陷有 7 个，占全部财务报告内部控制重大和重要缺陷的 8.33%。

第五，投资管理方面。包括投资前的分析不足，存在盲目性；投资后未能有效控制和核算对外投资。这方面的重大和重要缺陷有 5 个，占全部财务报告内部控制重大和重要缺陷的 5.95%。

第六，财会制度建设方面。包括未建立规范完善的财务会计制度；或者虽然存在相关制度但未得到有效执行。这方面的重大和重要缺陷有 5 个，占全部财务报告内部控制重大和重要缺陷的 5.95%。

第七，工程管理方面。包括未能及时分析在建工程是否达到可使用状态，导致在建工程未及时转固定资产。这方面的重大和重要缺陷有 3 个，占全部财务报告内部控制重大和重要缺陷的 3.57%。

（2）关于非财务报告内部控制的重大缺陷和重要缺陷。18 家上市公司披露了 26 个非财务报告内部控制重大缺陷；42 家上市公司披露了 67 个非财务报告内部控制重要缺陷；另有 2 家上市公司分别披露存在 1 个和 3 个非财务报告内部控制重要缺陷，但未披露相关内容。从披露的非财务报告内部控制重大缺陷和重要缺陷的内容看，突出表现在以下几个方面：

第一，组织机构方面。包括股东大会或董事会未能正常履行职能；未设置内部审计机构，或者虽然已设立内部审计机构，但未对子公司实施内部审计；部门设置不完整，部分业务无部门负责；未有效控制子公司。这方面的重大和重要的缺陷有 18 个，占全部非财务报告内部控制重大和重要缺陷的 18.56%。

第二，信息与沟通方面。包括企业内部各机构之间、企业与外部监管机构之间缺乏有效的沟通，信息传递不通畅、不及时；企业信息系统缺少数据备份和数据恢复等安全管理机制；未按规定披露股权转让、对外投资、对外担保、重大资产重组、合同履行等重大事项，甚至受到监管部门的处罚。这方面的重大和重要缺陷有 14 个，占全部非财务报告内部控制重大和重要缺陷的 14.43%。

第三，非财务制度建设方面。包括部分业务缺乏制度规范；或者虽然存在相关制度但未得到切实执行。这方面的重大和重要缺陷有8个，占全部非财务报告内部控制重大和重要缺陷的8.25%。

第四，社会责任方面。包括发生了生产安全事故、环境污染事故，未按时发放职工薪酬，未给职工缴纳社会保险。这方面的重大和重要缺陷有7个，占全部非财务报告内部控制重大和重要缺陷的7.22%。

此外，部分上市公司披露内部控制重大缺陷和重要缺陷时，未区分财务报告内部控制和非财务报告内部控制。其中：2家上市公司披露了4个内部控制重大缺陷；1家上市公司披露了1个内部控制重要缺陷；2家上市公司披露存在内部控制重要缺陷，但既未披露数量也未披露内容。

5. 内部控制审计报告

2014年度，共有2 089家上市公司聘请会计师事务所对内部控制的有效性进行审计或者鉴证，占上市公司总数的79.95%。其中，2 079家上市公司披露了内部控制审计或鉴证报告，占上市公司总数的79.56%，较2013年度72.40%的比例有所增加；10家上市公司披露内部控制审计意见，但未披露内部控制审计或鉴证报告。

在实施内部控制审计或者鉴证的2 089家公司中，标准无保留意见2 004家，占比95.93%；非标准意见85家，占比4.07%。其中，带强调事项段和非财务报告重大缺陷的无保留意见57家、否定意见22家、无法表示意见4家、保留意见2家。非标准无保留意见的数量和比例均比去年有所增加（2013年非标准意见59家，占比3.26%）。具体内控审计或鉴证意见类型比例如图2-1所示。

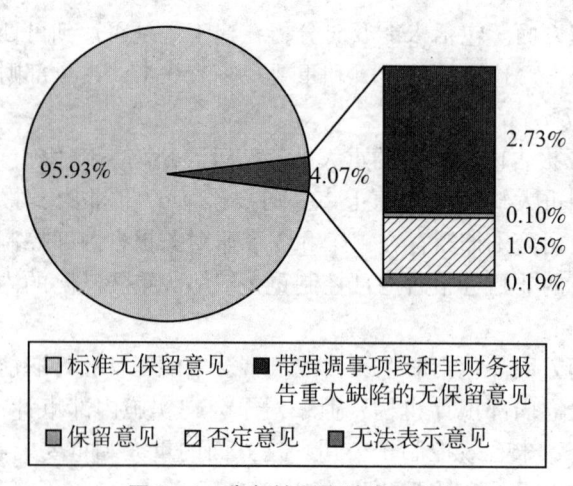

图2-1 内部控制审计意见分布

（二）纳入实施范围上市公司内控规范体系实施情况

根据财政部、证监会《关于主板上市公司分类分批实施企业内部控制规范体系的通知》要求，所有主板上市公司应在披露2014年年报的同时，披露董事会对公司内部控制的自我评价报告以及注册会计师出具的财务报告内部控制审计报告。

截至 2014 年 12 月 31 日,我国主板上市公司共有 1 475 家,全部应纳入实施范围,其中沪市主板上市公司 995 家,深市主板上市公司 480 家。

1. 内部控制评价报告披露情况

2014 年度,纳入实施范围的上市公司中有 1 443 家披露了内部控制评价报告,占纳入实施范围上市公司的 97.83%。其中:沪市主板和深市主板分别有 968 家和 475 家上市公司披露了内部控制评价报告,分别占各板块样本上市公司的 97.29% 和 98.96%。未披露内部控制评价报告的 27 家沪市主板上市公司中,因 IPO 豁免的有 9 家,因重组豁免的有 15 家,剩余的 3 家上市公司均在年度报告中提到已实施内部控制评价,但并未公开披露内部控制评价报告。未披露内部控制评价报告的 5 家深市主板上市公司中,因重组豁免的有 4 家,剩余的 1 家上市公司在监事会公告中提到已实施内部控制评价,但并未公开披露内部控制评价报告。

2. 内部控制评价报告的结论

2014 年度,纳入实施范围的上市公司中内部控制评价结论为整体有效的上市公司共 1 416 家,占纳入实施范围且披露了内部控制评价报告上市公司的 98.13%。内部控制评价结论为非整体有效的上市公司共 27 家,占纳入实施范围且披露了内部控制评价报告上市公司的 1.87%。如表 2-3 所示,在内部控制评价结论为非整体有效的上市公司中,8 家上市公司内部控制评价报告的结论为财务报告内部控制有效、非财务报告内部控制无效;13 家上市公司内部控制评价报告的结论为财务报告内部控制无效、非财务报告内部控制有效;5 家上市公司内部控制评价报告的结论为财务报告内部控制和非财务报告内部控制均无效;1 家上市公司披露内部控制存在重大缺陷,但是未区分财务报告内部控制和非财务报告内部控制。

表 2-3　　　　　　　　　内部控制有效性结论披露情况

内部控制有效性	整体有效	财务报告内部控制有效、非财务报告内部控制无效	财务报告内部控制无效、非财务报告内部控制有效	财务报告内部控制和非财务报告内部控制均无效	内部控制存在重大缺陷但未区分财务报告和非财务报告	总计
公司数量(家)	1 416	8	13	5	1	1 443
占比(%)	98.13	0.55	0.90	0.35	0.07	100

3. 内部控制缺陷的认定标准

2014 年度,在披露内部控制评价报告的 1 443 家上市公司中,1 398 家上市公司披露了内部控制缺陷认定标准。其中:1 374 家披露了财务报告和非财务报告内部控制缺陷认定标准,24 家未区分财务报告和非财务报告披露内部控制缺陷认定标准;45 家未披露内部控制缺陷认定标准。从表 2-4 可以看出,在 2014 年纳入实施范围上市公司数量增加的情况下,内部控制缺陷认定标准披露情况要好于 2013 年。

表2-4 2013~2014年纳入实施范围上市公司内部控制缺陷认定标准披露情况

分类	2013年 家数（家）	2013年 占比（%）	2014年 家数（家）	2014年 占比（%）
区分财务报告和非财务报告披露缺陷认定标准	987	93.82	1 374	95.22
未区分财务报告和非财务报告披露缺陷认定标准	25	2.38	24	1.66
未披露内部控制缺陷认定标准	40	3.80	45	3.12
合计	1 052	100	1 443	100

4. 内部控制缺陷的数量及内容

在纳入实施范围且披露了内部控制评价报告的1 443家上市公司中，408家披露内部控制存在缺陷，占比28.27%。其中：32家披露内部控制存在重大缺陷，40家披露内部控制存在重要缺陷，356家披露内部控制存在一般缺陷；1 035家披露内部控制未存在缺陷，占比71.73%。

（1）关于财务报告内部控制的重大缺陷和重要缺陷，纳入实施范围的21家上市公司披露了56个财务报告内部控制重大缺陷，8家上市公司披露了11个财务报告内部控制重要缺陷，1家上市公司披露存在财务报告内部控制重大和重要缺陷共3个，但未分别披露重大缺陷和重要缺陷的数量。

（2）关于非财务报告内部控制的重大缺陷和重要缺陷，13家上市公司披露了19个非财务报告内部控制重大缺陷，33家上市公司披露了53个非财务报告内部控制重要缺陷，另有1家上市公司披露了1个非财务报告内部控制重要缺陷，但未披露相关内容。

此外，部分上市公司披露内部控制重大缺陷和重要缺陷时并未区分财务报告内部控制和非财务报告内部控制。其中：1家上市公司披露了3个内部控制重大缺陷；1家上市公司披露了1个内部控制重要缺陷；1家上市公司披露存在内部控制重要缺陷，但既未披露数量也未披露相关内容。

5. 内部控制审计报告

在2014年纳入实施范围的1 475家上市公司中，有1 424家上市公司聘请注册会计师开展了内部控制审计或鉴证业务，占纳入实施范围公司的96.54%；51家上市公司未展开内部控制审计业务。其中，因IPO豁免的有26家，因重组豁免的有25家。在进行了内控审计或鉴证的1 424家上市公司中，被出具标准无保留意见的有1 347家（含10家鉴证报告标准无保留意见），占比94.59%；被出具非标准意见的有77家，占比5.41%。在非标准意见中，否定意见20家，带强调事项段的无保留意见53家，无法表示意见4家。具体内控审计或鉴证意见类型比例如图2-2所示。

2014年，共有40家具有证券期货业务资格的会计师事务所为纳入实施范围的上市公司提供了内部控制审计业务。其中，前十大事务所执行内部控制审计业务的上市公司家数占总市场份额的62.07%，内部控制审计业务市场集中度比较高。

在纳入实施范围的1 424家上市公司中，1 389家采用整合审计的方式开展内部控制审计和财务报告审计，占比97.54%，35家单独实施内部控制审计，占比2.46%。

```
     1.40%
94.59%  5.41%  0.28%
           3.72%
■ 标准无保留意见   ■ 带强调事项段的无保留意见
■ 否定意见       ■ 无法表示意见
```

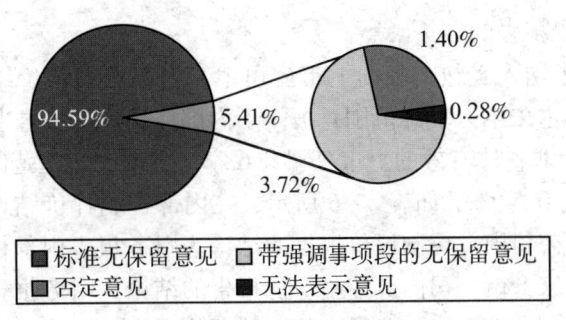

图 2-2　纳入实施范围上市公司内部控制审计意见分布

在纳入实施范围的 1 424 家上市公司中，88 家公司的内部控制审计机构发生了变更，占比 6.18%。其中，有 72 家上市公司基于整合审计的考虑，同步变更了内部控制审计机构和财务报告审计机构。

在纳入实施范围的上市公司中，内部控制审计意见类型基本与财务报告审计意见类型保持一致，具体情况如表 2-5 所示。财务报告被出具非标准无保留意见、同时内部控制被出具非标准无保留意见的公司有 45 家。

表 2-5　纳入实施范围上市公司内部控制审计意见与财务报告审计意见分布情况　单位：家

内控审计	财报审计				
	标准无保留	带强调事项段无保留	保留	无法表示	合计
标准无保留	1 318	24	4	1	1 347
带强调事项段无保留	25	25	2	1	53
否定	7	5	6	2	20
无法表示	0	0	1	3	4
合计	1 350	54	13	7	1 424

在纳入实施范围的 1 424 家上市公司中，单独披露内部控制审计费用的上市公司为 1 201 家，占 84.34%，较上年有所提高。披露内部控制审计费用的 1 201 家公司中，内部控制审计费用的均值为 46.28 万元。根据年报信息显示，内部控制审计费用占审计费用总额的比例平均为 27.79%，低于国际平均水平。

（三）未纳入实施范围上市公司内控规范体系实施情况

1. 内部控制评价报告披露情况

2014 年度，未纳入实施范围的上市公司共 1 138 家。其中，深市中小板上市公司 732 家，深市创业板上市公司 406 家。

2014 年度，在未纳入实施范围的上市公司中，1 128 家上市公司披露了内部控制评价报告，占未纳入实施范围上市公司的 99.12%。其中，深市中小板和创业板分别有 727 家和 401 家上市公司披露了内部控制评价报告，分别占各板块未纳入实施范围上市公司的 99.32% 和 98.77%。

2. 内部控制评价报告的结论

2014年度，在未纳入实施范围的上市公司中，内部控制评价结论为整体有效的上市公司共1 122家，占未纳入实施范围且披露了内部控制评价报告上市公司的99.47%。内部控制评价结论为非整体有效的上市公司共6家，占纳入实施范围且披露了内部控制评价报告上市公司的0.53%。如表2-6所示，在内部控制评价结论为非整体有效的上市公司中，1家上市公司内部控制评价报告的结论为财务报告内部控制有效、非财务报告内部控制无效；3家上市公司内部控制评价报告的结论为财务报告内部控制无效、非财务报告内部控制有效；1家上市公司内部控制评价报告的结论为财务报告内部控制和非财务报告内部控制均无效；1家上市公司披露内部控制存在重大缺陷但是未区分财务报告内部控制和非财务报告内部控制。

表2-6　　　　中小板和创业板上市公司内部控制有效性结论披露情况

内部控制有效性	整体有效	财务报告内部控制有效、非财务报告内部控制无效	财务报告内部控制无效、非财务报告内部控制有效	财务报告内部控制和非财务报告内部控制均无效	内部控制存在重大缺陷但未区分财务报告和非财务报告	总计
公司数量（家）	1 122	1	3	1	1	1 128
占比（%）	99.47	0.09	0.26	0.09	0.09	100

3. 内部控制缺陷的认定标准

2014年，未纳入实施范围（中小板和创业板）且披露内部控制评价报告的1 128家上市公司中，377家上市公司未披露内部控制缺陷认定标准，占比33.42%。从表2-7可以看出，2014年中小板和创业板中未披露内控缺陷认定标准的公司占比为33.42%，相比2013年的39.04%，下降了近6个百分点，说明未纳入实施范围且披露内部控制缺陷认定标准的上市公司在逐年增加；此外，未纳入实施范围且未披露内部控制缺陷认定标准的创业板上市公司比例连续两年明显高于中小板上市公司的比例，说明中小板内部控制缺陷认定标准信息披露的质量高于创业板。

表2-7　　2013年和2014年中小板和创业板内部控制缺陷认定标准披露比较　　单位：%

分类	中小板 2013年	中小板 2014年	创业板 2013年	创业板 2014年	合计 2013年	合计 2014年
区分财告和非财告披露	67.63	74.28	39.44	49.63	59.44	65.51
未区分财告和非财告披露	1.01	1.51	1.13	0.25	1.27	1.06
未披露内控缺陷认定标准	31.37	24.21	59.44	50.12	39.29	33.42

从图2-3可以看出，中小板和创业板中未披露内部控制缺陷认定标准的公司比例

(33.42%) 比纳入实施范围（主板）的公司比例（3.12%）高 30.30%，说明纳入实施范围上市公司内部控制缺陷认定标准信息披露质量高于未纳入实施范围上市公司。

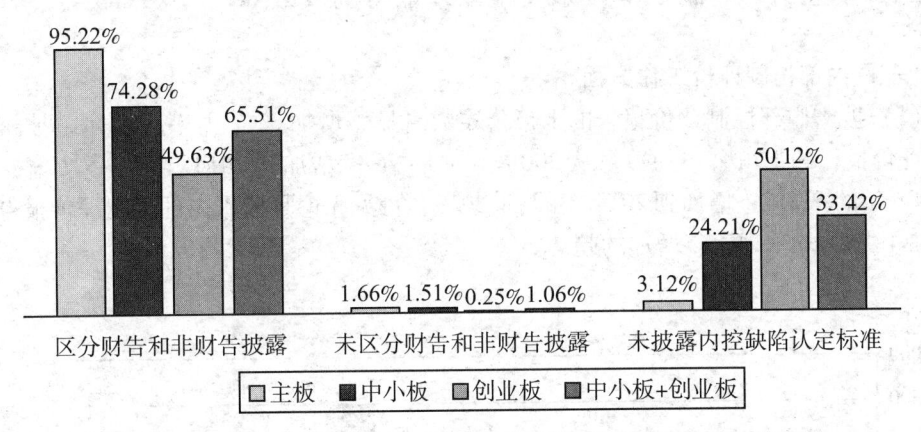

图 2-3 2014 年上市公司内部控制缺陷认定标准按板块分类披露比较

4. 内部控制缺陷的数量及内容

在未纳入实施范围且披露了内部控制评价报告的 1 128 家上市公司中，116 家披露内部控制存在缺陷，占比 10.28%。其中：7 家披露内部控制存在重大缺陷，13 家披露内部控制存在重要缺陷，99 家披露内部控制存在一般缺陷；1 012 家披露内部控制未存在缺陷，占比 89.72%。

（1）关于财务报告内部控制的重大缺陷和重要缺陷。未纳入实施范围的 5 家上市公司披露了 12 个财务报告内部控制重大缺陷，6 家上市公司披露了 7 个财务报告内部控制重要缺陷。

（2）关于非财务报告内部控制的重大缺陷和重要缺陷。2 家上市公司披露了 3 个非财务报告内部控制重大缺陷，6 家上市公司披露了 9 个非财务报告内部控制重要缺陷，另有 1 家上市公司披露了 3 个非财务报告内部控制重要缺陷，但未披露相关内容。

此外，部分上市公司在披露内部控制重大缺陷和重要缺陷时，并未区分财务报告内部控制和非财务报告内部控制。其中：1 家上市公司披露了 1 个内部控制重大缺陷；1 家上市公司披露存在内部控制重要缺陷，但既未披露数量也未披露相关内容。

5. 内部控制审计报告

2014 年，未纳入实施范围的 1 138 家上市公司中，有 665 家披露了内部控制审计或鉴证报告，占比 58.44%，较 2013 年的 51.88% 有所增加。其中：中小板 406 家，占比 55.46%；创业板 259 家，占比 63.79%。

在未纳入实施范围的 1 138 家上市公司中，有 665 家披露了内控审计或鉴证意见。其中，标准无保留意见为 657 家，带强调事项段的无保留意见为 3 家，非财务报告内部控制重大缺陷的无保留意见 1 家，保留意见 2 家，否定意见为 2 家。

在 665 家披露内部控制审计或鉴证意见的上市公司中，645 家未披露内部控制审计费用，仅 20 家单独披露了内部控制审计费用，内部控制审计费用最低为 5 万元，最高为 80 万元，均值为 32.35 万元。

二、企业内部控制规范体系实施以来取得的成效

（一）内部控制评价工作方面

（1）披露内部控制评价报告的上市公司数量显著增加。如图 2-4 所示，披露内部控制评价报告的上市公司的数量从 2008 年的 1 076 家增加到 2014 年的 2 571 家，占比从 2008 年的 67.17% 增加到 2014 年的 98.39%，可见无论是披露内部控制评价报告的数量还是比例，均呈现逐年增加的趋势。

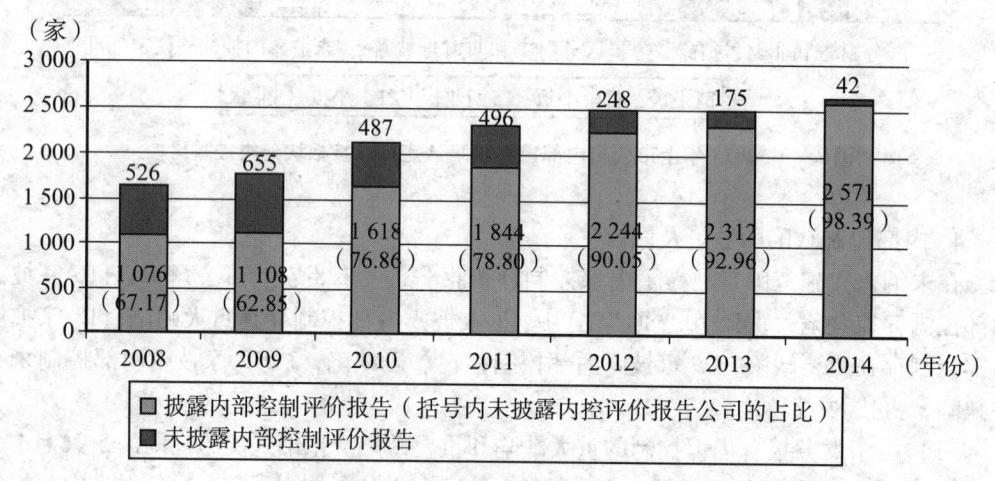

图 2-4　2008~2014 年内部控制评价报告披露情况

（2）内部控制评价报告格式的规范性显著提高。2014 年度，2 063 家上市公司按照规范的格式披露了内部控制评价报告，占披露了内部控制评价报告上市公司的 80.24%，比 2013 年有明显提高。尤其是沪市主板和深市主板上市公司，按照规范格式披露了内部控制评价报告的上市公司数量分别占各板块中披露了内部控制评价报告上市公司的 95.56% 和 84.84%。

（3）内部控制评价报告披露的内容更加全面、准确，披露质量逐年提高。在内部控制缺陷认定标准方面，大部分上市公司不仅区分财务报告和非财务报告披露内部控制缺陷认定标准，还区分定量标准和定性标准、重大缺陷标准和重要缺陷标准。同时，绝大多数上市公司能够分别从财务报告和非财务报告两个方面披露内部控制存在的缺陷，并进行具体解释。

（4）缺陷整改的积极性高。在披露内部控制存在缺陷的上市公司中，绝大部分披露了整改措施，其中相当一部分进行了详细披露，反映出绝大部分上市公司能够积极地改进缺陷。

（二）内部控制审计方面

（1）披露内部控制审计报告的上市公司数量逐年上升。2008~2014 年，聘请会计

师事务所对内部控制有效性进行审计并出具审计报告的上市公司数量从 2008 年的 316 家增加至 2013 年的 1 802 家,并增加到 2014 年的 2 079 家,出具报告比例也相应地从 2008 年的 19.72% 增加至 2013 年的 72.48%,并持续增长到 2014 年的 79.56%(具体数据见图 2-5),披露绝对数以及比例均呈较快上升的趋势。

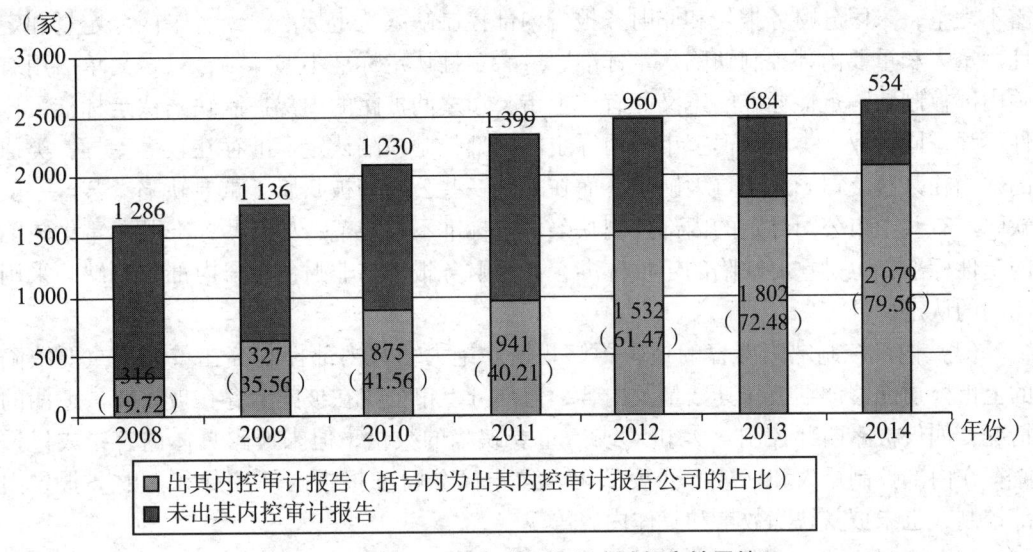

图 2-5 2008~2014 年内部控制审计报告披露情况

(2)非标准审计意见比例有所提高。2014 年进行内部控制审计或者鉴证的 2 089 家公司中,非标准意见 85 家,占比 4.07%,相比于 2013 年,在披露内部控制审计意见的 1 812 家公司中,非标准意见为 59 家,占比 3.25%,非标准意见比例有所提高。

三、企业内部控制规范体系实施中存在的主要问题

(一)内部控制评价报告披露存在的问题

(1)部分上市公司对披露内部控制评价报告重视程度不够。部分上市公司在年度报告中提及已经实施内部控制评价,但未通过指定的公开渠道披露内部控制评价报告。有的上市公司在发布了内部控制评价报告后又发布了补充公告,而且进行了重要修订;个别上市公司还发布了不同版本的内部控制评价报告。部分上市公司披露的内部控制评价报告前后矛盾。例如,某上市公司在内部控制评价报告的第二部分"内部控制评价结论"中披露"根据公司财务报告内部控制重大缺陷的认定情况,于内部控制评价报告基准日,存在财务报告内部控制重大缺陷,董事会认为,公司已按照企业内部控制规范体系和相关规定的要求在所有重大方面保持了有效的财务报告内部控制",而在第三部分的"内部控制缺陷认定及整改情况"中披露"根据上述财务报告内部控制缺陷的认定标准,报告期内未发现公司财务报告内部控制重大缺陷、重要缺陷"。又如,某上市公司在内部控制评价报告的第二部分"内部控制评价结论"中披露"报告期内,公司

对纳入评价范围的业务与事项均建立了部分内部控制,并没有有效执行,未达到公司内部控制目标,发现财务报告和非财务报告相关内部控制存在重大缺陷和重要缺陷",但在第三部分中却披露"根据上述非财务报告内部控制缺陷的认定标准,报告期内未发现公司非财务报告内部控制存在重大缺陷、重要缺陷"。

(2)内部控制缺陷认定标准仍不够恰当。一些上市公司内部控制缺陷认定标准披露不完整,未区分财务报告和非财务报告内部控制缺陷认定标准,或者未区分定量和定性、重大和重要内部控制缺陷认定标准,或者定性认定标准不够详细,只是简单引用有关内部控制缺陷定性标准的定义。有些上市公司之间披露的内部控制缺陷认定标准可比性不强,同行业、类似规模上市公司界定的内部控制缺陷认定标准存在较大差异,类似的缺陷在某些公司归属于重大缺陷,而在另外一些公司却被归属于重要缺陷,甚至一般缺陷。有些上市公司界定的内部控制缺陷认定标准不够规范,如有些标准既是重大缺陷的定性标准,也是重要缺陷的定性标准,甚至财务报告与非财务报告内部控制缺陷采用相同的认定标准。

(3)内部控制缺陷内容的披露不够规范。绝大多数内部控制存在重大和重要缺陷的上市公司能够详细披露其数量及内容,但部分上市公司在披露上存在披露要素遗漏的情况,如仅披露内部控制重大和(或)重要缺陷的数量,但未披露具体内容;或仅披露存在内部控制重大和(或)重要缺陷,但未区分财务报告内部控制和非财务报告内部控制,也未披露缺陷数量和具体内容等。

(4)少数上市公司的重大缺陷没有得到有效整改。在对2013年度和2014年度连续被出具了非标意见类型的内部控制审计报告的分析中,我们发现,个别上市公司2013年度和2014年度连续因同一重大缺陷或重要缺陷被出具了非标意见的内部控制审计报告。

(二)内部控制审计报告披露存在的问题

1. 审计费用披露不规范,审计收费偏低

在纳入实施范围的1 424家上市公司中,15.66%的上市公司未单独披露内部控制审计费用;在未纳入实施范围的1 138家上市公司中,98.25%的上市公司未单独披露内部控制审计费用。另外,某些上市公司的审计师执行内部控制审计费用过低,只有几万元,说明仍然存在内控审计低价竞争的现象。部分内控审计机构和咨询机构低价招揽客户,严重影响了内控审计和咨询服务质量。

2. 会计师事务所未能充分依据企业内部控制规范执行中小板和创业板上市公司内控审计

在对主板上市公司执行内控审计业务时,约98%的会计师事务所依据《企业内部控制审计指引》执行内部控制审计业务,约2%的会计师事务所依据《中国注册会计师其他鉴证业务准则第3101号——历史财务信息审计或审阅外的鉴证业务》执行内部控制审计业务。但具体到中小板和创业板上市公司,约86%的会计师事务所依据《中国注册会计师其他鉴证业务准则第3101号——历史财务信息审计或审阅外的鉴证业务》,约10%的会计师事务所依据《企业内部控制审计指引》,约2%的会计师事务所依据《中国注册会计师审计准则》,约1%的会计师事务所依据《企业内部控制基本规范》和

（或）《深圳证券交易所上市公司内部控制指引》，约 0.3% 的会计师事务所依据《内部控制审核指导意见》。总体来看，主板上市公司内部控制审计业务标准较为统一，而中小板和创业板的内部控制审计业务标准种类繁多，内部控制审计依据的准则不同会导致报告结论的可比性较差，这可能与中小板、创业板上市公司未纳入实施范围有关。

3. 存在的具体问题

（1）在披露内部控制审计报告时，采用的格式和名称不一。内控审计报告使用的名称包括"内部控制审计报告""内部控制鉴证报告""内部控制专项报告""内部控制自我评价报告的审核评价意见"。各类不同的格式以及名称影响了内部控制审计报告的规范性。

（2）尽管内部控制审计非标准意见较往年有所提高，但整体比例仍然偏低。进行内部控制审计或者鉴证的 2 089 家公司中，非标准意见仅 85 家，占比为 4.07%。其中：纳入实施范围的上市公司中，被出具非标准审计意见的占 5.41%；未纳入实施范围的上市公司中，被出具非标准审计意见的仅占 1.2%。

（3）内部控制评价结论与内部控制审计结论不一致。在纳入实施范围的上市公司中，公司内部控制自评有效而被审计师出具否定意见的内控审计报告的上市公司有 2 家，公司内部控制自评有效而被审计师出具无法表示意见的内控审计报告的上市公司有 3 家，公司内部控制自评有效而被审计师出具带强调事项段无保留意见的内控审计报告的上市公司有 53 家。在未纳入实施范围的上市公司中，公司内部控制自评有效而被审计师出具否定意见的内控审计报告的上市公司有 1 家，公司内部控制自评有效而被审计师出具保留意见的内控审计报告的上市公司有 2 家，公司内部控制自评有效而被审计师出具带强调事项段或非财务报告重大缺陷无保留意见的内控审计报告的上市公司有 4 家。

（4）出具意见类型模糊的审计报告。自评报告中披露有财报重大缺陷，但审计师在审计报告中含糊其辞，综合财务报表保留意见和无保留意见特征，出具意见类型不明确的内控审计报告。如某上市公司的内控审计报告意见段披露该上市公司"除《2014 年度内部控制自我评价报告》所述的资产安全管控缺陷外"，"按照财政部等五部委颁发的《企业内部控制基本规范》及相关规定于 2014 年 12 月 31 日在所有重大方面保持了与财务报表相关的有效的内部控制"，但审计报告中无说明段。从审计报告意见段表述及自我评价报告中披露的财务报告重大缺陷情况看，该报告疑似应为否定意见，审计结论是否恰当有待商榷。

（5）内控审计发现的缺陷不全面、不充分。内控审计发现的重大缺陷大多数是已发生损失或事故所反映的内部控制问题，如有些上市公司内控审计报告披露的重大内控缺陷在报告发布之前，已被媒体披露并引起社会的广泛关注，内控审计并未注重执行充分的审计程序去测试内部控制防范事故或损失发生的有效性，或审计师发现了内部控制中存在缺陷，但并未深入地开展评估以判断这些缺陷是否构成重大缺陷。

（6）内控审计报告披露不及时或未披露。有的公司在年报中披露了内部控制审计报告意见段，并注明了内部控制审计报告全文披露日期和披露索引，但无法在既定日期找到内部控制报告。个别上市公司直到 2015 年 6 月份才在其指定载体上披露报告。有的公司在年报中提及内控审计报告结论,但无法找到内部控制审计或鉴证报告。

4. 内控审计意见未能得到及时有效整改

有些公司对注册会计师出具的内控审计意见重视程度不够,内控审计报告中披露的重大、重要缺陷未能得到及时有效整改,甚至少数企业出现因同一原因连续被出具非标准内控审计意见。如某上市公司2013年、2014年因"与控股股东在人员、机构等方面未能实现相互独立,且存在业务同质性"连续被出具带强调事项段无保留意见;某上市公司2013年、2014年因"高管薪酬未经公司董事会确定"连续被出具带强调事项段无保留意见。

四、改进建议

在对2014年我国上市公司内部控制规范体系实施情况进行深入分析的基础上,2014年报告从政府、企业、审计及咨询机构等层面提出相关建议,以更好地推动我国企业内部控制规范体系建设与实施工作。

(一) 政府层面

(1) 调研中小板、创业板内部控制建立和实施情况,完善内部控制信息披露规范。随着中小板、创业板上市公司数量的增加,推动其建立健全内部控制,对于提升我国上市公司质量和风险防范能力具有积极意义。2014年,分别有727家中小板上市公司和401家创业板上市公司披露了内部控制评价报告,但内控评价信息披露不规范、标准不统一的问题较为突出,应结合中小板、创业板特点,适时建立健全相关的内部控制规范及信息披露编报规则。

(2) 研究制定内部控制缺陷认定标准的原则,完善内部控制缺陷内容的披露。可以从财务报告和非财务报告、定量标准和定性标准、重大缺陷、重要缺陷和一般缺陷三个维度统一内部控制缺陷认定标准的原则,同时考虑分行业、分规模设定内部控制缺陷认定标准的原则。另外,从财务报告和非财务报告,重大、重要和一般等维度制定相应的内部控制缺陷内容披露办法,完善内部控制缺陷内容的披露。

(3) 加强对内部控制评价报告、审计报告披露不规范的上市公司和会计师事务所的处罚力度。除了持续监督和指导外,对于不按照要求披露甚至不披露内部控制情况的上市公司及相关责任人,应加大处罚力度,增强法律的震慑力。同时,加强内控审计执业情况检查,从内部控制审计报告披露的格式、审计底稿的规范性及其对审计意见类型的支持程度及对应说明段、事项段的内容等方面加强规范。

(4) 规范内部控制审计费用披露。监管机构应该强化信息披露规则的约束力,督促上市公司按规定要求单独披露内部控制审计费用,同时可以考虑要求上市公司披露内控咨询机构信息及其与审计机构是否为关联方的独立性声明。这便于监管层等利益相关者深入了解上市公司内部控制运行的全面信息,有助于监管层监督内部控制审计收费的合理性,并增强审计师对于上市公司的独立性。

(二) 企业层面

(1) 增强企业管理层对内部控制评价工作的重视。在企业内部深入开展内部控制评价工作，有效发挥内部控制的职能。同时，要加强对企业会计人员内部控制缺陷评价内容和方法的培训，提高会计人员内部控制相关理论知识。

（2）强化审计委员会日常职能履行。推行有效的内部控制是审计委员会帮助企业应对各类可预见的或非可预见的机会和挑战的最佳途径。审计委员会在日常工作中应对以下问题重点予以关注：在公司的控制体系中哪些关键环节会导致重大错报，如何针对这些关键环节去制定审计计划以应对重大错报风险，审计师如何判断这些控制是否可以很好地被执行以防范、发现和纠正潜在重大错报，审计师采用什么方法评估对于非经常性的交易或事项的财务报告内部控制。

（3）加强对内部控制重大、重要缺陷的整改落实。对于企业在内部控制自我评价和注册会计师在内部控制审计过程中发现的内部控制重大、重要缺陷，企业应当及时加以整改，并对整改后的控制措施实施严格的测试，确保整改后控制措施的有效性。此外，企业应当就内部控制重大、重要缺陷及内控审计意见加强与外部审计师的沟通协调，避免内控自我评价报告与内控审计报告结论不一致。

（三）中介机构

（1）增强专业胜任能力，进一步提升服务质量。中介机构要培养合格的内部控制专业人才，努力提高服务质量。会计师事务所应当强化内部控制审计的专业技术培训，并在执业过程中严格按照《中国注册会计师执业准则》《企业内部控制审计指引》展开内部控制审计。

（2）强化独立性要求，公平合理收费。会计师事务所应当杜绝通过低价恶性竞争招揽、保留客户，克服执业短期行为，公允合理定价。同时，严格遵守"不能同时为同一家企业提供内控咨询和审计服务"的独立性要求，维护市场秩序。

第七节 我国上市公司2015年执行企业内部控制规范体系情况分析报告

为了全面、深入了解上市公司执行企业内部控制规范体系情况，财政部、证监会联合山东财经大学，分析了沪深证券交易所上市公司公开披露的2015年年度内部控制评价报告、内部控制审计报告、年度报告等，结合上市公司2011~2014年执行企业内部控制规范体系情况，以及财政部和证监会在推动内部控制规范体系实施和日常监管工作中掌握的有关情况，形成了《我国上市公司2015年执行企业内部控制规范体系情况分析报告》（以下简称"2015年报告"）。

一、2015年我国上市公司执行企业内部控制规范体系基本情况

（一）总体情况

1. 内部控制评价报告披露情况

截至2015年12月31日，沪、深两市上市公司共2 827家。其中，沪市1 081家，

深市1 746家。全部上市公司中,2 678家披露了2015年度内部控制评价报告,占比94.73%;48家因首年上市豁免披露内部控制评价报告,24家因重大资产重组豁免披露内部控制评价报告。

2. 内部控制评价报告的结论

在2 678家已披露2015年度内部控制评价报告的上市公司中,2 649家内部控制评价结论为整体有效,占披露了内部控制评价报告上市公司的98.92%,29家内部控制评价结论为非整体有效,占披露了内部控制评价报告上市公司的1.08%。如表2-8所示,在内部控制评价结论为非整体有效的上市公司中,7家为财务报告内部控制有效、非财务报告内部控制无效[1],16家为财务报告内部控制无效、非财务报告内部控制有效[2],6家为财务报告内部控制和非财务报告内部控制均无效[3]。

表2-8　　　　　　　　　内部控制有效性结论披露情况

内部控制有效性	整体有效	非财务报告内部控制无效、财务报告内部控制有效	财务报告内部控制无效、非财务报告内部控制有效	整体无效	总计
公司数量（家）	2 649	7	16	6	2 678
占比（%）	98.92	0.26	0.6	0.22	100

3. 内部控制缺陷的认定标准

在2 678家已披露2015年度内部控制评价报告的上市公司中,2 638家披露了内部控制缺陷认定标准。其中:2 631家分别披露了财务报告和非财务报告内部控制缺陷认定标准,占比98.24%,比2014年上升了16.05%;仅有7家未区分财务报告和非财务报告披露内部控制缺陷认定标准,占比0.26%,比2014年下降了1.14%。40家上市公司未披露内部控制缺陷认定标准,占比1.50%,比2014年下降了14.91%（如表2-9所示）。这说明在披露内部控制评价报告的上市公司数量不断上升的情况下,2015年内部控制缺陷认定标准的信息披露质量比2014年有一定程度的提高。

---

[1] 分别为*ST川化（000155）、*ST蒙发（000611）、凯迪生态（000939）、华昌化工（002274）、威创股份（002308）、五洲交通（600368）和*ST新梅（600732）。

[2] 分别为深华发A（000020）、烯碳新材（000511）、*ST盈方（000670）、粤传媒（002181）、恒邦股份（002237）、得利斯（002330）、唐人神（002567）、宏磊股份（002647）、金亚科技（300028）、欣泰电气（300372）、京天利（300399）、禾嘉股份（600093）、太化股份（600281）、柳化股份（600423）、秋林集团（600891）和海南橡胶（601118）。

[3] 分别为ST生化（000403）、ST华泽（000693）、中水渔业（000798）、沃森生物（300142）、大有能源（600403）和雪峰科技（603227）。

表 2-9　　　　　　　　2013~2015 年内部控制缺陷认定标准披露情况

分类	2013 年 家数（家）	2013 年 占比（%）	2014 年 家数（家）	2014 年 占比（%）	2015 年 家数（家）	2015 年 占比（%）
区分财务报告和非财务报告披露缺陷认定标准	1 739	75.35	2 113	82.19	2 631	98.24
未区分财务报告和非财务报告披露缺陷认定标准	40	1.73	36	1.40	7	0.26
未披露内部控制缺陷认定标准	529	22.92	422	16.41	40	1.50
合计	2 308	100	2 571	100	2 678	100

4. 内部控制缺陷的数量及内容

在 2 678 家已披露 2015 年度内部控制评价报告的上市公司中，869 家披露内部控制存在缺陷，占比 32.45%。其中：36 家披露内部控制存在重大缺陷，57 家披露内部控制存在重要缺陷，817 家披露内部控制存在一般缺陷；1 809 家披露内部控制未存在缺陷，占比 67.55%。

（1）关于财务报告内部控制的重大缺陷和重要缺陷。26 家上市公司披露了 47 个财务报告内部控制重大缺陷，21 家上市公司披露了 28 个财务报告内部控制重要缺陷，还有 1 家上市公司披露存在财务报告内部控制重要缺陷，但未披露数量和内容。

从财务报告内部控制重大缺陷和重要缺陷的内容上看，关联方交易方面的缺陷有 16 个，占全部财务报告内部控制重大和重要缺陷的 21.33%，主要表现在未能准确识别关联方、未履行关联方交易相关审批手续、未及时披露关联方交易信息等。账务处理方面的缺陷有 11 个，占全部财务报告内部控制重大和重要缺陷的 14.67%，主要表现在收入确认不准确、费用确认跨期、在建工程转固定资产不及时等。销售及收款管理方面的缺陷有 9 个，占全部财务报告内部控制重大和重要缺陷的 12%，主要表现在未对客户资信情况进行有效评估，未及时与客户对账等。资金管理方面的缺陷有 7 个，占全部财务报告内部控制重大和重要缺陷的 9.33%，主要表现在资金支付未履行相关审批手续。信息披露方面的缺陷有 6 个，占全部财务报告内部控制重大和重要缺陷的 8%，主要表现在财务报表因存在重大会计差错而发生报表重述，以及信息披露存在问题被监管部门调查等方面。

（2）关于非财务报告内部控制的重大缺陷和重要缺陷。16 家上市公司披露了 19 个非财务报告内部控制重大缺陷，36 家上市公司披露了 48 个非财务报告内部控制重要缺陷。

从非财务报告内部控制重大缺陷和重要缺陷的内容上看，信息披露方面的缺陷有 10 个，占全部非财务报告内部控制重大和重要缺陷的 14.93%，主要表现在交易信息披露不及时，对外披露信息错误等。销售及收款方面的缺陷有 9 个，占全部非财务报告内部控制重大和重要缺陷的 13.43%，主要表现在销售业务拓展不力、客户审核不当、应收款催收不及时等。公司治理方面的缺陷有 5 个，占全部非财务报告内部控制重大和重要缺陷的7.46%,主要表现在股东大会、董事会未有效开展工作。关联方交易方面的缺陷有5个,占全部非财务报告内部控制重大和重要缺陷的7.46%,主要表现在未有效识别关联方,关联方占用资金等。信息系统方面的缺陷有4个,占全部非财务报告内部控制重大和重要缺陷的5.97%,主要表现在相关人员在系统中的权限设置有问题,系统数据未有效备份,相关数据未及时录入系统等。

此外,3家上市公司披露内部控制重要缺陷时未区分财务报告内部控制和非财务报告内部控制。其中:1家披露了2个重要缺陷,主要内容涉及预算管理和信息系统方面;另外2家分别披露了3个和5个重要缺陷,但均未披露内容。

5. 内部控制审计报告

2015年已上市的2 827家公司中,共有2 297家上市公司聘请会计师事务所对2015年12月31日内部控制的有效性进行审计或者鉴证①,占比81.25%。其中,2 280家上市公司披露了内部控制审计或鉴证报告,占上市公司总数的80.65%,较2014年79.56%的比例有所增加。

进行内部控制审计或者鉴证且列示了审计或鉴证意见的2 296家公司中,标准无保留意见2 191家,占比95.43%;非标准意见105家,占比4.57%。其中,带强调事项段无保留意见75家,非财务报告重大缺陷无保留意见8家,保留意见2家,否定意见20家。具体内部控制审计或鉴证意见类型比例如图2-6所示。

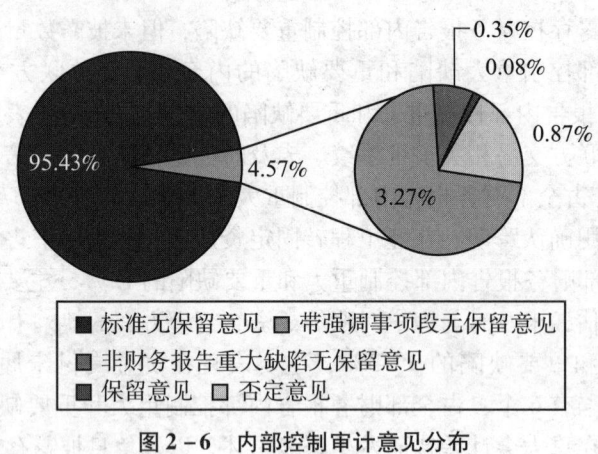

图2-6 内部控制审计意见分布

(二)纳入实施范围上市公司内部控制规范体系执行情况

根据财政部、证监会《关于2012年主板上市公司分类分批实施企业内部控制规范体系的通知》要求,所有主板上市公司自2014年起,应当执行企业内部控制规范体系,并且在披露年报的同时,按照规定的内容和格式,披露董事会对公司内部控制的评价报告以及注册会计师出具的财务报告内部控制审计报告。

截至2015年12月31日,我国主板上市公司共1 559家,全部应纳入实施范围。其

---

① 1家上市公司在年报中明确列示展开了内控审计,但未披露内部控制审计意见。

中，沪市主板1 081家，深市主板478家。

1. 内部控制评价报告披露情况

纳入实施范围上市公司中有1 410家上市公司披露了2015年度内部控制评价报告，占纳入实施范围上市公司的90.44%。其中，沪市主板和深市主板分别有937家和473家上市公司披露了内部控制评价报告，分别占各板块上市公司的86.68%和98.95%。1 401家上市公司按时披露了内部控制评价报告，占纳入实施范围且披露了内部控制评价报告上市公司的99.36%，9家上市公司未按时披露内部控制评价报告，占纳入实施范围且披露了内部控制评价报告上市公司的0.64%。另外，首年上市豁免披露内部控制评价报告的有48家，重大资产重组豁免披露内部控制评价报告的有24家。

2. 内部控制评价报告的结论

纳入实施范围的上市公司中，2015年度内部控制评价报告结论为整体有效的上市公司共1 392家，占纳入实施范围且披露了内部控制评价报告上市公司的98.72%。内部控制评价结论为非整体有效的上市公司共18家，占纳入实施范围且披露了内部控制评价报告上市公司的1.28%。如表2-10所示，在内部控制评价结论为非整体有效的上市公司中，5家为财务报告内部控制有效、非财务报告内部控制无效[1]，8家为财务报告内部控制无效、非财务报告内部控制有效[2]，5家为财务报告内部控制和非财务报告内部控制均无效[3]。

表2-10　　　　　纳入实施范围上市公司内部控制有效性结论披露情况

内部控制 有效性	整体有效	非财务报告内部控制无效、财务报告内部控制有效	财务报告内部控制无效、非财务报告内部控制有效	整体无效	总计
公司数量（家）	1 392	5	8	5	1 410
占比（%）	98.72	0.35	0.58	0.35	100

3. 内部控制缺陷的认定标准

披露了2015年度内部控制评价报告的1 410家上市公司中，1 409家上市公司披露了内部控制缺陷认定标准。其中：1 405家上市公司区分了财务报告和非财务报告内部控制缺陷认定标准，4家上市公司未区分财务报告和非财务报告内部控制缺陷认定标准；仅1家上市公司未披露内部控制缺陷认定标准。从表2-11可以看出，内部控制缺陷认定标准披露质量逐年提高。

---

[1] 分别为*ST川化（000155）、*ST蒙发（000611）、凯迪生态（000939）、五洲交通（600368）和*ST新梅（600732）。

[2] 分别为深华发A（000020）、烯碳新材（000511）、*ST盈方（000670）、禾嘉股份（600093）、太化股份（600281）、柳化股份（600423）、秋林集团（600891）和海南橡胶（601118）。

[3] 分别为ST生化（000403）、ST华泽（000693）、中水渔业（000798）、大有能源（600403）和雪峰科技（603227）。

表2-11　　2013~2015纳入实施范围上市公司内部控制缺陷认定标准披露情况

分类	2013年 家数（家）	2013年 占比（%）	2014年 家数（家）	2014年 占比（%）	2015年 家数（家）	2015年 占比（%）
区分财务报告和非财务报告缺陷认定标准	987	93.82	1 374	95.22	1 405	99.65
未区分财务报告和非财务报告缺陷认定标准	25	2.38	24	1.66	4	0.28
未披露内部控制缺陷认定标准	40	3.80	45	3.12	1	0.07
合计	1 052	100	1 443	100	1 410	100

4. 内部控制缺陷的数量及内容

在纳入实施范围且披露了内部控制评价报告的1 410家上市公司中，666家上市公司披露内部控制存在缺陷，占比47.23%。其中：22家上市公司披露内部控制存在重大缺陷，46家上市公司披露内部控制存在重要缺陷，635家上市公司披露内部控制存在一般缺陷；744家上市公司披露内部控制未存在缺陷，占比52.77%。

（1）关于财务报告内部控制的重大缺陷和重要缺陷，14家上市公司披露了31个财务报告内部控制重大缺陷，17家上市公司披露了21个财务报告内部控制重要缺陷。

（2）关于非财务报告内部控制的重大缺陷和重要缺陷，13家上市公司披露了16个非财务报告内部控制重大缺陷，31家上市公司披露了41个非财务报告内部控制重要缺陷。

此外，2家上市公司分别披露存在3个和5个内部控制重要缺陷，但未区分财务报告内部控制和非财务报告内部控制，也未披露内容。

5. 内部控制审计报告

在2015年纳入实施范围的1 559家上市公司中，有1 479家上市公司实施了内部控制审计[①]，占纳入实施范围上市公司的94.87%。80家上市公司未开展内部控制审计业务，其中，首年上市豁免的有55家，重组豁免的有25家。另外，有1家公司未披露内控审计报告和审计意见。在进行内部控制审计且披露了审计意见的1 478家公司中，标准无保留意见1 385家，占比93.71%；非标准意见93家，占比6.29%。其中，带强调事项段无保留意见69家[②]，存在非财务报告重大缺陷的无保留意见8家，否定意见16家[③]。具体内部控制审计类型比例如图2-7所示。

[①] 中安消（600654）、佳都科技（600728）和思维列控（603508）3家上市公司开展了内部控制鉴证业务，披露了内部控制鉴证报告。

[②] 匹凸匹（600696）被出具带"强调事项段无保留+非财务报告重大缺陷"意见，柳钢股份（601003）在年报中披露了内部控制审计意见，但未能在相关网站上找到内部控制审计报告。

[③] ST生化（000403）、ST华泽（000693）、中水渔业（000798）、大有能源（600403）、退市博元（600656）和雪峰科技（603227）被出具"否定+非财务报告重大缺陷"意见。

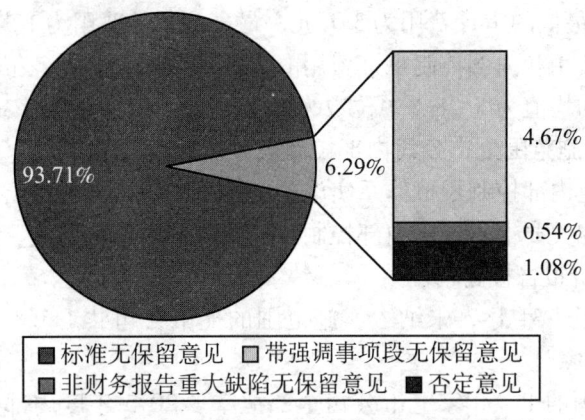

图 2-7 纳入实施范围上市公司内部控制审计意见分布

共有 40 家具有证券期货业务资格的会计师事务所为纳入实施范围的上市公司提供了内部控制审计业务。其中,前十大事务所执行内部控制审计业务的上市公司家数占总市场份额的 66.46%,内部控制审计业务市场集中度较高。

进行了内部控制审计的 1 479 家上市公司中,1 445 家采用整合审计的方式开展内部控制审计和财务报表审计,占比 97.7%,34 家单独实施内部控制审计,占比 2.3%。

进行了内部控制审计的 1 479 家上市公司中,118 家公司的内部控制审计机构发生了变更,占比 7.98%。其中,102 家上市公司基于整合审计的考虑,同步变更了内部控制审计机构和财务报告审计机构。

在 2015 年纳入实施范围的上市公司中,内部控制审计意见类型基本与财务报表审计意见类型保持一致,具体情况见如表 2-12 所示。进行内部控制审计且列示了审计意见的 1 478 家公司中,内部控制被出具非标准意见、同时财务报表被出具非标准意见的公司有 38 家。

表 2-12 纳入实施范围上市公司内部控制审计意见与财务报表审计意见分布情况　单位:家

内部控制审计	财务报告审计				
	标准无保留	带强调事项段无保留	保留	无法表示	合计
标准无保留	1 347	36	2	0	1 385
带强调事项段无保留	46	21	1	1	69
非财务报告重大缺陷无保留	4	2	2	0	8
否定	5	4	4	3	16
合计	1 402	63	9	4	1 478

进行了内部控制审计或鉴证的 1 479 家上市公司中,在年报中单独披露了内部控制审计费用的上市公司为 1 286 家,占 86.95%。剔除披露数据的特殊或者极端情形,正常披露内部控制审计费用的 1 280 家公司中,内部控制审计费用的均值为 45.17 万元,

中位数为 30 万元。最低的审计费用为 3 万元,最高的审计费用为 1 575 万元。就同时披露了财务报告审计费用和内部控制审计费用的上市公司而言,财务报告审计费用与内部控制审计费用比值的均值为 3.28,中位数为 2.75,最小值为 0.8①,最大值为 39②。

(三) 未纳入实施范围上市公司内部控制规范体系执行情况

对于未纳入企业内部控制规范体系实施范围的中小板、创业板上市公司,需要根据深圳证券交易所的相关要求,披露内部控制评价报告和内部审计或鉴证报告。

1. 内部控制评价报告披露情况

截至 2015 年 12 月 31 日,未纳入实施范围的上市公司共 1 268 家。其中,中小板 776 家,创业板 492 家。

未纳入实施范围的 1 268 家上市公司全部披露了 2015 年度内部控制评价报告。其中,1 266 家上市公司按时披露了内部控制评价报告,占未纳入实施范围的上市公司的 99.84%,2 家上市公司未按时披露内部控制评价报告,占未纳入实施范围的上市公司的 0.16%。

2. 内部控制评价报告的结论

未纳入实施范围的上市公司 2015 年度内部控制评价结论为整体有效的有 1 257 家,占未纳入实施范围且披露了内部控制评价报告上市公司的 99.13%。内部控制评价结论为非整体有效的上市公司共有 11 家,占未纳入实施范围且披露了内部控制评价报告上市公司的 0.87%。如表 2-13 所示,在内部控制评价结论为非整体有效的上市公司中,2 家为财务报告内部控制有效、非财务报告内部控制无效③,8 家为财务报告内部控制无效、非财务报告内部控制有效④,1 家为财务报告内部控制和非财务报告内部控制均无效⑤。

表 2-13　未纳入实施范围上市公司内部控制有效性结论披露情况

内部控制有效性	整体有效	财务报告内部控制有效、非财务报告内部控制无效	财务报告内部控制无效、非财务报告内部控制有效	整体无效	总计
公司数量(家)	1 257	2	8	1	1 268
占比(%)	99.13	0.16	0.63	0.08	100

3. 内部控制缺陷的认定标准

未纳入实施范围的 1 268 家中小板和创业板上市公司中,39 家未在 2015 年度内部

---

① 辅仁药业(600781)的财务报告审计费用为 40 万元,内部控制审计费用为 50 万元。
② 新安股份(600596)的财务报告审计费用为 195 万元,内部控制审计费用为 5 万元。
③ 分别为华昌化工(002274)和威创股份(002308)。
④ 分别为粤传媒(002181)、恒邦股份(002237)、得利斯(002330)、唐人神(002567)、宏磊股份(002647)、金亚科技(300028)、欣泰电气(300372)和京天利(300399)。
⑤ 沃森生物(300142)。

控制评价报告中披露内部控制缺陷认定标准，占比 3.08%。从表 2-14 可以看出，2015 年度内部控制评价报告中，中小板和创业板未披露内部控制缺陷认定标准的上市公司占比（3.08%）比 2014 年（33.42%）和 2013 年（39.29%）分别下降了 30.34% 和 36.21%。披露内部控制缺陷认定标准的中小板和创业板上市公司数量显著增加。

表 2-14　　2013~2015 年中小板和创业板内部控制缺陷认定标准披露比较　　单位：%

分类	中小板 2013 年	中小板 2014 年	中小板 2015 年	创业板 2013 年	创业板 2014 年	创业板 2015 年	合计 2013 年	合计 2014 年	合计 2015 年
区分财告和非财告披露	67.63	74.28	97.94	39.44	49.63	94.72	59.44	65.51	96.68
未区分财告和非财告披露	1.01	1.51	0.26	1.13	0.25	0.20	1.27	1.06	0.24
未披露内部控制缺陷认定标准	31.37	24.21	1.80	59.44	50.12	5.08	39.29	33.42	3.08

从表 2-11 和表 2-14 可以看出，中小板和创业板上市公司在 2015 年度内部控制评价报告中未披露内部控制缺陷认定标准的比例（3.08%）比主板上市公司的比例（0.07%）高出 3.01 个百分点；中小板和创业板上市公司在 2014 年度内部控制评价报告中未披露内部控制缺陷认定标准的比例（33.42%）比主板上市公司的比例（3.12%）高出 30.3 个百分点。中小板和创业板上市公司披露内部控制缺陷认定标准的情况显著改善，与主板上市公司的差距明显缩小。

4. 内部控制缺陷的数量及内容

在未纳入实施范围且披露了 2015 年度内部控制评价报告的 1 268 家上市公司中，1 065 家上市公司披露内部控制未存在缺陷，占比 83.99%。203 家上市公司披露内部控制存在缺陷，占比 16.01%。其中，14 家上市公司披露内部控制存在重大缺陷，11 家上市公司披露内部控制存在重要缺陷，182 家上市公司披露内部控制存在一般缺陷。

（1）关于财务报告内部控制的重大缺陷和重要缺陷。未纳入实施范围的 12 家上市公司披露了 16 个财务报告内部控制重大缺陷，4 家上市公司披露了 7 个财务报告内部控制重要缺陷，另有 1 家上市公司披露存在财务报告内部控制重要缺陷，但既未披露数量也未披露内容。

（2）关于非财务报告内部控制的重大缺陷和重要缺陷。3 家上市公司披露了 3 个非财务报告内部控制重大缺陷，5 家上市公司披露了 7 个非财务报告内部控制重要缺陷。此外，1 家上市公司披露存在 2 个内部控制重要缺陷，但并未区分财务报告内部控制和非财务报告内部控制。

5. 内部控制审计报告

在 2015 年未纳入实施范围的 1 268 家上市公司中，有 818 家披露了内部控制审计或鉴证报告，占比 64.51%，较 2014 年的 58.44% 有所增加。其中，标准无保留意见为

806 家，带强调事项段无保留意见为 6 家，保留意见为 2 家，否定意见为 4 家。具体内部控制审计类型比例如图 2-8 所示。

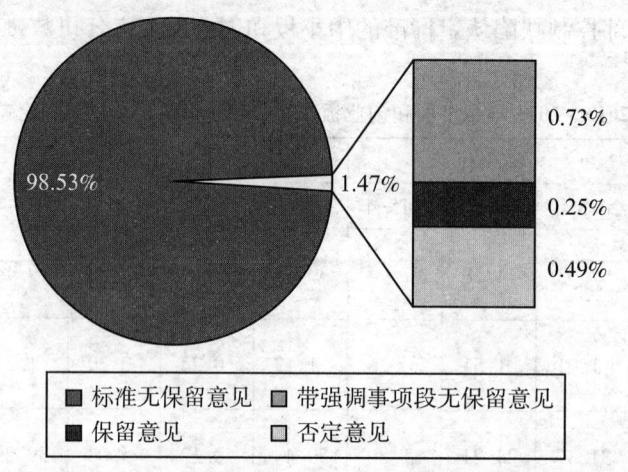

图 2-8 未纳入实施范围上市公司内部控制审计意见分布

在 818 家披露内部控制审计或鉴证意见的上市公司中，775 家未披露内部控制审计或内部控制鉴证费用，仅 43 家单独披露了内部控制审计或内部控制鉴证费用，内部控制审计或内部控制鉴证费用的均值为 29.62 万元，中位数为 20 万元。其中，最低的审计费用为 3 万元，最高的审计费用为 250 万元。就同时披露了财务报告审计费用和内部控制审计或内部控制鉴证费用的公司而言，财务报告审计费用与内部控制审计或内部控制鉴证费用比值的均值为 4.86，中位数为 4，最小值为 1.67[①]，最大值为 14.68[②]。

二、企业内部控制规范体系执行中存在的主要问题

（一）内部控制评价报告披露存在的问题

1. 部分上市公司对披露内部控制评价报告重视程度不够

主要表现在以下五个方面：

（1）11 家上市公司未按照规定的时间及时披露内部控制评价报告，部分上市公司 2014 年和 2015 年的内部控制评价报告连续两年未按照规定时间披露。

（2）部分上市公司在发布了内部控制评价报告后又发布了补充公告，进行了重要修订。例如，某上市公司在 2016 年 5 月 12 日披露的内部控制评价报告中披露"财务报告内部控制不存在重大缺陷，财务报告内部控制有效"，但是在 2016 年 5 月 27 日进行了修订，披露"财务报告内部控制存在重大缺陷，财务报告内部控制无效"。某上市公司在 2016 年 4 月 27 日披露的内部控制评价报告中披露"根据公司非财务报告内部控制

[①] 森源电气（002358）的财务报告审计费用为 50 万元，内部控制审计费用为 30 万元。
[②] 金风科技（002202）的财务报告审计费用为 692.77 万元，内部控制审计费用为 47.17 万元。

重大缺陷及重要缺陷认定情况,于内部控制评价报告基准日,公司发现 2 个非财务报告内部控制重大缺陷或重要缺陷",但是在 2016 年 5 月 16 日进行了修订,披露"根据公司非财务报告内部控制重大缺陷及重要缺陷认定情况,于内部控制评价报告基准日,公司发现 2 个非财务报告内部控制重大缺陷"。某上市公司在 2016 年 3 月 31 日披露了内部控制评价报告,但是在 2016 年 5 月 11 日进行了修订,删除了 1 个财务报告内部控制一般缺陷和 4 个非财务报告内部控制一般缺陷。

(3) 内部控制评价报告的格式不规范。96.52% 的纳入实施范围的上市公司能够按照《公开发行证券的公司信息披露编报规则第 21 号——年度内部控制评价报告的一般规定》的要求披露内部控制评价报告。最常见的问题是部分上市公司披露的内部控制评价报告要素缺失,如缺少内部控制评价报告的收件人、内部控制评价基准日、纳入评价范围的单位资产总额占比与营业收入占比、重要声明、非财务报告内部控制缺陷的结论、评价范围、缺陷认定标准、内部控制评价报告的出具日、公司名章、相关重大事项说明段落等。

(4) 部分上市公司披露的内部控制评价报告前后矛盾。某上市公司在内部控制评价报告的第二部分"内部控制评价结论"中披露"根据公司非财务报告内部控制重大缺陷认定标准,于内部控制评价报告基准日,公司发现 1 个非财务报告内部控制重大缺陷",而在第三部分的"内部控制缺陷认定及整改情况"中披露"根据上述非财务报告内部控制缺陷的认定标准,报告期内公司不存在非财务报告内部控制重大缺陷、重要缺陷"。某上市公司在内部控制评价报告的第二部分"内部控制评价结论"中披露存在 2 个重大缺陷,但是在"内部控制缺陷认定及整改情况"中披露要对查出的 5 个重大缺陷进行全面整改。

2. 内部控制缺陷认定标准仍不够恰当

具体如表 2-15 所示,一些上市公司内部控制缺陷认定标准披露不完整,尤其是定性认定标准,仍有一部分上市公司内部控制缺陷定性标准只是直接引用 21 号文中内部控制缺陷定性标准定义。中小板和创业板上市公司非财务报告内部控制缺陷定性标准不够详细的比例较主板上市公司高出 15.54 个百分点。

表 2-15　　2014 年和 2015 年主板与中小板和创业板上市公司内部控制
缺陷认定标准披露情况比较

分类	主板 2014 年 家数(家)	主板 2014 年 占比(%)	主板 2015 年 家数(家)	主板 2015 年 占比(%)	中小板+创业板 2014 年 家数(家)	中小板+创业板 2014 年 占比(%)	中小板+创业板 2015 年 家数(家)	中小板+创业板 2015 年 占比(%)
财务报告未区分定量和定性标准	41	2.98	9	0.64	18	2.44	4	0.33
非财务报告未区分定量和定性标准	102	7.42	29	2.06	41	5.55	17	1.39

续表

分类	主板 2014年 家数(家)	主板 2014年 占比(%)	主板 2015年 家数(家)	主板 2015年 占比(%)	中小板+创业板 2014年 家数(家)	中小板+创业板 2014年 占比(%)	中小板+创业板 2015年 家数(家)	中小板+创业板 2015年 占比(%)
财务报告未区分重大和重要标准	53	3.86	16	1.14	8	1.08	23	1.88
非财务报告未区分重大和重要标准	60	4.37	16	1.14	8	1.08	30	2.45
财务报告定性标准不够详细	120	8.73	101	7.19	30	4.06	45	3.67
非财务报告定性标准不够详细	134	9.75	137	9.75	216	29.23	310	25.29

上市公司之间披露的内部控制缺陷定性标准可比性不强，同行业、类似规模上市公司界定的内部控制缺陷定性标准存在较大差异。相当数量的上市公司内部控制缺陷定性认定标准仅详细列出了重大缺陷，并没有列出重要缺陷和一般缺陷。有些上市公司没有在内部控制评价报告中披露内部控制缺陷认定标准而在年报中披露，还有些上市公司在内部控制评价报告中披露的内部控制缺陷认定标准与年报披露的不一致。

3. 内部控制缺陷内容的披露不够规范

个别上市公司没有详细披露内部控制重大缺陷和重要缺陷的数量和内容。例如，某上市公司披露存在财务报告内部控制重要缺陷，但既不披露数量也不披露内容；某些上市公司披露存在内部控制重要缺陷，但只披露数量，既不区分财务报告内部控制和非财务报告内部控制，也不披露内容。

（二）内部控制审计报告披露存在的问题

1. 内部控制审计结论中的非标准审计意见比例较低

进行内部控制审计或者鉴证且列示了审计意见的2 296家上市公司中，被出具非标准审计意见的占4.57%，与2014年的4.07%基本持平。纳入实施范围的上市公司中，被出具非标准审计意见的占6.29%。其中，否定意见比例为1.08%；未纳入实施范围的上市公司中，被出具非标准审计意见的仅占1.47%，其中，否定意见比例为0.49%。

事实上，部分注册会计师存在"避重就轻"，刻意调节、出具较好审计意见的倾向，人为地降低了非标准审计意见（尤其是否定意见）的比例。一是上市公司披露的内部控制评价报告要素缺失，注册会计师应当在内部控制审计报告中增加强调事项段，但没有一家上市公司由于内部控制评价报告要素列报不完整或不恰当被出具带强调事项段的内部控制审计报告。二是上市公司当期财务报表出现重大错报，而上市公司内部控制在运行过程中未能发现该错报，或上市公司关键管理人员的舞弊，或上市公司审计委员会和内部审计机构对内部控制的监督无效等，均为内部控制存在重大缺陷的迹象，注册会计师应当考虑发表否定意见的内部控制审计报告，但是，部分注册会计师对存在重大缺陷迹象的事项，仅以强调事项段描述以代替出具否定意见的内部控制审计报告。

2. 内部控制评价结果与内部控制审计结果不一致

纳入实施范围的上市公司中，内部控制评价有效而被注册会计师出具否定审计意见的上市公司有3家，内部控制评价有效而被注册会计师出具非财务报告重大缺陷无保留意见的上市公司有5家，内部控制评价有效而被注册会计师出具带强调事项段无保留意见的上市公司有65家。未纳入实施范围的上市公司中，内部控制评价有效而被注册会计师出具否定意见的上市公司有1家，内部控制评价有效而被注册会计师出具保留意见的上市公司有1家。

3. 部分非标内部控制审计报告与《企业内部控制审计指引》的要求不符

根据《企业内部控制审计指引》，没有保留意见的内部控制审计意见类型，但2家会计师事务所为其客户出具了保留意见的内部控制审计报告。4家上市公司的非财务报告内部控制重大缺陷披露笼统、含糊，未按要求披露缺陷的性质及其对实现相关控制目标的影响程度；7家上市公司内部控制审计报告将可能存在的非财务报告内部控制重大或重要缺陷在强调事项段中披露，混淆非财务报告内部控制重大缺陷描述段与强调事项段。

4. 不披露内部控制审计报告全文

11家主板上市公司在年报中披露了内部控制审计报告意见段或在年报中提及内部控制审计报告结论，并注明了内部控制审计报告全文披露日期和披露索引，但在其公开披露的资料中无法找到其内部控制审计报告。

（三）其他存在的问题

（1）重大及重要缺陷的整改不力，部分上市公司的重大缺陷没有得到有效整改。披露存在重大和重要内部控制缺陷的上市公司中，只有52.81%的上市公司能够全部整改完毕。另外，1家上市公司自2013年起连续三年非财务报告内部控制存在同样的重要缺陷且未得到整改；4家上市公司自2014年起连续两年财务报告内部控制存在同样的重大或重要缺陷且未得到整改；7家上市公司自2014年起连续两年非财务报告内部控制存在同样的重大或重要缺陷且未得到整改。

（2）审计费用披露不规范。2015年度纳入实施范围且实施了内部控制审计的1 479家上市公司中，13.05%的上市公司未单独披露内部控制审计费用；已在年报中单独披露内部控制审计费用的上市公司中，也存在披露不规范的情况。比如，4家上市公司披露的内部控制审计费用为零元，2家上市公司以费用区间的形式进行了披露，如内部控制审计费用小于等于130万元，或者内部控制审计费用不超过25万元，2家上市公司披露的内部控制审计费用仅为65元和120元[①]。在未纳入实施范围且披露了内部控制审计或鉴证报告的818家上市公司中，94.74%的上市公司未单独披露内部控制审计费用。

---

① 本报告将内部控制审计费用65元和120元认定为披露不规范情形，在前文展开的内部控制审计费用数据分析中，未将其纳入分析范围。

三、有关建议

在对2015年我国上市公司内部控制规范体系执行情况进行深入分析的基础上，2015年报告从政府、企业、审计及咨询机构等层面提出相关建议，以更好地推动我国企业内部控制规范体系建立与实施工作。

（一）政府层面

（1）加强内部控制相关法制建设。推动修订《会计法》等相关法律法规，明确要求企业建立健全内部控制，明确董事会、监事会和经理层在企业内部控制建设方面和注册会计师在内部控制审计方面的法律责任，以及相关的违法处罚标准。

（2）提高对财务报告内部控制的信息披露质量的关注度。建议政府部门针对资本市场普遍关注的财务报告信息，改进和细化内部控制信息披露标准和注册会计师对财务报告内部控制的审计标准，提升内部控制评价报告和审计报告的真实性及有效性，促进财务报告信息的真实完整。

（3）加强对上市公司及内部控制审计机构的监管。建议加强内部控制信息披露日常监管力度，强化内控信息披露的法律责任，加大对隐瞒、虚假披露内部控制信息的上市公司的处罚力度，督促上市公司按照规定的要求披露内部控制信息；加强审计执业情况检查，从内部控制审计过程、内部控制审计质量、内部控制审计报告披露的格式、审计意见类型决策及对应说明段、事项段的内容等方面加强监管。

（二）企业层面

（1）强化企业治理层在内部控制体系中的监督作用。充分发挥企业治理层对内部控制的建立与实施情况的监督作用，及时掌握内部控制重大缺陷或其他相关的重要信息，督促管理层完成缺陷整改工作。其中，审计委员会应严格履行其审查企业内部控制，监督内部控制的有效实施和内部控制的评价情况的职能，企业应从选聘、履职和问题追责等方面全方位支持并保障审计委员会工作的正常开展。

（2）提高对内部控制工作的重视程度。企业治理层要深刻认识到开展内部控制工作的重要性，尤其要充分认识到内部控制对企业防范风险、提升管理水平等方面的作用，避免出现企业开展内部控制体系建设"走形式、走过场"的做法，并积极主动地对内部控制建设及评价工作进行统一领导和协调，推动内部控制功效的有效发挥。同时，企业要加强内部控制理论和实践的培训，持续提高相关人员职业胜任能力。

（3）加强对内部控制重大、重要缺陷的整改落实，规范对内部控制缺陷的披露，并持续细化财务报告内部控制相关信息的披露内容。对于企业内部控制评价和注册会计师内部控制审计过程中发现的内部控制重大、重要缺陷，企业应当提高重视程度、及时加以整改，并对整改后的控制措施实施严格测试，确保整改后控制措施有效。企业应当进一步规范内部控制缺陷披露，正式披露前参考《公开发行证券的公司信息披露编报规则第21号——年度内部控制评价报告的一般规定》的要求进行审核，并就内部控制重大、重要缺陷及内部控制审计意见积极与注册会计师沟通协调，使企业内部控制评价报告结论与注册会计师内部控制审计报告结论尽可能一致。企业还应在有效区分财务报告内部控制缺陷和非财务报告内部控制缺陷的基础上，更有针对性地细化财务报告内部控制相关信息的披露内容，提高财务报告披露信息的有效性，为报告使用者提供更具有实际参考价值的财务报告披露信息。

（三）中介机构

（1）切实增强开展内部控制审计业务的注册会计师的专业胜任能力。注册会计师应当强化内部控制审计的专业技术培训，并在执业过程中严格按照《中国注册会计师执业准则》《企业内部控制审计指引》开展内部控制审计。注册会计师不得在缺乏充分审计证据的情况下，直接假定上市公司其他部分（某些子公司、流程或交易）已经执行与已审计的部分类似的内部控制且运行有效，从而导致对这些部分财务报告内部控制审计工作的不足。

（2）提升服务质量，积极引导上市公司的内部控制建设和内部控制评价的披露工作。中介机构要培养合格的内部控制专业人才，努力提高服务质量，协助上市公司完善内部控制，做好内部控制建设、内部控制评价及整改工作；审计机构要努力提高内部控制审计报告质量，特别是对于出具否定意见的内部控制审计报告，应按照内部控制审计报告的要求，对财务报告重大缺陷的性质及影响程度进行详细披露，以免造成报告使用者的误判。

第八节 我国上市公司2016年执行企业内部控制规范体系情况分析报告

为了全面、深入了解我国上市公司执行企业内部控制规范体系情况，财政部、证监会联合山东财经大学，跟踪分析了沪深证券交易所上市公司公开披露的2016年度内部控制评价报告、内部控制审计报告、年度报告等公开资料，结合我国上市公司2011~2015年执行企业内部控制规范体系情况，以及财政部和证监会在推动企业内部控制规范体系实施和日常监管工作中掌握的有关情况，形成了《我国上市公司2016年执行企业内部控制规范体系情况分析报告》（以下简称"2016年报告"）。

一、2016年我国上市公司执行企业内部控制规范体系基本情况

（一）总体情况

2016年报告首先介绍了我国上市公司执行企业内部控制规范体系的总体情况，然后分别介绍了纳入实施范围和未纳入实施范围的上市公司执行企业内部控制规范体系的情况。考虑到我国金融行业在加强风险管控背景下暴露出的一些内部控制问题以及ST类上市公司内部控制方面存在的突出问题，本报告还专门对上述两类上市公司执行企业内部控制规范体系的情况进行了分析。

1. 内部控制评价报告披露情况

截至2016年12月31日，沪、深证券交易所共有上市公司3 050家（不包括2017

年1月退市因此未披露内部控制报告的2家上市公司）。其中，沪市上市公司1 181家，深市上市公司1 869家。

2016年，2 930家上市公司披露了内部控制评价报告，占全部上市公司的96.07%。其中，沪市主板、深市主板、深市中小板和深市创业板分别有1 067家、471家、822家和570家上市公司披露了内部控制评价报告，分别占各板块上市公司的90.35%、98.74%、100%和100%。120家上市公司未披露内部控制评价报告，占全部上市公司的3.93%。其中，有80家因首年上市豁免披露，有19家因重大资产重组豁免披露，其余21家未在指定网站公开披露。

2. 内部控制评价报告的结论

2016年，在2 930家披露了内部控制评价报告的上市公司中，2 898家内部控制评价结论为整体有效，占比98.91%，32家内部控制评价结论为非整体有效，占比1.09%。如表2-16所示，在内部控制评价结论为非整体有效的上市公司中，10家为非财务报告内部控制无效、财务报告内部控制有效，18家为财务报告内部控制无效、非财务报告内部控制有效，4家为财务报告内部控制和非财务报告内部控制均无效。

表2-16　　　　　　　　　　内部控制有效性结论披露情况

内部控制有效性	整体有效	非财务报告内部控制无效、财务报告内部控制有效	财务报告内部控制无效、非财务报告内部控制有效	整体无效	总计
公司数量（家）	2 898	10	18	4	2 930
占比（%）	98.91	0.34	0.61	0.14	100

3. 内部控制缺陷的认定标准

2016年，在2 930家披露内部控制评价报告的上市公司中，2 874家披露了内部控制缺陷认定标准。其中：2 868家分别披露了财务报告和非财务报告内部控制缺陷认定标准，占比97.89%，比2015年下降了0.35%；仅有6家未区分财务报告和非财务报告披露内部控制缺陷认定标准，占比0.20%，比2015年下降了0.06%。56家未披露内部控制缺陷认定标准，占比1.91%，比2015年上升0.41%。如表2-17所示，2013~2016年披露内部控制缺陷认定标准的上市公司的数量和占比不断上升，绝大多数披露内部控制评价报告的上市公司都能披露内部控制缺陷认定标准。

表2-17　　　　　　2013~2016年内部控制缺陷认定标准披露情况

分类	2013年 家数（家）	2013年 占比（%）	2014年 家数（家）	2014年 占比（%）	2015年 家数（家）	2015年 占比（%）	2016年 家数（家）	2016年 占比（%）
区分财报和非财报披露	1 739	75.35	2 113	82.19	2 631	98.24	2 868	97.89

续表

分类	2013年 家数（家）	2013年 占比（%）	2014年 家数（家）	2014年 占比（%）	2015年 家数（家）	2015年 占比（%）	2016年 家数（家）	2016年 占比（%）
未区分财报和非财报披露	40	1.73	36	1.40	7	0.26	6	0.20
未披露	529	22.92	422	16.41	40	1.50	56	1.91
合计	2 308	100	2 571	100	2 678	100	2 930	100

4. 内部控制缺陷的数量及内容

除2 930家上市公司披露内部控制评价报告外，还有1家上市公司虽然没有披露内部控制评价报告，但是在年报中披露了内部控制缺陷的数量及内容。在2 931家披露内部控制是否存在缺陷的上市公司中，942家披露内部控制存在缺陷，占比32.14%。其中：42家披露内部控制存在重大缺陷，40家披露内部控制存在重要缺陷，895家披露内部控制存在一般缺陷；1 989家披露内部控制未存在缺陷，占比67.86%。

（1）关于财务报告内部控制的重大缺陷和重要缺陷。24家上市公司披露了44个财务报告内部控制重大缺陷，15家上市公司披露了18个财务报告内部控制重要缺陷。

从财务报告内部控制重大缺陷和重要缺陷的内容上看，会计系统方面的缺陷有23个，占比37.10%，主要表现在收入的确认和成本的结转不准确、特殊业务的会计处理不准确等。资金活动方面的缺陷有8个，占比12.90%，主要表现在货币资金管理被相关人员盗用、募集资金未按照恰当用途使用等。关联方交易方面的缺陷有8个，占比12.90%，主要表现在未能准确识别关联方、发生关联交易未履行相关手续、未及时披露等。子公司控制方面的缺陷有6个，占比9.68%，主要表现在对子公司缺乏必要的控制。投资管理方面的缺陷有4个，占比6.45%，主要表现在对外投资前未进行充分的调研，投资后账务不清晰等。

（2）关于非财务报告内部控制的重大缺陷和重要缺陷。22家上市公司披露了28个非财务报告内部控制重大缺陷，1家上市公司披露存在非财务报告内部控制重大缺陷但未披露内容，30家上市公司披露了37个非财务报告内部控制重要缺陷。

从非财务报告内部控制重大缺陷和重要缺陷的内容上看，社会责任方面的缺陷有10个，占比15.38%，主要表现在因安全生产管理不善导致发生重大安全生产事故，排放超标废水被处罚，产品存在质量问题，未及时发放工资和缴纳社保等。信息披露方面的缺陷有7个，占比10.77%，主要表现在重大事项未披露或者未及时披露。资金活动方面的缺陷有6个，占比9.23%，主要表现在募集资金未按照恰当用途使用，融资事项未经审批和未及时披露等。关联方交易方面的缺陷有6个，占比9.23%，主要表现在关联交易未履行审批义务，关联方交易规模超过公告预计规模，关联方占用资金等。投资管理方面的缺陷有5个，占比7.69%，主要表现在投资未履行审批义务，投资前对风险的估计不充分导致无法实现预期效益等。销售方面的缺陷有5个，占比7.69%，主要表现在销售合同未经审批，销售单据不真实，应收款催收不力等。

5. 内部控制审计报告

2016年，2 308家上市公司聘请会计师事务所对内部控制的有效性进行了审计或者鉴证，占全部上市公司的75.67%。沪市主板、深市主板、深市中小板和深市创业板分别有1 077家、470家、475家和286家上市公司对内部控制的有效性进行审计或者鉴证，分别占各板块上市公司的91.19%、98.53%、57.79%和50.18%。2 295家上市公司披露了内部控制审计或鉴证报告，占全部上市公司的75.25%；13家上市公司只披露了内部控制审计或鉴证意见，但未在指定网站公开披露审计或鉴证报告。

在2 308家披露了审计或鉴证意见的上市公司中，2 195家标准无保留意见，占比95.10%；113家非标准无保留意见，占比4.90%。其中，79家带强调事项段无保留意见，1家非财务报告重要缺陷无保留意见，8家非财务报告重大缺陷无保留意见，2家保留意见，23家否定意见。内部控制审计或鉴证意见类型的比例如图2-8所示。

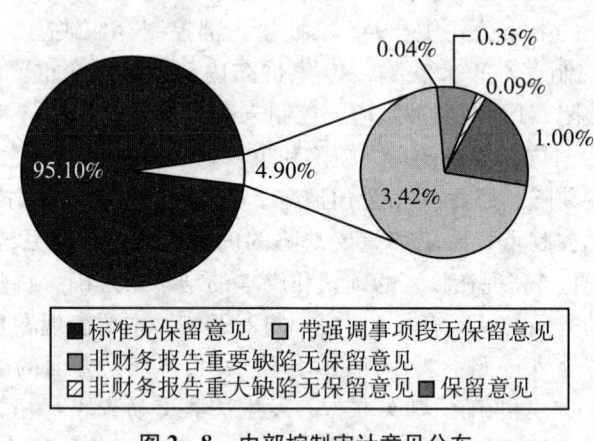

图2-8 内部控制审计意见分布

（二）纳入实施范围上市公司内部控制规范体系实施情况

根据财政部、中国证监会《关于2012年主板上市公司分类分批实施企业内部控制规范体系的通知》要求，所有主板上市公司应自2014年起，在披露年报的同时披露董事会的内部控制评价报告和注册会计师出具的内部控制审计报告。

截至2016年12月31日，我国主板上市公司共有1 658家，全部应纳入实施范围。其中，沪市主板上市公司1 181家，深市主板上市公司477家。

1. 内部控制评价报告披露情况

2016年，纳入实施范围上市公司中有1 538家披露了内部控制评价报告，占比92.76%。其中，沪市主板和深市主板分别有1 067家和471家上市公司披露了内部控制评价报告，分别占各板块上市公司的90.35%和98.74%。纳入实施范围上市公司中有120家未披露内部控制评价报告，占比7.24%。其中，因首年上市豁免披露的有80家，因重大资产重组豁免披露的有19家，其余21家上市公司未在指定网站公开披露。

2. 内部控制评价报告的结论

2016年，在1 538家披露内部控制评价报告的上市公司中，1 512家的内部控制评价结论为整体有效，占比 98.31%。26 家内部控制评价结论为非整体有效，占比 1.69%。如表 2-18 所示，在内部控制评价结论为非整体有效的上市公司中，9 家为非财务报告内部控制无效、财务报告内部控制有效，14 家为财务报告内部控制无效、非财务报告内部控制有效，3 家为财务报告内部控制和非财务报告内部控制均无效。

表 2-18　　　　纳入实施范围上市公司内部控制有效性结论披露情况

内部控制有效性	整体有效	非财务报告内部控制无效、财务报告内部控制有效	财务报告内部控制无效、非财务报告内部控制有效	整体无效	总计
公司数量（家）	1 512	9	14	3	1 538
占比（%）	98.31	0.59	0.91	0.19	100

3. 内部控制缺陷的认定标准

2016 年，在 1 538 家披露内部控制评价报告的上市公司中，1 534 家披露内部控制缺陷认定标准。其中，1 531 家分别披露财务报告和非财务报告内部控制缺陷认定标准，3 家未区分财务报告和非财务报告披露内部控制缺陷认定标准，4 家未披露内部控制缺陷认定标准。如表 2-19 所示，自 2015 年以来，绝大多数（99% 以上）披露内部控制评价报告的主板上市公司都能按照《公开发行证券的公司信息披露编报规则第 21 号——年度内部控制评价报告的一般规定》（以下简称"21 号文"）的要求披露内部控制缺陷认定标准。

表 2-19　　2013~2016 年纳入实施范围上市公司内部控制缺陷认定标准披露情况

分类	2013 年 家数（家）	2013 年 占比（%）	2014 年 家数（家）	2014 年 占比（%）	2015 年 家数（家）	2015 年 占比（%）	2016 年 家数（家）	2016 年 占比（%）
区分财报和非财报披露	987	93.82	1 374	95.22	1 405	99.65	1 531	99.54
未区分财报和非财报披露	25	2.38	24	1.66	4	0.28	3	0.20
未披露	40	3.80	45	3.12	1	0.07	4	0.26
合计	1 052	100	1 443	100	1 410	100	1 538	100

4. 内部控制缺陷的数量及内容

除 1 538 家上市公司披露内部控制评价报告外，还有 1 家上市公司虽然没有披露内部控制评价报告，但是在年报中披露了内部控制缺陷的数量及内容。在 1 539 家披露内部控制是否存在缺陷的上市公司中，754 家披露内部控制存在缺陷，占比 48.99%。其中：33 家披露内部控制存在重大缺陷，33 家披露内部控制存在重要缺陷，718 家披露内部控制存在一般缺陷；785 家披露内部控制未存在缺陷，占比 51.01%。

（1）关于财务报告内部控制的重大缺陷和重要缺陷，18 家上市公司披露 37 个财务报告内部控制重大缺陷，14家上市公司披露17个财务报告内部控制重要缺陷。

（2）关于非财务报告内部控制的重大缺陷和重要缺陷，18家上市公司披露24个非财务报告内部控制重大缺陷，1家上市公司披露存在非财务报告内部控制重大缺陷但未披露内容，23家上市公司披露28个非财务报告内部控制重要缺陷。

5. 内部控制审计报告

2016年，在纳入实施范围的1 658家上市公司中，有1 547家上市公司进行了内部控制审计或鉴证业务，占比93.31%，111家上市公司未开展内部控制审计或鉴证业务，占比6.69%。其中，91家因首年上市豁免，20家因重大资产重组豁免。进行内部控制审计或鉴证业务的1 547家上市公司中，1 534家上市公司披露了内部控制审计或鉴证报告，13家上市公司披露了内部控制审计意见但未在指定网站公开披露内部控制审计报告。在披露了内部控制审计或鉴证意见的1 547家上市公司中，1 447家标准无保留意见，占比93.54%。100家非标准无保留意见，占比6.46%。其中，70家带强调事项段无保留意见，1家非财务报告重要缺陷的无保留意见，8家非财务报告重大缺陷的无保留意见，21家否定意见。内部控制审计或鉴证意见类型的比例如图2-9所示。

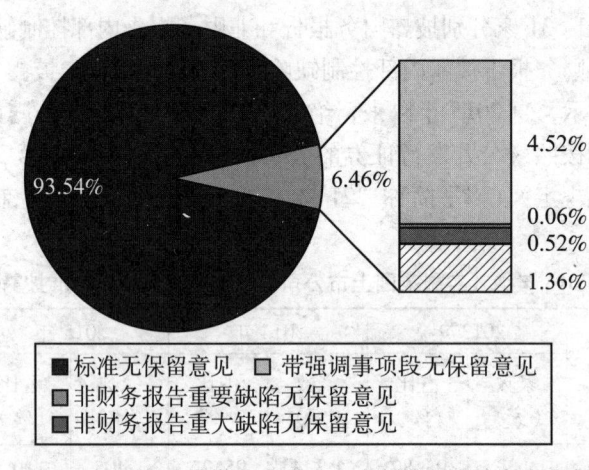

图2-9 纳入实施范围上市公司内部控制审计意见分布

2016年，共有40家具有证券期货业务资格的会计师事务所为纳入实施范围的上市公司提供了内部控制审计或鉴证服务。其中，前十大会计师事务所服务的上市公司家数占总家数的66.39%。

在进行内部控制审计或鉴证业务的1 547家上市公司中，1 523家采用整合审计的方式开展内部控制审计和财务报表审计，占比98.45%；24家单独实施内部控制审计，占比1.55%。

在进行内部控制审计或鉴证业务的1 547家上市公司中，142家的内部控制审计机构发生了变更，占比9.18%。其中，128家基于整合审计的考虑，同步变更内部控制审计机构和财务报表审计机构。

在纳入实施范围上市公司中，内部控制审计意见类型与财务报表审计意见类型基本保持一致，具体情况如表 2-20 所示。财务报表被出具非标准意见、内部控制被出具非标准意见的上市公司有 40 家。

表 2-20　纳入实施范围上市公司内部控制审计意见与财务报表审计意见分布情况　　单位：家

内部控制审计	财务报表				
	标准无保留	带强调事项段或其他事项段的无保留	保留	无法表示	合计
标准无保留	1 409	36	1	1	1 447
带强调事项段无保留	51	18	1	0	70
非财报重要缺陷无保留	0	1	0	0	1
非财报重大缺陷无保留	5	3	0	0	8
否定	4	3	9	5	21
合计	1 469	61	11	6	1 547

在进行内部控制审计或鉴证业务的 1 547 家上市公司中，年报说明中单独披露内部控制审计费用的上市公司有 1 361 家，占比 87.98%。内部控制审计费用均值为 46.38 万元，中位数为 30 万元；最低审计费用为 3 万元，最高审计费用为 1 400 万元。在同时披露财务报表审计费用和内部控制审计费用的公司中，财务报表审计费用与内部控制审计费用比值的均值为 3.24，中位数为 2.75，最大值为 39。

（三）未纳入实施范围上市公司内部控制规范体系实施情况

1. 内部控制评价报告披露情况

2016 年，未纳入实施范围的上市公司共 1 392 家。其中，深市中小板上市公司 822 家，深市创业板上市公司 570 家，全部披露了内部控制评价报告。

2. 内部控制评价报告的结论

2016 年，在未纳入实施范围的 1 392 家上市公司中，1 386 家内部控制评价结论为整体有效，占比 99.57%。6 家内部控制评价结论为非整体有效，占比 0.43%。如表 2-21 所示，在内部控制评价结论为非整体有效的上市公司中，1 家为财务报告内部控制有效、非财务报告内部控制无效，4 家为财务报告内部控制无效、非财务报告内部控制有效，1 家为财务报告内部控制和非财务报告内部控制均无效。

表 2-21　未纳入实施范围上市公司内部控制有效性结论披露情况

内部控制有效性	整体有效	财务报告内部控制有效、非财务报告内部控制无效	财务报告内部控制无效、非财务报告内部控制有效	整体无效	总计
公司数量（家）	1 386	1	4	1	1 392
占比（%）	99.57	0.07	0.29	0.07	100

3. 内部控制缺陷的认定标准

2016年，在未纳入实施范围的1 392家上市公司中，1 337家分别披露财务报告和非财务报告内部控制缺陷认定标准，3家未区分财务报告和非财务报告披露内部控制缺陷认定标准，52家未披露内部控制缺陷认定标准。如表2-22所示，2015年和2016年中小板和创业板中未披露内部控制缺陷认定标准的公司占比（分别为3.74%和3.08%）比2014年（33.43%）下降了30%左右，由此可见，2015年之后，中小板和创业板上市公司内部控制缺陷认定标准的披露较稳定。此外，2016年未披露内部控制缺陷认定标准的创业板上市公司比例仍明显高于中小板上市公司的比例，创业板上市公司内部控制缺陷认定标准的披露水平有待于进一步提高。

表2-22　　2014~2016年中小板和创业板内部控制缺陷认定标准披露比较　　单位：%

分类	中小板			创业板			合计		
	2014年	2015年	2016年	2014年	2015年	2016年	2014年	2015年	2016年
区分财报和非财报披露	65.51	96.68	96.04	49.63	94.72	92.63	74.28	97.94	98.42
未区分财报和非财报披露	1.06	0.24	0.22	0.25	0.20	0.00	1.51	0.26	0.36
未披露	33.43	3.08	3.74	50.12	5.08	7.37	24.21	1.80	1.22

从表2-19和表2-22可以看出，2015年、2016年中小板和创业板中未披露内部控制缺陷认定标准的公司比例（3.08%和3.74%）比主板上市公司的比例（0.07%和0.26%）仅高3个多百分点；2014年中小板和创业板中未披露内部控制缺陷认定标准的公司比例（33.43%）比主板上市公司的比例（3.12%）高出30.31个百分点。由此可见，中小板和创业板上市公司披露内部控制缺陷认定标准的情况与主板上市公司的差距明显缩小。

4. 内部控制缺陷的数量及内容

在未纳入实施范围的1 392家上市公司中，188家披露内部控制存在缺陷，占比13.51%。其中：9家披露内部控制存在重大缺陷，7家披露内部控制存在重要缺陷，177家披露内部控制存在一般缺陷；1 204家披露内部控制未存在缺陷，占比86.49%。

（1）关于财务报告内部控制的重大缺陷和重要缺陷，6家上市公司披露7个财务报告内部控制重大缺陷，1家上市公司披露1个财务报告内部控制重要缺陷。

（2）关于非财务报告内部控制的重大缺陷和重要缺陷，4家上市公司披露4个非财务报告内部控制重大缺陷，7家上市公司披露9个非财务报告内部控制重要缺陷。

5. 内部控制审计报告

2016年，在未纳入实施范围的1 392家上市公司中，有761家进行了内部控制审计或鉴证并披露了内部控制审计或鉴证意见，占比54.67%。其中，深市中小板上市公司475家，深市创业板上市公司286家。在披露了内部控制审计或鉴证意见的761家上市公司中，748家标准无保留意见，9家带强调事项段无保留意见，2家保留意见，2家否定意见。内部控制审计类型的比例如图2-10所示。

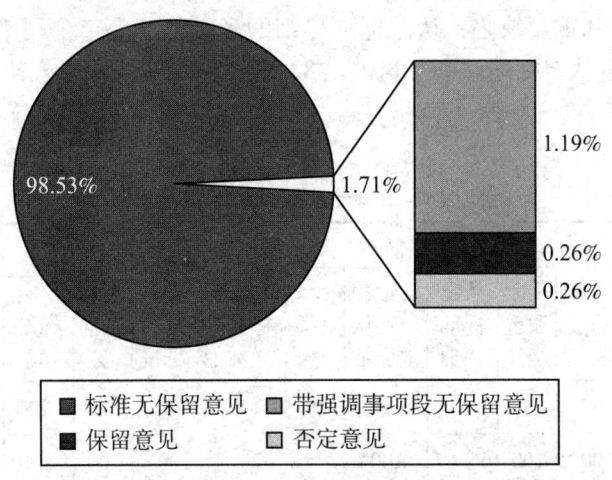

图2-10 未纳入实施范围上市公司内部控制审计意见分布

在披露内部控制审计或鉴证意见的761家上市公司中，未披露内部控制审计或内部控制鉴证费用有709家，单独披露了内部控制审计或内部控制鉴证费用有52家，内部控制审计或内部控制鉴证费用的均值为33.66万元，中位数为20万元，最低为2万元，最高为300万元。同时披露财务报表审计费用和内部控制审计或鉴证费用的公司中，财务报表审计费用与内部控制审计或鉴证费用比值的均值为4.88，中位数为3.5，最小值为1，最大值为19。

（四）金融业上市公司内部控制情况分析

截至2016年12月31日，沪、深证券交易所金融行业上市公司共有66家。其中：深市主板11家、中小板6家、沪市主板49家；保险业上市公司6家，货币金融服务业上市公司24家，资本市场服务业上市公司29家，其他金融业上市公司7家。

1. 内部控制评价报告披露情况

2016年，62家金融行业上市公司披露了内部控制评价报告，占全部金融行业上市公司的93.94%。其中：深市主板和中小板的17家金融行业上市公司全部披露了内部控制评价报告，45家沪市主板上市公司披露了内部控制评价报告，4家货币金融服务业上市公司首年上市豁免披露；62家金融行业上市公司内部控制评价结论全部为内部控制整体有效。

2. 内部控制缺陷的认定标准

在62家披露内部控制评价报告的金融行业上市公司中，财务报告缺陷认定标准方面，62家区分定量和定性标准，61家区分重大和重要缺陷，51家定性认定标准详细；非财务报告缺陷认定标准方面，60家区分定量和定性标准，62家区分重大和重要缺陷，56家定性认定标准详细。

从表2-23可以看出，62家披露内部控制评价报告的金融行业上市公司中，除2家货币金融服务业上市公司未区分非财务报告定性和定量认定标准，其他类型金融行业上市公司全部区分财务报告和非财务报告定量和定性认定标准；除1家货币金融服务业上市公司未区分财务报告重大和重要缺陷，其他类型金融行业上市公司全部区分财务报告和非财务报告重大和重要缺陷；认定标准详细的金融行业上市公司平均53.5家，占比86.29%，财务报告认定标准详细平均占比82.26%低于非财务报告认定标准详细平均占比90.32%。

表2-23　　　　　　　　　金融行业细分缺陷认定情况对比

分类		保险业			货币金融服务业			资本市场服务业			其他金融业		
		定量和定性认定标准	重大和重要	认定标准详细	定量和定性认定标准	重大和重要	认定标准详细	定量和定性认定标准	重大和重要	认定标准详细	定量和定性认定标准	重大和重要	认定标准详细
财务报告	数量（家）	6	6	4	20	19	14	29	29	27	7	7	6
	占比（%）	100	100	66.67	100	95	70	100	100	93.10	100	100	85.71
非财务报告	数量（家）	6	6	5	18	20	17	29	29	27	7	7	7
	占比（%）	100	100	83.33	90	100	85	100	100	93.10	100	100	100

3. 内部控制缺陷的数量及内容

在62家披露内部控制评价报告的金融行业上市公司中，41家披露内部控制存在缺陷，占比66.13%，显著高于整体水平；21家披露内部控制未存在缺陷，占比33.87%。将金融行业类别进行细分，保险业上市公司，3家上市公司存在缺陷，占比50%。其中：缺陷均为一般缺陷，但未披露内容，无重大或重要缺陷。货币金融服务业上市公司，15家上市公司存在缺陷，占比75%。其中：1家披露存在重要缺陷，主要表现在票据管理不当；15家披露存在一般缺陷，均未披露内容；无重大缺陷。其他金融业上市公司，3家上市公司存在缺陷，占比42.86%。其中：缺陷均为一般缺陷，但未披露内容；无重大或重要缺陷。资本市场服务业上市公司，20家上市公司存在缺陷，占比68.97%。其中，1家披露存在重大缺陷，主要表现在保荐不当被证监会处罚；1家披露存在重要缺陷，主要表现在部分经纪人涉嫌为客户提供融资便利；18家披露存在一般缺陷，主要表现在研究报告、股转系统管理等方面。

4. 内部控制审计报告

在66家金融行业上市公司中，60家进行了内部控制审计或鉴证，占比90.91%。其中，深市主板11家，深市中小板6家，沪市主板43家。6家上市公司因首年上市豁免开展内部控制审计业务。进行内部控制审计或鉴证的60家公司中，56家标准无保留意见，占比93.33%；4家带强调事项段无保留意见，占比6.67%。将金融行业类别进行细分，保险业上市公司，标准无保留意见有6家，占比100%；货币金融服务业上市公司，标准无保留意见有19家，占比100%；资本市场服务业上市公司，标准无保留意见有 25 家，带强调事项段无保留意见有 4 家，占比分别为 86.21% 和 13.79%；其他金融业上市公司，标准无保留意见有 7 家，占比 100%。

2016 年度，共有 17 家具有证券期货业务资格的会计师事务所为金融行业上市公司提供了内部控制审计业务。其中，前五家事务所执行内部控制审计业务的上市公司家数占金融行业上市公司总家数的 63.34%，内部控制审计业务市场集中度比较高。17 家会计师事务均采用整合审计的方式为 60 家金融行业上市公司开展内部控制审计和财务报表审计。

在进行了内部控制审计的 60 家上市公司中，年报说明中单独披露内部控制审计费用的上市公司有 47 家，占 78.33%。内部控制审计费用均值为 161.26 万元，中位数为 45 万元。最低审计费用为 8 万元，最高审计费用为 1 400 万元。如图 2-21 所示，金融行业上市公司内部控制审计费用在上市公司中最高，此外，金融行业上市公司内部控制审计费用的最低值、中位数、均值均高于全部上市公司。同时披露财务报表审计费用和内部控制审计费用的金融行业上市公司中，财务报表审计费用与内部控制审计费用比值的均值为 3.78，中位数为 2.24，最小值为 0.87，最大值为 12.47。将金融行业类别进行细分，保险业上市公司，内部控制审计费用的均值为 259.16 万元，中位数为 115 万元，最低为 8 万元，最高为 1 110 万元；货币金融服务业上市公司，内部控制审计费用的均值为 361.92 万元，中位数为 160 万元，最小为 42 万元，最大为 1 400 万元；资本市场服务业上市公司，内部控制审计费用的均值为 50.19 万元，中位数为 37.5 万元，最低为 10 万元，最高为 350 万元；其他金融业上市公司，内部控制审计费用的均值为 35.83 万元，中位数为 35 万元，最低为 10 万元，最高为 60 万元。

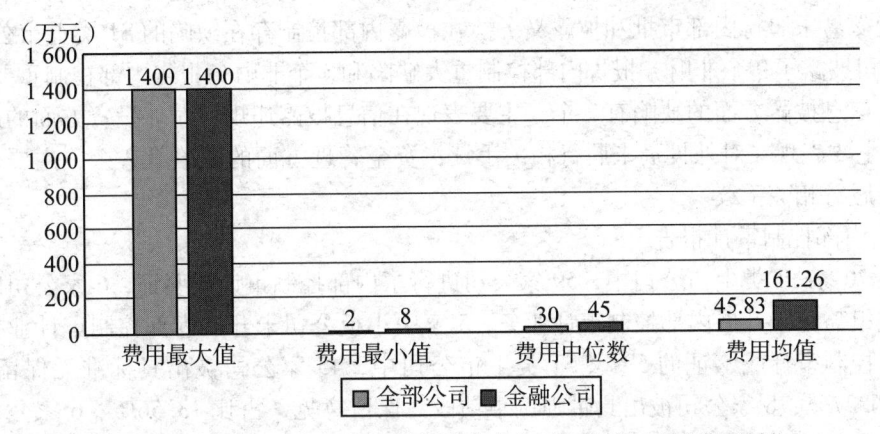

图 2-21　全部上市公司与金融行业上市公司内部控制审计费用对比

（五）ST 类上市公司内部控制情况分析

截至 2016 年 12 月 31 日，沪、深证券交易所 ST 类上市公司共有 70 家。其中，深市主板 28 家，深市中小板 11 家，沪市主板 31 家。

1. 内部控制评价报告披露情况

64家ST类上市公司披露了内部控制评价报告,占全部ST类上市公司的91.43%。其中,深市中小板的ST类上市公司全部披露了内部控制评价报告,26家深市主板ST类上市公司和27家沪市主板ST类上市公司披露了内部控制评价报告,2家深市主板ST类上市公司和4家沪市主板ST类上市公司因重大资产重组豁免披露内部控制评价报告。

在披露内部控制评价报告的64家ST类上市公司中,58家公司为内部控制整体有效,占比为90.63%,显著低于整体水平;6家公司为内部控制非整体有效,其中,2家公司为非财务报告内部控制有效、财务报告内部控制无效,1家公司为财务报告内部控制有效、非财务报告内部控制无效,3家公司为内部控制整体无效。

2. 内部控制缺陷的认定标准

在披露内部控制评价报告的64家ST类上市公司中,财务报告认定标准方面,62家公司区分定量和定性标准,58家公司区分重大和重要缺陷,58家公司定性认定标准详细;非财务报告认定标准方面,61家公司区分定量和定性标准,61家公司区分重大和重要缺陷,53家公司定性认定标准详细。

3. 内部控制缺陷的数量及内容

在披露了内部控制评价报告的64家ST类上市公司中,28家公司披露内部控制存在缺陷,占比43.75%,显著高于整体水平;36家公司披露内部控制未存在缺陷,占比56.25%。在披露内部控制存在缺陷的ST类上市公司中,6家公司披露了8个财务报告内部控制重大缺陷和2个财务报告内部控制重要缺陷。其中:会计系统方面的缺陷有4个,主要表现在重大事项的处理不准确、成本结转不准确、未计提存货减值准备、财务报表存在重述等;关联方交易方面的缺陷有2个,主要表现在未能准确识别关联方,发生关联交易未履行内部审批和披露义务。在披露内部控制存在缺陷的ST类上市公司中,6家公司披露了9个非财务报告内部控制重大缺陷和3个非财务报告内部控制重要缺陷。其中,信息披露方面的缺陷有2个,主要表现在信息披露违规;对外投资方面的缺陷有2个,主要表现在对外投资未履行相关手续;资金管理方面的缺陷有2个,主要表现在融资未履行相关手续。

4. 内部控制审计报告

在70家ST类上市公司中,59家公司进行了内部控制审计或鉴证,6家公司因重大资产重组豁免未开展内部控制审计业务,5家中小板公司未开展内部控制审计业务。进行内部控制审计或鉴证的59家ST类上市公司中,45家公司被出具标准无保留意见,占比76.27%;8家公司被出具带强调事项段无保留意见,占比13.56%;6家公司被出具否定意见,占比10.17%。

如图2-22所示,ST类上市公司中标准无保留意见的比例低于全部上市公司,除非财务报告重要(大)缺陷无保留意见和保留意见外,各种非标准无保留意见的比例均高于全部公司。

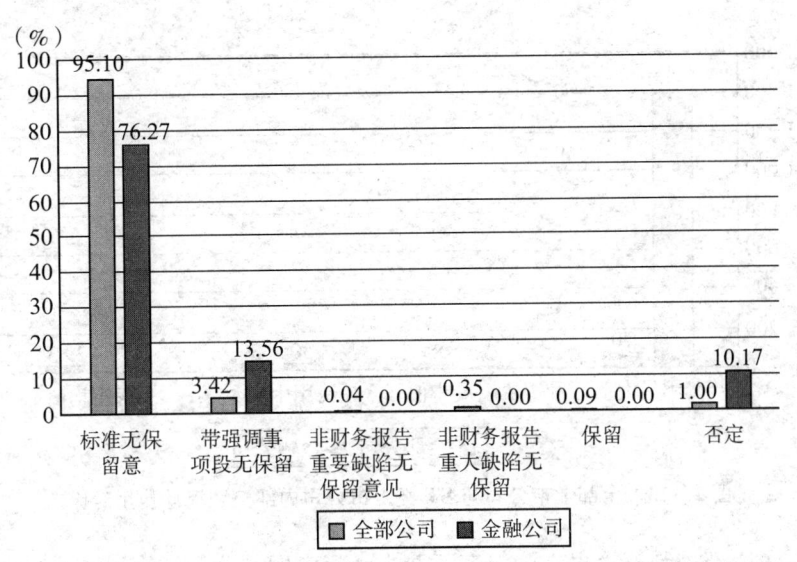

图2-22 全部上市公司与ST类上市公司内部控制审计意见类型对比

如表2-24所示，10家ST类上市公司的内部控制和财务报告同时被出具非标准无保留意见。

表2-24　ST类上市公司内部控制审计意见与财务报表审计意见分布情况　　　单位：家

内部控制审计	财报审计				
	标准无保留	带强调事项段无保留	保留	无法表示	合计
标准无保留	35	9	0	1	45
带强调事项段无保留	3	4	1	0	8
否定	1	1	2	2	6
合计	39	14	3	3	59

在内部控制审计或鉴证的59家ST类上市公司中，年报说明中单独披露内部控制审计费用的公司有41家，占比69.49%。内部控制审计费用均值为29.35万元，中位数为30万元，最小为8万元，最大为70万元。如图2-23所示，ST类上市公司内部控制审计费用的最大值、均值均低于全部上市公司。在同时披露财务报表审计费用和内部控制审计费用的ST类公司中，财务报表审计费用与内部控制审计费用比值的均值为2.81，中位数为2.42，最小值为1，最大值为5.75。

二、企业内部控制规范体系实施中存在的主要问题

(一) 内部控制评价报告披露存在的问题

1. 部分上市公司对披露内部控制评价报告重视程度不够

(1) 部分上市公司提示已披露但找不到内部控制评价报告。21家上市公司在年报

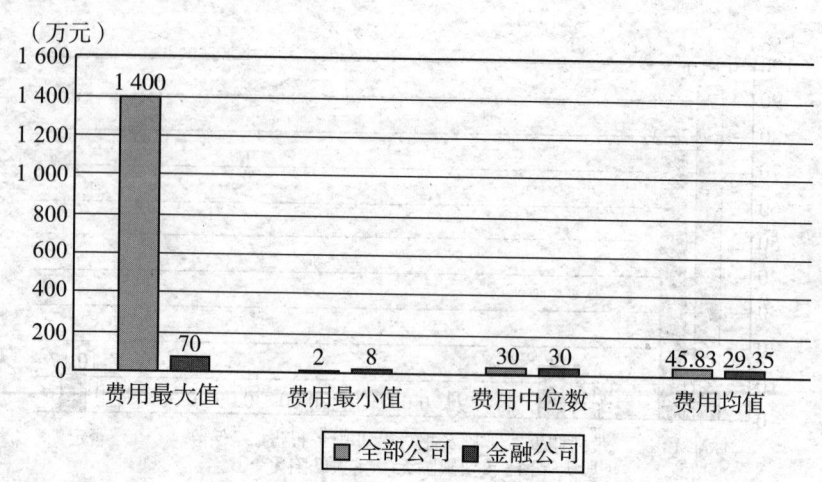

图 2-23　全部上市公司与 ST 类上市公司内部控制审计费用对比

中提示披露了内部控制评价报告，但实际并未在指定网站公开披露。

（2）部分上市公司内部控制评价报告不及时。2 家上市公司延迟了不到一个月披露内部控制评价报告，2 家上市公司延迟了超过 1 个月但不超过 2 个月披露内部控制评价报告，还有 91 家上市公司延迟了 2 个多月才披露内部控制评价报告，占 2 930 家披露内部控制评价报告上市公司的 3.11%。

（3）内部控制评价报告的格式不规范。96.15% 的纳入实施范围的上市公司能够按照 21 号文的要求披露内部控制评价报告，比 2015 年略有下降。最常见的问题是部分上市公司披露的内部控制评价报告要素缺失，如缺少内部控制评价报告的收件人、内部控制评价基准日、纳入评价范围的单位的资产总额占比与营业收入占比、重要声明、非财务报告内部控制缺陷的结论、评价范围、缺陷认定标准、内部控制评价报告的出具日、公司名章、相关重大事项说明段落等。

（4）部分上市公司披露内部控制评价报告后又进行了修订。例如，某上市公司在 2017 年 3 月 7 日披露了内部控制评价报告，在 2017 年 3 月 20 日又披露了内部控制评价补充更正报告，补充了内部控制一般缺陷定量与定性的认定标准和纳入评价范围资产总额、营业收入合计占公司财务报告资产总额、营业收入总额的比例，并对财务报告内部控制重大缺陷和重要缺陷定量标准进行了完善，只保留了财务报告重大缺陷和重要缺陷的绝对数认定标准。某上市公司在 2017 年 2 月 28 日披露了内部控制评价报告，在 2017 年 3 月 9 日进行了更新，增加了非财务报告缺陷的定量标准。某上市公司在 2017 年 3 月 24 日披露内部控制评价报告，当天就进行修订，增加了内部控制缺陷的认定标准、认定结果及整改情况。

（5）部分上市公司披露的内部控制报告前后矛盾。某上市公司在内部控制评价报告的第二部分"内部控制评价结论"中披露"根据公司非财务报告内部控制重大缺陷认定情况，于内部控制评价报告基准日，公司未发现非财务报告内部控制重大缺陷。"，而在第三部分的"内部控制缺陷认定及整改情况"中披露"根据上述非财务报告内部控制缺陷的认定标准，报告期内公司发现非财务报告内部控制重大缺陷，数量 1 个，且在报告发出日未完成整改。"

2. 内部控制缺陷认定标准不够科学

如表2-25所示,2016年,仍有部分上市公司未区分财务报告内部控制缺陷和非财务报告内部控制缺陷,未分别制定定量和定性内部控制缺陷标准以及重大、重要和一般内部控制缺陷标准。此外,相当数量的上市公司内部控制缺陷定性认定标准仅详细列出了重大缺陷认定标准,并未区分重要缺陷和一般缺陷,只是提到按其他情形的影响程度分别确定,不利于内部控制评价结果的认定。

表2-25　2014~2016年主板与中小板和创业板上市公司内部控制缺陷认定标准披露情况比较

分类	主板 2014年 家数(家)	主板 2014年 占比(%)	主板 2015年 家数(家)	主板 2015年 占比(%)	主板 2016年 家数(家)	主板 2016年 占比(%)	中小板+创业板 2014年 家数(家)	中小板+创业板 2014年 占比(%)	中小板+创业板 2015年 家数(家)	中小板+创业板 2015年 占比(%)	中小板+创业板 2016年 家数(家)	中小板+创业板 2016年 占比(%)
财报未区分定量和定性	41	2.98	9	0.64	10	0.66	18	2.44	4	0.33	2	0.15
非财报未区分定量和定性	102	7.42	29	2.06	31	2.02	41	5.55	17	1.39	11	0.82
财报未区分重大和重要	53	3.86	16	1.14	31	2.02	8	1.08	23	1.88	25	1.87
非财报未区分重大和重要	60	4.37	16	1.14	27	1.83	8	1.08	30	2.45	23	1.72
财报定性标准不够详细	120	8.73	101	7.19	134	8.75	30	4.06	45	3.67	56	4.19
非财报定性标准不够详细	134	9.75	137	9.75	169	11.04	216	29.23	310	25.29	348	26.03

3. 不同行业上市公司内部控制缺陷定性认定标准差异不大

从表2-25可以看出,2016年与2014年、2015年相比,财务报告和非财务报告内部控制缺陷定性认定标准不够详细的上市公司数量仍较多,这些上市公司内部控制缺陷定性标准仅是直接引用《企业内部控制评价指引》和21号文中内部控制缺陷定性标准定义,并未根据企业风险偏好、风险承受度以及经营管理目标等因素制定符合企业实际的内部控制缺陷定性标准,可能导致上市公司对内部控制缺陷的影响和风险认识不足,上市公司之间披露的内部控制缺陷定性标准可比性不强,不同行业、不同规模上市公司认定的内部控制缺陷定性标准差异不大。

4. 内部控制缺陷内容的披露不够规范

对于存在的内部控制重大和重要缺陷,绝大多数上市公司都披露了数量及具体内容,但1家上市公司披露存在非财务报告内部控制重大缺陷但不披露数量和内容。

5. 重大及重要缺陷的整改不力,部分上市公司的缺陷没有得到有效整改

在披露存在重大和重要内部控制缺陷的上市公司中,88.89%的上市公司披露了详细的整改措施,但是只有40.63%的缺陷全部整改完毕。另外,11家上市公司自2014年起连续三年披露存在重大或重要缺陷,27家上市公司自2015年起连续两年披露存在重大或重要缺陷。

(二) 内部控制审计报告披露存在的问题

1. 审计费用披露不规范,审计收费持续走低

在年报中单独披露内部控制审计费用的上市公司中,3 家上市公司以费用区间的形式披露内部控制审计费用。例如,内部控制审计费用≤188 万,或者内部控制审计费用不足 30 万元;由于货币单位选择不当,21 家上市公司披露的内部控制审计费用低于 100 元。纳入实施范围的上市公司中,12.02% 的上市公司未单独披露内部控制审计费用。不规范地披露内部控制审计费用或不单独披露内部控制审计费用,上市公司利益相关者将无法全面了解上市公司的审计业务提供情况和内部控制审计成本。

全部上市公司中,内部控制审计费用占总体审计费用的比值,最小值仅为 0.025,在一定程度上说明,内部控制审计收费较低。ST 类上市公司中,内部控制审计费用占总体审计费用的比值情况,最小值仅为 0.14,均值为 0.28。另外,从近年内部控制审计费用情况来看,2016 年、2015 年、2014 年内部控制审计收费最低值顺次为 3 万元、3 万元和 5 万元。根据现有数据,内部控制审计收费有逐年持续走低的疑虑,说明仍然存在内部控制审计低价竞争的现象。部分会计师事务所的内部控制审计业务收费过低,可能影响内部控制审计业务程序执行的充分性和适当性。

2. 内部控制审计报告披露存在的问题

(1) 内部控制审计非标准审计意见比例仍较低。如表 2-26 所示,尽管内部控制审计结论中的非标准意见比例有逐年提高的趋势,但整体水平仍偏低,特别是未纳入实施范围上市公司内部控制审计非标准审计意见比例远低于纳入实施范围上市公司。部分注册会计师仍存在刻意调节、出具较好审计意见的倾向,人为地降低了非标准审计意见的比例。

表 2-26　　　　2014~2016 年内部控制审计非标准审计意见比较

分类	2014 年	2015 年	2016 年
全部上市公司	4.07	4.57	4.90
纳入实施范围上市公司	5.41	6.29	6.46
未纳入实施范围上市公司	1.20	1.47	1.71

(2) 内部控制审计报告强调事项段使用不规范。例如,内部控制审计报告强调事项段仅披露上市公司被立案稽查,未明确该事项对上市公司内部控制以及内部控制审计意见的实际影响;营业收入、营业成本数据不准确等财务报告重大缺陷在内部控制审计报告强调事项中列示,但未在审计报告缺陷中披露。

(3) 内部控制评价结论与内部控制审计结论不一致。内部控制评价结论为有效的上市公司中,2 家公司被审计师出具否定内部控制审计意见,2 家公司被审计师出具保留内部控制审计意见,3 家公司被审计师出具带非财务报告重大缺陷无保留内部控制审计意见。

(4) 少数主板上市公司以内部控制鉴证报告代替内部控制审计报告。少数纳入实施范围的主板上市公司未能按照财政部、证监会《关于 2012 年主板上市公司分类分批实施企业内部控制规范体系的通知》要求,披露由注册会计师出具的内部控制审计报告,而是以内部控制鉴证报告代替内部控制审计报告。此外,在披露的内部控制鉴证报告中,部分鉴证报告未能按照《中国注册会计师其他鉴证业务准则第 3101 号——历史财务信息审计或审阅以外的鉴证业务》的规定,对财务报告内部控制的有效性发表鉴证意见,并披露在内部控制鉴证过程中注意到的非财务报告内部控制的重大缺陷。例如,某公司的内部控制鉴证报告中说明"内控鉴证目的是对财务报表整体发表审计意见,而不是对内部控制的专门审核……"。

(5)部分公司存在频繁更换审计机构的现象。例如,某 ST 上市公司由于审计机构意见与公司存在分歧,一年三次更换会计师事务所;某 ST 上市公司 2016 年年报被审计机构出具"非标"意见后,临时违规更换审计师,重新聘任负责对交易所问询函进行核实并发表专项意见的会计师事务所经查不具备证券期货相关业务资格。

三、有关建议

在对 2016 年我国上市公司内部控制规范体系实施情况进行深入分析的基础上,2016 年报告从政府、企业、审计及咨询机构等层面提出相关建议,以更好地推动我国企业内部控制规范体系建设与实施工作。

(一)政府层面

(1)加强内部控制相关法制建设。法制建设是内部控制发展的重要保障。为了推动我国内部控制规范的有效实施,应加快推动修订《会计法》《证券法》等相关法律法规,明确要求企业建立健全内部控制,明确董事会、监事会和经理层在企业内部控制建设方面和审计机构在内部控制审计方面的责任,并逐步强化对内部控制失败、隐瞒内部控制缺陷、虚假披露内部控制信息的有关企业、个人及审计机构的处罚力度。

(2)改进中小板、创业板上市公司内部控制信息披露质量。2015 年、2016 年中小板和创业板上市公司虽然全部披露内部控制评价报告,但仍存在格式不规范、内容不完整、报送不及时等问题。与主板上市公司相比,中小板、创业板上市公司内部控制建设还比较薄弱,内部控制信息披露的规范性、完整性和有效性有待加强,需进一步强化中小板、创业板上市公司内部控制体系建设,改进中小板、创业板上市公司内部控制信息披露质量。

(3)加大对上市公司,包括金融行业上市公司和 ST 类上市公司内部控制的监管力度。近年来,防控金融风险、治理 ST 类上市公司成为中央政府和监管部门高度关注的问题。为此,监管部门应该加大对上市公司内部控制实施情况的监督力度,并对金融行业上市公司、ST 类上市公司等对我国经济影响重大或存在问题较多的公司重点监控,切实发挥内部控制在控制风险方面的作用。

(4)加强对内部控制审计机构的监管和问责。一方面,监管机构应加强对上市公司内部控制审计的监督检查,重点关注内部控制的审计过程、审计质量、审计报告披露格式、审计意见类型决策及对应说明段、事项段等内容;另一方面,督促上市公司单独披露内部控制审计费用,通过审计费用的信息公开化,推动内部控制审计收费的合理化,增强审计师的独立性。

(二)企业层面

(1)强化企业治理层在内部控制体系中的作用。充分发挥企业治理层对内部控制的建立与实施情况的监督作用,及时掌握内部控制重大缺陷或其他相关的重要信息,督促管理层完成缺陷整改工作。审计委员会应严格履行其审查企业内部控制、监督内部控制的有效实施和内部控制的评价情况的职能,企业应从选聘、履职和问题追责等方面全方位支持并保障审计委员会工作的正常开展。特别是金融行业上市公司,要贯彻落实习近平总书记在全国金融工作会议上关于"完善金融机构法人治理结构,推动金融机构提高风险内控标准、增强抵御风险能力"的指示精神,完善法人治理机构,强化董事会在内部控制中的作用,明确董事会的内部控制主体责任,加强内部控制建设,积极防控金融风险。

(2)提高对内部控制评价工作的重视程度。一方面,企业的高层管理者要深刻认识到开展内部控制评价对于完善内部控制、降低企业风险的重要意义,积极主动地对内部控制评价工作进行统一领导和协调,推动内部控制功效的有效发挥。另一方面,要加强对内部控制文化、内部控制评价内容和方法的培训,提高相关人员内部控制意识和相关理论知识,并建立配套的问责和考核机制,将内部控制评价结果与管理者的绩效考评和授权挂钩,使内部控制制度建设切实成为价值创造和风险防范的重要力量。

(3)加强缺陷的整改落实,规范内部控制缺陷披露。一方面,对于上市公司在内部控制评价和注册会计师在内部控制审计过程中发现的内部控制重大、重要缺陷,企业应当提高重视程度、及时加以整改,并对整改后的控制措施实施严格的测试,保障内部控制的有效实施。另一方面,上市公司应当提高内部控制缺陷披露的规范性,在披露前参考21号文的要求进行审核,并就内部控制重大和重要缺陷加强与外部审计师的沟通协调,避免内部控制评价报告结论与内部控制审计报告结论不一致。

(三)中介机构

(1)提升服务质量,积极引导上市公司的内部控制建设和内部控制评价的披露工作。中介机构要重视对上市公司内部控制建设和内部控制披露工作的督导工作,培养合格的内部控制专业人才,努力提高服务质量。

(2)增强专业胜任能力,提高执业过程中应有关注程度。中介机构应强化内部控制审计的业务培训,将专业知识和技能始终保持在应有的水平之上,提供具有专业水准的服务。注册会计师在执业中应当严格按照《中国注册会计师执业准则》《企业内部控制审计指引》开展内部控制审计,获取和评价审计证据过程中,保持职业怀疑态度,避免在缺乏足够的证据支持的情况下,假定在某些交易或环节都执行了相似的制度和程序,从而导致对这些领域财务报告内部控制审计工作的不足。

第三章 小企业会计准则的解读

为了促进小企业发展以及财税政策日益丰富完善，形成以减费减免、资金支持、公共服务等为主要内容的促进中小企业发展的财税政策体系，2011年10月18日，财政部发布了《小企业会计准则》，要求自2013年1月1日起在小企业范围内施行，鼓励小企业提前实施，2004年发布的《小企业会计制度》同时废止。《小企业会计准则》由10章90条组成，另加一个附录，是我国会计人员习惯的"准则+指南"典型会计规范形式。"准则"部分的10章分别是总则、资产、负债、所有者权益、收入、费用、利润和利润分配、外币业务、财务报表和附则。"附录"部分分别是会计科目、主要账务处理和财务报表格式。

第一节 政策颁布背景

（一）《小企业会计制度》已无法适应当前小企业发展所面临的复杂环境

在我国，据估计小企业已创造了近75%的城镇就业机会，并为GDP贡献了50%以上份额，据有关资料统计，在现有477万户企业中，小企业数量占97.11%、从业人员占52.95%、主营业务收入占39.34%、资产总额占41.97%。虽然小企业在创造价值与提供就业方面都发挥了重要作用，但是，由于小企业不在或主要不在资本市场上筹集资金，所有权与经营权没有分离、会计基础相对薄弱，我国制定的会计规范大部分是针对大型企业和上市公司，而很少考虑到小企业的会计需求及其特殊性问题。因此造成了我国小企业会计工作难以统一标准。

2004年4月财政部颁布，并于2005年1月1日开始执行的《小企业会计制度》是在《企业会计制度》的基础上，专为小企业制定的制度，但由于其适用范围定位模糊、未明确强制执行时间，执行环境欠佳等多种因素的影响，致使该制度在具体操作过程中无论是成本核算，还是财务信息报告等方面都和预期效果有相当大的差距。

（二）新《企业会计准则》并非为小企业"量身定做"

2006年，我国构建起了与我国国情相适应，同时又充分与国际财务报告准则趋同的新会计准则体系。该准则主要适用范围是上市公司以及大中型企业。2007年实施的新准则体系在会计业务处理程序和方法都较为复杂、烦琐，技术性要求也非常高。针对小企业，如果废止《小企业会计制度》，要求统一按照执行新的《企业会计准则》，既不符合小企业经营活动的特点，又没有考虑到小企业的具体情况，势必给小企业会计业务处理、报表编制等带来沉重的负担。

（三）《小企业会计准则》的出台是实现我国会计准则与国际会计准则实现趋同必不可少的一部分

2009年7月国际会计准则理事会（IASB）发布了《中小主体国际财务报告准则》，这是为中小主体特别制定的第一套国际会计规定，2010年4月1日财政部颁布相关通知，明确规定中国会计真正持续趋同的时间安排与IASB的进度保持同步，要求有关方面结合我国的实际情况，更加深入地参与国际财务报告准则的制定，积极推进我国会计准则持续国际趋同。

《小企业会计准则》是在遵循我国会计基本准则的前提下，充分考虑了我国小企业规模小、业务相对简单、会计基础工作相对较为薄弱、信息使用者对会计信息的需求也比较单一等实际情况，同时也借鉴了IASB发布的《中小主体国际财务报告准则》简化业务处理的理念，对小企业的会计确认、计量和报告进行了简化处理，减少了会计人员职业判断的内容与空间，有着其鲜明的特色。

第二节　小企业会计准则核算的特点

一、服务对象定位明确

由于绝大部分小企业的所有者与经营者集于一身，故小企业会计报表的外部使用者主要是税务部门和银行。《小企业会计准则》着眼于会计与税法充分协调，服务于企业纳税和税收征管，有利于降低企业的纳税成本和遵从成本。与此同时，小企业会计处理规范后，向银行等部门提供的财务报表便能更为准确地反映小企业的财务状况和经营成果，从而有利于小企业外部融资，缓解小企业融资困难。

二、适用范围规范统一

从定量标准看，《小企业会计准则》适用于在中华人民共和国境内依法设立的、符合《中小企业划型标准规定》所规定的小型企业标准的企业。也就是说，不管小企业属于何种行业、何种所有制，都必须按划型标准规定来确定是否为小企业。如果是小企业，就必须执行《小企业会计准则》。当然，小企业也可以根据企业发展需要，自行选择执行《企业会计准则》。

三、实务操作简单易行

《小企业会计准则》一是基本不存在职业判断空间，各种会计处理界线明确（例如，对于自行建造固定资产的成本，仍然使用"竣工决算前"这样一个时间节点），便于操作。二是固定资产分类、固定资产折旧年限、固定资产净残值、无形资产摊销、资产损失确认标准等均与税法统一，切实减轻了小企业的纳税调整负担。

四、计量属性单一规整

《小企业会计准则》均采用历史成本计量，不使用公允价值，只有部分特殊情况涉及市场价格和评估价值。所有资产均不计提减值准备，待资产实际发生损失时，再按税法规定的标准确认资产减值损失。由于所有资产减值损失均在"营业外支出"科目中反映，既有利于小企业准确核算资产损失，也有利于税务部门查账征收企业所得税。

五、实施安排稳妥有序

《小企业会计准则》自 2013 年 1 月 1 日起施行，但鼓励小企业提前实施。这一实施的时间安排，既为小企业留下充足的准备时间，又为具备条件的小企业提供了提前实施的机会。微型企业可以参照执行《小企业会计准则》，为不具备执行《小企业会计准则》条件的微型企业减轻了报告负担。三是个体工商户不要求执行《小企业会计准则》。

六、标准体系雏形初显

《小企业会计准则》发布后，由《企业会计准则》和《小企业会计准则》共同构成的企业会计标准体系已经形成，大中型企业执行《企业会计准则》、小企业执行《小企业会计准则》的格局基本形成，标准体系和实施范围与国际财务报告准则实现了趋同。财政部正着手清理会计制度，即将废止行业会计制度、企业会计制度、相关问题解答等，从而进一步提高企业会计信息的可比性。

第三节 主要内容解读和重大改革

一、"总则"部分的主要内容和重大改革

（一）主要内容

（1）适用范围——小型企业和微型企业。采用《小企业会计准则》的小型企业和微型企业，必须符合《中小企业划型标准规定》所规定的标准。具体可参见 2011 年 6 月 18 日工业和信息化部、国家统计局、国家发展和改革委员会和财政部联合发布的《中小企业划型标准规定》。正确运用划型标准必须注意两点：一是划型标准主要使用三个指标，即营业收入、资产总额和从业人员。二是各项指标均以统计部门的统计数据

为依据。

（2）不得采用《小企业会计准则》的小企业。股票或债券在市场上公开交易的小企业、金融机构或其他具有金融性质的小企业以及企业集团的母公司和子公司均不得采用《小企业会计准则》。根据国际会计准则理事会（IASB）的观点，前两类企业之所以不能执行《小企业会计准则》，是因为这些企业负有社会公众责任（public accountability），因而必须精确核算、详细披露。母公司和子公司之所以不能执行《小企业会计准则》，是因为母公司要编制合并财务报表，需要统一会计政策，而《小企业会计准则》未规范合并财务报表，因而只能执行《企业会计准则》。

（3）《小企业会计准则》与《企业会计准则》的关系。一是执行《小企业会计准则》的小企业，发生的交易或者事项《小企业会计准则》未做规范的（例如，衍生金融工具、股份支付、关联方交易、年金、中期报告、每股收益等），可以参照《企业会计准则》中的相关规定进行处理。二是执行《企业会计准则》的小企业，不得在执行《企业会计准则》的同时，选择执行《小企业会计准则》的相关规定。三是执行《小企业会计准则》的小企业公开发行股票或债券的，应当转为执行《企业会计准则》；因经营规模或企业性质变化导致不符合《小企业会计准则》标准而成为大中型企业或金融企业的，应当从次年1月1日起转为执行《企业会计准则》。四是已执行《企业会计准则》的上市公司、大中型企业和小企业，不得转为执行《小企业会计准则》，主要是为了防止小企业频繁调整会计政策。

（4）《小企业会计准则》向《企业会计准则》转换的会计处理。执行《小企业会计准则》的小企业转为执行《企业会计准则》时，应当按照《企业会计准则第38号——首次执行企业会计准则》等相关规定进行会计处理。

（二）重大改革

（1）划型标准不同。《小企业会计制度》适用于"在中华人民共和国境内设立的不对外筹集资金、经营规模较小的企业。本制度中所称'不对外筹集资金、经营规模较小的企业'，是指不公开发行股票或债券，符合原国家经济贸易委员会、原国家发展计划委员会、财政部、国家统计局2003年制定的《中小企业标准暂行规定》（国经贸中小企〔2003〕143号）中界定的小企业，不包括以个人独资及合伙形式设立的小企业。"显然，随着2011年出台新的划型标准，原标准废止，从而小企业标准也不相同。

（2）对母公司的要求更为严格。《小企业会计制度》并不禁止母公司采用《小企业会计制度》，而《小企业会计准则》却规定母公司不得执行《小企业会计准则》，这一规定比《国际准则》也更为严格。

（3）《小企业会计准则》向《企业会计准则》（制度）的转换时间更短。《小企业会计制度》规定，小企业"如果需要公开发行股票或债券等，应转为执行《企业会计制度》；如果因经营规模的变化导致连续三年不符合小企业标准的，应转为执行《企业会计制度》"。《小企业会计准则》规定，因规模标准变化而成为大中型企业或金融企业的，应当从次年1月1日起转为执行《企业会计准则》。

（三）简要评述

（1）划型标准的理解可能影响《小企业会计准则》执行。划型标准是事后统计数据，因此一个企业是否界定为小企业只能年末才能确定。所以，小企业应当以上年末的统计数据为基础来决定本年度应当执行《企业会计准则》还是《小企业会计准则》。会计人员对统计数据的获得来源和及时性，会直接影响企业对会计准则的选择。

（2）禁止已执行《企业会计准则》的小企业采用《小企业会计准则》，尽管会防止小企业不断调整会计政策，但实际上无疑会增加小企业的报告负担。

二、"资产"部分的主要内容和重大改革

（一）主要内容

（1）流动资产，主要包括货币资金、短期投资、应收及预付款项、存货等。

（2）非流动资产，主要包括长期债券投资、长期股权投资、固定资产、生产性生物资产、无形资产、长期待摊费用等。

（二）重大改革

（1）小企业的资产应当按照成本计量，不计提资产减值准备，而是在实际发生损失时计入营业外支出。一是应收及预付账款不计提坏账准备，而是在符合规定标准时作为坏账损失计入营业外支出；二是长期债券投资不计提减值准备，符合规定标准时作为长期债券投资损失计入营业外支出；三是长期股权投资不计提减值准备，符合规定标准时作为长期股权投资损失计入营业外支出。除长期股权投资外，各项资产损失的确认标准，参照税法规定并应提供相应的证据。

（2）沿袭使用短期投资、长期债券投资等概念，未使用《企业会计准则》中的交易性金融资产、持有至到期投资以及可供出售金融资产等概念。

（3）备用金作为其他货币资金核算和列报，不再作为其他应收款。

（4）存货会计处理方面的主要变化有：一是增加了消耗性生物资产的会计处理规定。二是明确存货借款费用可以资本化，但前提必须是"经过1年期以上的制造才能达到预定可销售状态的存货"。三是取消后进先出法。四是单设"周转材料"科目，核算不符合固定资产标准的低值易耗品等。

（5）长期投资会计处理方面的主要变化有：一是增加了非货币性资产交换取得的长期股权投资的会计处理，并规定"按照换出非货币性资产的评估价值和相关税费作为成本"；二是取消权益法，所有长期股权投资均按成本法进行会计处理。

（6）固定资产和生产性生物资产会计处理方面的主要变化有：一是增加了生产性生物资产的会计处理；二是不管以何种方式购入固定资产，均以实际成本入账，不使用现值计量；三是固定资产盘盈不作为会计差错处理，而是计入营业外收入；四是规定"小企业在建工程试运转过程中形成的产品、副产品或试车收入冲减在建工程成本"；五是未使用《小企业会计制度》中的"后续支出"概念，而是分别规定了固定资产的日常修理费、大修理支出和改建支出。其中，日常修理费计入当期损益，大修理支出计入长期待摊费用，改建支出计入固定资产成本（已提足折旧的固定资产和经营租入的固定资产发生的改建支出应当计入长期待摊费用）。

（7）无形资产会计处理方面的主要变化有：一是规定土地使用权应与建筑物分别

进行处理；二是增加了自行开发的无形资产，并单设了"研发支出"科目；三是增加"累计摊销"科目核算无形资产摊销；四是无形资产摊销根据受益对象计入成本费用，部分无形资产摊销可以计入"制造费用"科目，而不是全部计入"管理费用"科目；五是规定了"小企业不能可靠估计无形资产使用寿命的，摊销期不得低于10年"。

（8）长期待摊费用会计处理方面的主要变化是包含的内容完全不同。《小企业会计制度》规定，长期待摊费用主要是指筹建期间发生的费用，并应于开始生产经营的当月计入当期损益。而《小企业会计准则》规定，长期待摊费用包括已提足折旧的固定资产的改建支出、经营租入固定资产的改建支出、固定资产的大修理支出和其他长期待摊费用，并分别规定了摊销方法。

（三）简要评述

（1）《小企业会计准则》禁止企业计提减值准备，待企业实际发生资产损失时再作会计处理，一方面可以大大简化小企业的会计核算，另一方面也可能导致小企业资产不实，需要通过附注披露的方式提醒财务报表使用者注意。

（2）《小企业会计准则》对资产的会计处理主要是向《企业会计准则》靠拢，但对于金融资产的会计处理及分类主要是保留了《小企业会计制度》的规定，但从取消权益法来看，《小企业会计准则》比《小企业会计制度》还要简化，有利于小企业贯彻实施。

三、"负债"部分的主要内容和重大改革

（一）主要内容

（1）流动负债，主要包括短期借款、应付及预收款项、应付职工薪酬、应交税费、应付利息等。

（2）非流动负债，主要包括长期借款和长期应付款等。

（二）重大改革

（1）增加应付职工薪酬概念，明确应付职工薪酬是"小企业为获得职工提供的服务而应付给职工的各种形式的报酬以及其他相关支出"，相关规定与《企业会计准则》完全趋同。

（2）确实无法支付的应付账款计入营业外收入，不再计入资本公积。

（3）要求短期借款和长期借款均须按应付利息日计提利息，不再要求每一资产负债表日计提利息。

（4）简化了长期借款费用资本化的会计处理。

（三）简要评述

（1）规范应付职工薪酬的内容并与《企业会计准则》保持一致，有利于真实核算小企业成本，增强大企业与小企业成本信息的可比性。

（2）由于小企业长期借款不多，《小企业会计准则》淡化了长期借款的借款费用资本化核算，实质上是不鼓励小企业借款费用资本化，有利于减轻小企业的报告负担。

四、"所有者权益"部分的主要内容和重大改革

(一) 主要内容
小企业的所有者权益包括实收资本、资本公积、盈余公积和未分配利润。

(二) 重大改革
(1) 明确了利润归还投资的会计处理方法。
(2) 资本公积的构成内容减少,接受捐赠和外币资本折算差额不再形成资本公积。
(3) 明确规定资本公积不得弥补亏损。
(4) 删除以前年度损益调整的相关内容。
(5) 增加了外商投资的小企业提取储备基金、企业发展基金、奖励福利基金的会计处理,从而意味着符合规定标准的外商投资企业也可以执行《小企业会计准则》。

(三) 简要评述
《小企业会计准则》对所有者权益会计处理的改革,主要集中在资本公积的会计处理,从而与《企业会计准则》相互协调。

五、"收入"部分的主要内容和重大改革

(一) 主要内容
小企业的收入包括销售商品收入和提供劳务收入。

(二) 重大改革
(1) 删除了让渡资产使用权收入的相关内容。
(2) 销售商品的收入确认,不再强调风险报酬转移等缺乏可操作性的原则性规定,而是根据结算方式和销售方式规定了七种情况下收入确认的时点。
(3) 劳务收入的确认分为两种情况:一是同一会计年度内开始并结束的劳务,劳务交易完成且收到款项或取得收款权利时,确认提供劳务收入;二是劳务的开始和完成分属不同会计年度的,应当按照完工进度确认提供劳务收入。

(三) 简要评述
无论是销售商品收入还是提供劳务收入,收入确认时点更为明确,更具可操作性,符合小企业生产经营特点。

六、"费用"部分的主要内容和重大改革

(一) 主要内容
费用包括营业成本、营业税金及附加、销售费用、管理费用、财务费用等。

(二) 重大改革
《小企业会计准则》"费用"部分的会计处理方法没有重大改革,只是将营业费用改称销售费用,实质内容没有大的变化。另外,由于《小企业会计准则》严格控制了

借款费用资本化，因而财务费用涵盖的范围有所扩大。

（三）简要评述

费用的会计处理方法，基本维持了《小企业会计制度》的规定，而且与《企业会计准则》在许多方面相接轨，有利于小企业新旧制度衔接以及向《企业会计准则》过渡。

七、"利润及利润分配"部分的主要内容和重大改革

（一）主要内容

（1）营业利润＝营业收入－营业成本－营业税金及附加－销售费用－管理费用－财务费用＋投资收益（或减投资损失）。

（2）利润总额＝营业利润＋营业外收入－营业外支出。

（3）净利润＝利润总额－所得税费用。

（二）重大改革

（1）利润的层次与《企业会计准则》趋同，将原来主营业务利润、营业利润、利润总额和净利润四个层次，调整为三个层次，即营业利润、利润总额和净利润。

（2）营业外收入的内容有所扩大，将原计入资本公积的政府补助、捐赠收益、确实无法支付的应付账款计入营业外收入；将原计入财务费用的汇兑收益计入营业外收入；将原调整坏账准备的已作坏账损失处理后又收回的应收款项计入营业外收入；将原冲减所得税的所得税退税以及未予规范的其他所有退税（不含出口退税），均计入营业外收入。

（3）营业外支出的内容有所扩大，将原计入管理费用的坏账损失计入营业外支出；将原未规范的无法收回的长期债券投资损失和无法收回的长期股权投资损失计入营业外支出；将原未规范的捐赠支出和赞助支出计入营业外支出。

（三）简要评述

利润的会计处理，一方面与《企业会计准则》趋同，以便两个准则更好地衔接，另一方面又根据小企业的业务特点，对营业外收入与营业外支出做了调整，符合小企业实际情况，便于操作。

八、"外币业务"部分的主要内容和重大改革

（一）主要内容

（1）外币交易。主要包括记账本位币、外币金额折算汇率选择以及在资产负债表日对外币货币性项目和外币非货币性项目分别采用不同的汇率进行折算。

（2）外币财务报表折算。小企业对外币财务报表进行折算时，应当采用资产负债表日的即期汇率对外币资产负债表、利润表和现金流量表的所有项目进行折算。

（二）重大改革

（1）单列一章规范外币业务，主要是适应我国小企业开拓国际市场、对外出口大

幅增加的现实需要。

（2）外币资本投资不再产生折算差额，从而与《企业会计准则》趋同。《小企业会计准则》规定："小企业收到投资者以外币投入的资本，应当采用交易发生日即期汇率折算，不得采用合同约定汇率和交易当期平均汇率折算。"

（3）相对于《企业会计准则》，外币财务报表折算大大简化，要求采用资产负债表日的即期汇率对外币资产负债表、利润表和现金流量表的所有项目进行折算，而不是对不同财务报表及不同项目采用不同的汇率进行折算。

（三）简要评述

我国大量小企业主要依赖出口，外币业务是许多小企业的重要经济业务，有必要单独规范小企业外币业务的会计处理，但又没有必要象《企业会计准则》那样复杂。应该说，《小企业会计准则》符合我国小企业实际情况。

九、"财务报表"部分的主要内容和重大改革

（一）主要内容

财务报表包括资产负债表、利润表、现金流量表和附注。

（二）重大改革

（1）要求小企业必须编制现金流量表，而不再是根据需要有选择性地编制。

（2）删除"应交增值税明细表"附表，调整至附注中。

（3）丰富和扩展了附注内容，应收款项、应付职工薪酬、应交税费以及利润分配均要求以表格形式予以说明，同时对可能发生的资产减值以及或有负债要求予以披露。

（4）会计政策变更、会计估计变更和会计差错更正，均采用未来适用法进行会计处理，不涉及追溯调整。

（三）简要评述

扩展附注内容是会计标准改革的一个趋势，但强制小企业编制现金流量表可能会增加小企业报告负担，目前税务部门和银行也不太重视企业是否编报现金流量表。

十、会计科目的主要变化和重大改革

（一）主要内容

《小企业会计制度》将会计科目分为五大类，共60个会计科目。《小企业会计准则》将会计科目仍分为五大类，共计66个会计科目，总量增加了6个会计科目。

（二）重大改革

与《小企业会计制度》相比，《小企业会计准则》会计科目的变化主要可以分为三种情况：

（1）删除的会计科目：短期投资跌价准备、应收股息、坏账准备、低值易耗品、委托代销商品、存货跌价准备、待摊费用、应付福利费、其他应交款、预提费用和待转

资产价值。

（2）增加的会计科目：预付账款、材料采购、材料成本差异、累计摊销、应收股利、应收利息、消耗性生物资产、生产性生物资产、生产性生物资产累计折旧、累计摊销、待处理财产损溢、应付利息、应付股利、递延收益、研发支出、工程施工、机械作业。

（3）更名的会计科目：现金改为库存现金、材料改为原材料、长期债权投资改为长期债券投资、应付工资改为应付职工薪酬、应交税金改为应交税费、主营业务税金及附加改为营业税金及附加、营业费用改为销售费用、所得税改为所得税费用。必须注意的是，部分会计科目更名后，其核算内容也发生了较大变化，特别是应交税费与应付职工薪酬的核算内容具有实质性变化。

（三）简要评述

《小企业会计准则》的会计科目，主要是根据小企业经济业务特点设计，同时又注意与《企业会计准则》相衔接，符合我国小企业实际以及我国会计准则体系的现状。

第四节　小企业会计准则与企业会计准则经济业务会计处理的差异

一、资产减值会计处理的差异

《企业会计准则》规定，企业应当在资产负债表日判断资产是否存在可能发生减值的迹象；对于存在减值迹象的资产，应当进行减值测试，计算可收回金额，可收回金额低于其账面价值的，应当按照可收回金额低于账面价值的金额，计提减值准备。

《小企业会计准则》不计提资产减值准备。如对应收及预付款项、存货和消耗性生物资产、生产性生物资产、固定资产、在建工程、无形资产、长期债券投资、长期股权投资、不计提相应的资产减值准备。《小企业会计准则》对上列资产在持有期间所发生的减值，在会计上不进行处理，而在资产实际发生损失时，按规定确认资产损失，进行会计处理。

二、公允价值变动的会计处理差异

《企业会计准则》规定，资产负债表日，企业应将以公允价值计量且其变动计入当期损益的金融资产或金融负债的公允价值变动计入当期损益。《小企业会计准则》对短期投资、长期股权投资持有期间因公允价值变动而发生的增值或减值，在会计上不进行调整。

三、资产初始入账成本会计处理的差异

主要表现在以下几个方面：

（1）取得股票、债券作为短期股资（交易性金融资产）所发生相关交易费用，会计处理的差异：《企业会计准则》规定，该发生的交易费用计入"投资收益"科目。《小企业会计准则》规定，该发生的交易费用应作为成本进行计量。

（2）商品流通企业在购买过程中发生的运输费等在会计处理上的差异：《企业会计准则》规定，在存货采购过程中发生的上述费用，能分清负担对象的，应直接计入存货的采购成本；不能分清对象的，应选择合理的分配方法，分配计入有关存货的采购成本。分配方法通常包括按所购存货的重量或采购价格比例进行分配。《小企业会计准则》规定，上述这些费用发生时直接计入当期销售费用，不计入所购商品的成本。

（3）延期付款或分期付款购入固定资产的入账价值会计处理的差异。《企业会计准则》规定，其入账成本应当以延期支付的购买价款的现值为基础确定。支付购买固定资产的购买价款与按固定资产购买价款计算的现值差价，应按融资费用处理。《小企业会计准则》的会计处理是不考虑其中内含的融资费用，即以按外购固定资产的购置成本进行计量。

（4）融资租赁租入固定资产的入账价值会计处理差异。《企业会计准则》的会计处理，应将租赁开始日租赁资产公允价值与最低租赁付款额现值两者中较低者作为租入资产的入账价值，将最低租赁额作为长期应付款的入账价值，其差额作为未确认融资费用。承租人在租赁谈判和签订租赁合同过程中发生的、可归属于租赁项目的手续费、律师费等初始直接费用，应计入租入资产价值。《小企业会计准则》的会计处理是按租赁合同约定的付款总额及相关税费确定固定资产的入账价值。所以《小企业会计准则》不需要确定折现率和计算现值，不需要进行未确认融资费用的分摊。

四、长期债券投资会计处理差异

企业对于持有时间在一年以上的债券投资，《小企业会计准则》在"长期债券投资"科目中核算，《企业会计准则》在"持有至到期投资"（到期日固定，回收金额固定或可确定，且企业有明显意图和能力持有到期的债券）和"可供出售金融资产"（企业因持有意图或能力发生改变，使某项投资不再适合划分为持有至到期投资的债券投资，或基于风险管理需要或资本管理需要，将购入债券初始确认时即被指定为可供出售金融资产）两个科目中核算。长期债券投资购入时的初始计量，《小企业会计准则》与《企业会计准则》的会计处理是相同的，均是以购买价款和相关税费作为成本计量，但后续计量中，两者有着较大的差异。①债券在持有期间发生的应收利息的确认时点不同。《小企业会计准则》为债务人应付利息日。《企业会计准则》为资产负债表日。②债券的溢折价的摊销方法不同。《小企业会计准则》采用直线法进行摊销。《企业会计准则》采用实际利率法进行摊销。③债券和利息收入的计量不同。《小企业会计准

则》按债券面值和债券票面利率计算利息收入。《企业会计准则》按债券的摊余成本与实际利率计算其利息收入。④小企业不计算债券减值损失，《企业会计准则》规定，债券发生减值的，应计提减值准备，确认减值损失。

五、长期股权投资会计处理差异

企业对于不以赚取差价为目的的权益性投资，《小企业会计准则》设置"长期股权投资"科目核算，《企业会计准则》设置"长期股权投资"和"可供出售金融资产"两个科目中核算。长期股权投资会计处理的差异，《企业会计准则》采用成本法和权益法核算，《小企业会计准则》全部采用成本法核算。

《小企业会计准则》的成本法与《企业会计准则》权益法核算的主要差异：对于初始投资成本的计量，《小企业会计准则》规定按投资成本进行计量。采用权益法核算长期股权投资时，如果长期股权投资的初始成本大于投资时应享有被投资单位可辨认净资产公允价值的相应份额的，该部分差额不调整长期股权投资的初始成本；如果长期股权投资的初始成本小于投资时应享有被投资单位可辨认净资产公允价值的相应份额的，该部分差额应确认为当期收益计入营业外收入，同时调整长期股权投资的成本。对于长期股权投资的后续计量，在采用权益法核算下，长期股权投资后，随着被投资单位所有者权益的变动而相应调整长期股权投资的账面价值（主要通过"长期股权投资——损益调整"科目进行核算）。在《小企业会计准则》成本法核算下，投资企业对被投资单位宣告分派的现金股利或利润，应按分得的金额确认为投资收益。

六、售出商品发生销售退回会计处理的差异

《企业会计准则》规定：本期销售的货物本期退回的，调整本期的收入和成本，资产负债表所属期间或以前所售商品在资产负债表日后退回的，应作为资产负债表日后调整事项处理。《小企业会计准则》规定：对于已确认销售收入的售出商品发生退回的，不论属于本年度还是以前年度的销售，均应在发生时冲减当期销售收入。

七、借款费用资本化会计处理差异

《企业会计准则》对借款费用资本化的有关规定。①借款费用资本化起点为：资产支出已经发生、借款费用已经发生，以及为使资产达到预定可使用状态或者可销售状态所必需的购建或者生产活动已经开始。②借款费用暂停资本化为：符合资本化条件的资产在购建或者生产过程中发生非正常中断，且中断时间连续超过3个月（含3个月），应当暂停借款费用的资本化，在中断期间发生的借款费用应当确认为费用，计入当期损益（财务费用），直至资产的购建或者生产活动重新开始。③借款费用停止资本化为：购建或者生产符合资本化条件的资产达到预定可使用状态或者可销售状态时，借款费用应当停止资本化。以后所发生的借款费用，应当在发生时根据其发生额确认为费用，计入当

期损益（财务费用）。此外，企业为购建或者生产符合资本化条件的资产而占用了一般借款的，应当根据累计资产支出超过专门借款部分的资产支出加权平均数乘以所占用一般借款的资本化率，计算确定一般借款应予以资本化的利息金额。

《小企业会计准则》对借款费用资本化的规定：为购建固定资产、无形资产和经过1年期以上的建造才能达到预定可销售状态的存货发生借款的，在有关资产购置、建造期间发生的合理借款费用应作为资本性支出计入有关资产的成本。对于自行建造固定资产，在其竣工决算前发生的借款费用，计入该固定资产成本；经过1年期以上的制造才能达到预定可销售状态的存货发生的借款费用，计入存货的成本。

附：小企业会计准则

第一章 总 则

第一条　为了规范小企业会计确认、计量和报告行为，促进小企业可持续发展，发挥小企业在国民经济和社会发展中的重要作用，根据《中华人民共和国会计法》及其他有关法律和法规，制定本准则。

第二条　本准则适用于在中华人民共和国境内依法设立的、符合《中小企业划型标准规定》所规定的小型企业标准的企业。

下列三类小企业除外：

（一）股票或债券在市场上公开交易的小企业。

（二）金融机构或其他具有金融性质的小企业。

（三）企业集团内的母公司和子公司。

前款所称企业集团、母公司和子公司的定义与《企业会计准则》的规定相同。

第三条　符合本准则第二条规定的小企业，可以执行本准则，也可以执行《企业会计准则》。

（一）执行本准则的小企业，发生的交易或者事项本准则未做规范的，可以参照《企业会计准则》中的相关规定进行处理。

（二）执行《企业会计准则》的小企业，不得在执行《企业会计准则》的同时，选择执行本准则的相关规定。

（三）执行本准则的小企业公开发行股票或债券的，应当转为执行《企业会计准则》；因经营规模或企业性质变化导致不符合本准则第二条规定而成为大中型企业或金融企业的，应当从次年1月1日起转为执行《企业会计准则》。

（四）已执行《企业会计准则》的上市公司、大中型企业和小企业，不得转为执行本准则。

第四条　执行本准则的小企业转为执行《企业会计准则》时，应当按照《企业会计准则第38号——首次执行企业会计准则》等相关规定进行会计处理。

第二章 资 产

第五条　资产，是指小企业过去的交易或者事项形成的、由小企业拥有或者控制的、预期会给小企业带来经济利益的资源。小企业的资产按照流动性，可分为流动资产和非流动资产。

第六条 小企业的资产应当按照成本计量，不计提资产减值准备。

第一节 流动资产

第七条 小企业的流动资产，是指预计在1年内（含1年，下同）或超过1年的一个正常营业周期内变现、出售或耗用的资产。

小企业的流动资产包括：货币资金、短期投资、应收及预付款项、存货等。

第八条 短期投资，是指小企业购入的能随时变现并且持有时间不准备超过1年（含1年，下同）的投资，如小企业以赚取差价为目的从二级市场购入的股票、债券、基金等。

短期投资应当按照以下规定进行会计处理：

（一）以支付现金取得的短期投资，应当按照购买价款和相关税费作为成本进行计量。

实际支付价款中包含的已宣告但尚未发放的现金股利或已到付息期但尚未领取的债券利息，应当单独确认为应收股利或应收利息，不计入短期投资的成本。

（二）在短期投资持有期间，被投资单位宣告分派的现金股利或在债务人应付利息日按照分期付息、一次还本债券投资的票面利率计算的利息收入，应当计入投资收益。

（三）出售短期投资，出售价款扣除其账面余额、相关税费后的净额，应当计入投资收益。

第九条 应收及预付款项，是指小企业在日常生产经营活动中发生的各项债权。包括：应收票据、应收账款、应收股利、应收利息、其他应收款等应收款项和预付账款。

应收及预付款项应当按照发生额入账。

第十条 小企业应收及预付款项符合下列条件之一的，减除可收回的金额后确认的无法收回的应收及预付款项，作为坏账损失：

（一）债务人依法宣告破产、关闭、解散、被撤销，或者被依法注销、吊销营业执照，其清算财产不足清偿的。

（二）债务人死亡，或者依法被宣告失踪、死亡，其财产或者遗产不足清偿的。

（三）债务人逾期3年以上未清偿，且有确凿证据证明已无力清偿债务的。

（四）与债务人达成债务重组协议或法院批准破产重整计划后，无法追偿的。

（五）因自然灾害、战争等不可抗力导致无法收回的。

（六）国务院财政、税务主管部门规定的其他条件。

应收及预付款项的坏账损失应当于实际发生时计入营业外支出，同时冲减应收及预付款项。

第十一条 存货，是指小企业在日常生产经营过程中持有以备出售的产成品或商品、处在生产过程中的在产品、将在生产过程或提供劳务过程中耗用的材料和物料等，以及小企业（农、林、牧、渔业）为出售而持有的、或在将来收获为农产品的消耗性生物资产。

小企业的存货包括：原材料、在产品、半成品、产成品、商品、周转材料、委托加工物资、消耗性生物资产等。

（一）原材料，是指小企业在生产过程中经加工改变其形态或性质并构成产品主要实体的各种原料及主要材料、辅助材料、外购半成品（外购件）、修理用备件（备品备件）、包装材料、燃料等。

（二）在产品，是指小企业正在制造尚未完工的产品。包括：正在各个生产工序加工的产品，以及已加工完毕但尚未检验或已检验但尚未办理入库手续的产品。

（三）半成品，是指小企业经过一定生产过程并已检验合格交付半成品仓库保管，但尚未制造完工成为产成品，仍需进一步加工的中间产品。

（四）产成品，是指小企业已经完成全部生产过程并已验收入库，符合标准规格和技术条件，可以按照合同规定的条件送交订货单位，或者可以作为商品对外销售的产品。

（五）商品，是指小企业（批发业、零售业）外购或委托加工完成并已验收入库用于销售的各种商品。

（六）周转材料，是指小企业能够多次使用、逐渐转移其价值但仍保持原有形态且不确认为固定资产的材料。包括：包装物、低值易耗品、小企业（建筑业）的钢模板、木模板、脚手架等。

（七）委托加工物资，是指小企业委托外单位加工的各种材料、商品等物资。

（八）消耗性生物资产，是指小企业（农、林、牧、渔业）生长中的大田作物、蔬菜、用材林以及存栏待售的牲畜等。

第十二条 小企业取得的存货，应当按照成本进行计量。

（一）外购存货的成本包括：购买价款、相关税费、运输费、装卸费、保险费以及在外购存货过程发生的其他直接费用，但不含按照税法规定可以抵扣的增值税进项税额。

（二）通过进一步加工取得存货的成本包括：直接材料、直接人工以及按照一定方法分配的制造费用。

经过1年期以上的制造才能达到预定可销售状态的存货发生的借款费用，也计入存货的成本。

前款所称借款费用，是指小企业因借款而发生的利息及其他相关成本。包括：借款利息、辅助费用以及因外币借款而发生的汇兑差额等。

（三）投资者投入存货的成本，应当按照评估价值确定。

（四）提供劳务的成本包括：与劳务提供直接相关的人工费、材料费和应分摊的间接费用。

（五）自行栽培、营造、繁殖或养殖的消耗性生物资产的成本，应当按照下列规定确定：

1. 自行栽培的大田作物和蔬菜的成本包括：在收获前耗用的种子、肥料、农药等材料费、人工费和应分摊的间接费用。

2. 自行营造的林木类消耗性生物资产的成本包括：郁闭前发生的造林费、抚育费、营林设施费、良种试验费、调查设计费和应分摊的间接费用。

3. 自行繁殖的育肥畜的成本包括：出售前发生的饲料费、人工费和应分摊的间接费用。

4. 水产养殖的动物和植物的成本包括：在出售或入库前耗用的苗种、饲料、肥料等材料费、人工费和应分摊的间接费用。

（六）盘盈存货的成本，应当按照同类或类似存货的市场价格或评估价值确定。

第十三条 小企业应当采用先进先出法、加权平均法或者个别计价法确定发出存货的实际成本。计价方法一经选用，不得随意变更。

对于性质和用途相似的存货，应当采用相同的成本计算方法确定发出存货的成本。

对于不能替代使用的存货、为特定项目专门购入或制造的存货以及提供的劳务，采用个别计价法确定发出存货的成本。

对于周转材料，采用一次转销法进行会计处理，在领用时按其成本计入生产成本或当期损益；金额较大的周转材料，也可以采用分次摊销法进行会计处理。出租或出借周转材料，不需要结转其成本，但应当进行备查登记。

对于已售存货，应当将其成本结转为营业成本。

第十四条 小企业应当根据生产特点和成本管理的要求，选择适合于本企业的成本核算对象、成本项目和成本计算方法。

小企业发生的各项生产费用，应当按照成本核算对象和成本项目分别归集。

（一）属于材料费、人工费等直接费用，直接计入基本生产成本和辅助生产成本。

（二）属于辅助生产车间为生产产品提供的动力等直接费用，可以先作为辅助生产成本进行归集，然后按照合理的方法分配计入基本生产成本；也可以直接计入所生产产品发生的生产成本。

（三）其他间接费用应当作为制造费用进行归集，月度终了，再按一定的分配标准，分配计入有关产品的成本。

第十五条 存货发生毁损，处置收入、可收回的责任人赔偿和保险赔款，扣除其成本、相关税费后的净额，应当计入营业外支出或营业外收入。

盘盈存货实现的收益应当计入营业外收入。

盘亏存货发生的损失应当计入营业外支出。

第二节 长期投资

第十六条 小企业的非流动资产，是指流动资产以外的资产。

小企业的非流动资产包括：长期债券投资、长期股权投资、固定资产、生产性生物资产、无形资产、长期待摊费用等。

第十七条 长期债券投资，是指小企业准备长期（在1年以上，下同）持有的债券投资。

第十八条 长期债券投资应当按照购买价款和相关税费作为成本进行计量。

实际支付价款中包含的已到付息期但尚未领取的债券利息，应当单独确认为应收利息，不计入长期债券投资的成本。

第十九条 长期债券投资在持有期间发生的应收利息应当确认为投资收益。

（一）分期付息、一次还本的长期债券投资，在债务人应付利息日按照票面利率计算的应收未收利息收入应当确认为应收利息，不增加长期债券投资的账面余额。

（二）一次还本付息的长期债券投资，在债务人应付利息日按照票面利率计算的应收未收利息收入应当增加长期债券投资的账面余额。

（三）债券的折价或者溢价在债券存续期间内于确认相关债券利息收入时采用直线法进行摊销。

第二十条　长期债券投资到期，小企业收回长期债券投资，应当冲减其账面余额。处置长期债券投资，处置价款扣除其账面余额、相关税费后的净额，应当计入投资收益。

第二十一条　小企业长期债券投资符合本准则第十条所列条件之一的，减除可收回的金额后确认的无法收回的长期债券投资，作为长期债券投资损失。

长期债券投资损失应当于实际发生时计入营业外支出，同时冲减长期债券投资账面余额。

第二十二条　长期股权投资，是指小企业准备长期持有的权益性投资。

第二十三条　长期股权投资应当按照成本进行计量。

（一）以支付现金取得的长期股权投资，应当按照购买价款和相关税费作为成本进行计量。

实际支付价款中包含的已宣告但尚未发放的现金股利，应当单独确认为应收股利，不计入长期股权投资的成本。

（二）通过非货币性资产交换取得的长期股权投资，应当按照换出非货币性资产的评估价值和相关税费作为成本进行计量。

第二十四条　长期股权投资应当采用成本法进行会计处理。

在长期股权投资持有期间，被投资单位宣告分派的现金股利或利润，应当按照应分得的金额确认为投资收益。

第二十五条　处置长期股权投资，处置价款扣除其成本、相关税费后的净额，应当计入投资收益。

第二十六条　小企业长期股权投资符合下列条件之一的，减除可收回的金额后确认的无法收回的长期股权投资，作为长期股权投资损失：

（一）被投资单位依法宣告破产、关闭、解散、被撤销，或者被依法注销、吊销营业执照的。

（二）被投资单位财务状况严重恶化，累计发生巨额亏损，已连续停止经营3年以上，且无重新恢复经营改组计划的。

（三）对被投资单位不具有控制权，投资期限届满或者投资期限已超过10年，且被投资单位因连续3年经营亏损导致资不抵债的。

（四）被投资单位财务状况严重恶化，累计发生巨额亏损，已完成清算或清算期超过3年以上的。

（五）国务院财政、税务主管部门规定的其他条件。

长期股权投资损失应当于实际发生时计入营业外支出，同时冲减长期股权投资账面余额。

第三节 固定资产和生产性生物资产

第二十七条 固定资产，是指小企业为生产产品、提供劳务、出租或经营管理而持有的，使用寿命超过1年的有形资产。

小企业的固定资产包括：房屋、建筑物、机器、机械、运输工具、设备、器具、工具等。

第二十八条 固定资产应当按照成本进行计量。

（一）外购固定资产的成本包括：购买价款、相关税费、运输费、装卸费、保险费、安装费等，但不含按照税法规定可以抵扣的增值税进项税额。

以一笔款项购入多项没有单独标价的固定资产，应当按照各项固定资产或类似资产的市场价格或评估价值比例对总成本进行分配，分别确定各项固定资产的成本。

（二）自行建造固定资产的成本，由建造该项资产在竣工决算前发生的支出（含相关的借款费用）构成。

小企业在建工程在试运转过程中形成的产品、副产品或试车收入冲减在建工程成本。

（三）投资者投入固定资产的成本，应当按照评估价值和相关税费确定。

（四）融资租入的固定资产的成本，应当按照租赁合同约定的付款总额和在签订租赁合同过程中发生的相关税费等确定。

（五）盘盈固定资产的成本，应当按照同类或者类似固定资产的市场价格或评估价值，扣除按照该项固定资产新旧程度估计的折旧后的余额确定。

第二十九条 小企业应当对所有固定资产计提折旧，但已提足折旧仍继续使用的固定资产和单独计价入账的土地不得计提折旧。

固定资产的折旧费应当根据固定资产的受益对象计入相关资产成本或者当期损益。

前款所称折旧，是指在固定资产使用寿命内，按照确定的方法对应计折旧额进行系统分摊。应计折旧额，是指应当计提折旧的固定资产的原价（成本）扣除其预计净残值后的金额。预计净残值，是指固定资产预计使用寿命已满，小企业从该项固定资产处置中获得的扣除预计处置费用后的净额。已提足折旧，是指已经提足该项固定资产的应计折旧额。

第三十条 小企业应当按照年限平均法（即直线法，下同）计提折旧。小企业的固定资产由于技术进步等原因，确需加速折旧的，可以采用双倍余额递减法和年数总和法。

小企业应当根据固定资产的性质和使用情况，并考虑税法的规定，合理确定固定资产的使用寿命和预计净残值。

固定资产的折旧方法、使用寿命、预计净残值一经确定，不得随意变更。

第三十一条 小企业应当按月计提折旧，当月增加的固定资产，当月不计提折旧，从下月起计提折旧；当月减少的固定资产，当月仍计提折旧，从下月起不计提折旧。

第三十二条 固定资产的日常修理费，应当在发生时根据固定资产的受益对象计入相关资产成本或者当期损益。

第三十三条 固定资产的改建支出，应当计入固定资产的成本，但已提足折旧的固定资产和经营租入的固定资产发生的改建支出应当计入长期待摊费用。

前款所称固定资产的改建支出，是指改变房屋或者建筑物结构、延长使用年限等发生的支出。

第三十四条　处置固定资产，处置收入扣除其账面价值、相关税费和清理费用后的净额，应当计入营业外收入或营业外支出。

前款所称固定资产的账面价值，是指固定资产原价（成本）扣减累计折旧后的金额。

盘亏固定资产发生的损失应当计入营业外支出。

第三十五条　生产性生物资产，是指小企业（农、林、牧、渔业）为生产农产品、提供劳务或出租等目的而持有的生物资产。包括：经济林、薪炭林、产畜和役畜等。

第三十六条　生产性生物资产应当按照成本进行计量。

（一）外购的生产性生物资产的成本，应当按照购买价款和相关税费确定。

（二）自行营造或繁殖的生产性生物资产的成本，应当按照下列规定确定：

1. 自行营造的林木类生产性生物资产的成本包括：达到预定生产经营目的前发生的造林费、抚育费、营林设施费、良种试验费、调查设计费和应分摊的间接费用等必要支出。

2. 自行繁殖的产畜和役畜的成本包括：达到预定生产经营目的前发生的饲料费、人工费和应分摊的间接费用等必要支出。

前款所称达到预定生产经营目的，是指生产性生物资产进入正常生产期，可以多年连续稳定产出农产品、提供劳务或出租。

第三十七条　生产性生物资产应当按照年限平均法计提折旧。

小企业（农、林、牧、渔业）应当根据生产性生物资产的性质和使用情况，并考虑税法的规定，合理确定生产性生物资产的使用寿命和预计净残值。

生产性生物资产的折旧方法、使用寿命、预计净残值一经确定，不得随意变更。

小企业（农、林、牧、渔业）应当自生产性生物资产投入使用月份的下月起按月计提折旧；停止使用的生产性生物资产，应当自停止使用月份的下月起停止计提折旧。

第四节　无形资产

第三十八条　无形资产，是指小企业为生产产品、提供劳务、出租或经营管理而持有的、没有实物形态的可辨认非货币性资产。

小企业的无形资产包括：土地使用权、专利权、商标权、著作权、非专利技术等。

自行开发建造厂房等建筑物，相关的土地使用权与建筑物应当分别进行处理。外购土地及建筑物支付的价款应当在建筑物与土地使用权之间按照合理的方法进行分配；难以合理分配的，应当全部作为固定资产。

第三十九条　无形资产应当按照成本进行计量。

（一）外购无形资产的成本包括：购买价款、相关税费和相关的其他支出（含相关的借款费用）。

（二）投资者投入的无形资产的成本，应当按照评估价值和相关税费确定。

（三）自行开发的无形资产的成本，由符合资本化条件后至达到预定用途前发生的支出（含相关的借款费用）构成。

第四十条 小企业自行开发无形资产发生的支出，同时满足下列条件的，才能确认为无形资产：

（一）完成该无形资产以使其能够使用或出售在技术上具有可行性；

（二）具有完成该无形资产并使用或出售的意图；

（三）能够证明运用该无形资产生产的产品存在市场或无形资产自身存在市场，无形资产将在内部使用的，应当证明其有用性；

（四）有足够的技术、财务资源和其他资源支持，以完成该无形资产的开发，并有能力使用或出售该无形资产；

（五）归属于该无形资产开发阶段的支出能够可靠地计量。

第四十一条 无形资产应当在其使用寿命内采用年限平均法进行摊销，根据其受益对象计入相关资产成本或者当期损益。

无形资产的摊销期自其可供使用时开始至停止使用或出售时止。有关法律规定或合同约定了使用年限的，可以按照规定或约定的使用年限分期摊销。

小企业不能可靠估计无形资产使用寿命的，摊销期不得低于10年。

第四十二条 处置无形资产，处置收入扣除其账面价值、相关税费等后的净额，应当计入营业外收入或营业外支出。

前款所称无形资产的账面价值，是指无形资产的成本扣减累计摊销后的金额。

第五节 长期待摊费用

第四十三条 小企业的长期待摊费用包括：已提足折旧的固定资产的改建支出、经营租入固定资产的改建支出、固定资产的大修理支出和其他长期待摊费用等。

前款所称固定资产的大修理支出，是指同时符合下列条件的支出：

（一）修理支出达到取得固定资产时的计税基础50%以上；

（二）修理后固定资产的使用寿命延长2年以上。

第四十四条 长期待摊费用应当在其摊销期限内采用年限平均法进行摊销，根据其受益对象计入相关资产的成本或者管理费用，并冲减长期待摊费用。

（一）已提足折旧的固定资产的改建支出，按照固定资产预计尚可使用年限分期摊销。

（二）经营租入固定资产的改建支出，按照合同约定的剩余租赁期限分期摊销。

（三）固定资产的大修理支出，按照固定资产尚可使用年限分期摊销。

（四）其他长期待摊费用，自支出发生月份的下月起分期摊销，摊销期不得低于3年。

第三章 负 债

第四十五条 负债，是指小企业过去的交易或者事项形成的，预期会导致经济利益流出小企业的现时义务。小企业的负债按照其流动性，可分为流动负债和非流动负债。

第一节 流动负债

第四十六条 小企业的流动负债，是指预计在1年内或者超过1年的一个正常营业周期内清偿的债务。

小企业的流动负债包括：短期借款、应付及预收款项、应付职工薪酬、应交税费、应付利息等。

第四十七条　各项流动负债应当按照其实际发生额入账。

小企业确实无法偿付的应付款项，应当计入营业外收入。

第四十八条　短期借款应当按照借款本金和借款合同利率在应付利息日计提利息费用，计入财务费用。

第四十九条　应付职工薪酬，是指小企业为获得职工提供的服务而应付给职工的各种形式的报酬以及其他相关支出。

小企业的职工薪酬包括：

（一）职工工资、奖金、津贴和补贴。

（二）职工福利费。

（三）医疗保险费、养老保险费、失业保险费、工伤保险费和生育保险费等社会保险费。

（四）住房公积金。

（五）工会经费和职工教育经费。

（六）非货币性福利。

（七）因解除与职工的劳动关系给予的补偿。

（八）其他与获得职工提供的服务相关的支出等。

第五十条　小企业应当在职工为其提供服务的会计期间，将应付的职工薪酬确认为负债，并根据职工提供服务的受益对象，分别下列情况进行会计处理：

（一）应由生产产品、提供劳务负担的职工薪酬，计入产品成本或劳务成本。

（二）应由在建工程、无形资产开发项目负担的职工薪酬，计入固定资产成本或无形资产成本。

（三）其他职工薪酬（含因解除与职工的劳动关系给予的补偿），计入当期损益。

第二节　非流动负债

第五十一条　小企业的非流动负债，是指流动负债以外的负债。

小企业的非流动负债包括：长期借款、长期应付款等。

第五十二条　非流动负债应当按照其实际发生额入账。

长期借款应当按照借款本金和借款合同利率在应付利息日计提利息费用，计入相关资产成本或财务费用。

第四章　所有者权益

第五十三条　所有者权益，是指小企业资产扣除负债后由所有者享有的剩余权益。

小企业的所有者权益包括：实收资本（或股本，下同）、资本公积、盈余公积和未分配利润。

第五十四条　实收资本，是指投资者按照合同协议约定或相关规定投入小企业、构成小企业注册资本的部分。

（一）小企业收到投资者以现金或非货币性资产投入的资本，应当按照其在本企业注册资本中所占的份额计入实收资本，超出的部分，应当计入资本公积。

（二）投资者根据有关规定对小企业进行增资或减资，小企业应当增加或减少实收资本。

第五十五条　资本公积，是指小企业收到的投资者出资额超过其在注册资本或股本中所占份额的部分。

小企业用资本公积转增资本，应当冲减资本公积。小企业的资本公积不得用于弥补亏损。

第五十六条　盈余公积，是指小企业按照法律规定在税后利润中提取的法定公积金和任意公积金。

小企业用盈余公积弥补亏损或者转增资本，应当冲减盈余公积。小企业的盈余公积还可以用于扩大生产经营。

第五十七条　未分配利润，是指小企业实现的净利润，经过弥补亏损、提取法定公积金和任意公积金、向投资者分配利润后，留存在本企业的、历年结存的利润。

第五章　收　入

第五十八条　收入，是指小企业在日常生产经营活动中形成的、会导致所有者权益增加、与所有者投入资本无关的经济利益的总流入。包括：销售商品收入和提供劳务收入。

第五十九条　销售商品收入，是指小企业销售商品（或产成品、材料，下同）取得的收入。

通常，小企业应当在发出商品且收到货款或取得收款权利时，确认销售商品收入。

（一）销售商品采用托收承付方式的，在办妥托收手续时确认收入。

（二）销售商品采取预收款方式的，在发出商品时确认收入。

（三）销售商品采用分期收款方式的，在合同约定的收款日期确认收入。

（四）销售商品需要安装和检验的，在购买方接受商品以及安装和检验完毕时确认收入。安装程序比较简单的，可在发出商品时确认收入。

（五）销售商品采用支付手续费方式委托代销的，在收到代销清单时确认收入。

（六）销售商品以旧换新的，销售的商品作为商品销售处理，回收的商品作为购进商品处理。

（七）采取产品分成方式取得的收入，在分得产品之日按照产品的市场价格或评估价值确定销售商品收入金额。

第六十条　小企业应当按照从购买方已收或应收的合同或协议价款，确定销售商品收入金额。

销售商品涉及现金折扣的，应当按照扣除现金折扣前的金额确定销售商品收入金额。现金折扣应当在实际发生时，计入当期损益。

销售商品涉及商业折扣的，应当按照扣除商业折扣后的金额确定销售商品收入金额。

前款所称现金折扣，是指债权人为鼓励债务人在规定的期限内付款而向债务人提供的债务扣除。商业折扣,是指小企业为促进商品销售而在商品标价上给予的价格扣除。

第六十一条 小企业已经确认销售商品收入的售出商品发生的销售退回(不论属于本年度还是属于以前年度的销售),应当在发生时冲减当期销售商品收入。

小企业已经确认销售商品收入的售出商品发生的销售折让,应当在发生时冲减当期销售商品收入。

前款所称销售退回,是指小企业售出的商品由于质量、品种不符合要求等原因发生的退货。销售折让,是指小企业因售出商品的质量不合格等原因而在售价上给予的减让。

第六十二条 小企业提供劳务的收入,是指小企业从事建筑安装、修理修配、交通运输、仓储租赁、邮电通信、咨询经纪、文化体育、科学研究、技术服务、教育培训、餐饮住宿、中介代理、卫生保健、社区服务、旅游、娱乐、加工以及其他劳务服务活动取得的收入。

第六十三条 同一会计年度内开始并完成的劳务,应当在提供劳务交易完成且收到款项或取得收款权利时,确认提供劳务收入。提供劳务收入的金额为从接受劳务方已收或应收的合同或协议价款。

劳务的开始和完成分属不同会计年度的,应当按照完工进度确认提供劳务收入。年度资产负债表日,按照提供劳务收入总额乘以完工进度扣除以前会计年度累计已确认提供劳务收入后的金额,确认本年度的提供劳务收入;同时,按照估计的提供劳务成本总额乘以完工进度扣除以前会计年度累计已确认营业成本后的金额,结转本年度营业成本。

第六十四条 小企业与其他企业签订的合同或协议包含销售商品和提供劳务时,销售商品部分和提供劳务部分能够区分且能够单独计量的,应当将销售商品的部分作为销售商品处理,将提供劳务的部分作为提供劳务处理。

销售商品部分和提供劳务部分不能够区分,或虽能区分但不能够单独计量的,应当作为销售商品处理。

第六章 费　用

第六十五条 费用,是指小企业在日常生产经营活动中发生的、会导致所有者权益减少、与向所有者分配利润无关的经济利益的总流出。

小企业的费用包括:营业成本、营业税金及附加、销售费用、管理费用、财务费用等。

(一)营业成本,是指小企业所销售商品的成本和所提供劳务的成本。

(二)营业税金及附加,是指小企业开展日常生产经营活动应负担的消费税、营业税、城市维护建设税、资源税、土地增值税、城镇土地使用税、房产税、车船税、印花税和教育费附加、矿产资源补偿费、排污费等。

(三)销售费用,是指小企业在销售商品或提供劳务过程中发生的各种费用。包括:销售人员的职工薪酬、商品维修费、运输费、装卸费、包装费、保险费、广告费、业务宣传费、展览费等费用。

小企业（批发业、零售业）在购买商品过程中发生的费用（包括：运输费、装卸费、包装费、保险费、运输途中的合理损耗和入库前的挑选整理费等）也构成销售费用。

（四）管理费用，是指小企业为组织和管理生产经营发生的其他费用。包括：小企业在筹建期间内发生的开办费、行政管理部门发生的费用（包括：固定资产折旧费、修理费、办公费、水电费、差旅费、管理人员的职工薪酬等）、业务招待费、研究费用、技术转让费、相关长期待摊费用摊销、财产保险费、聘请中介机构费、咨询费（含顾问费）、诉讼费等费用。

（五）财务费用，是指小企业为筹集生产经营所需资金发生的筹资费用。包括：利息费用（减利息收入）、汇兑损失、银行相关手续费、小企业给予的现金折扣（减享受的现金折扣）等费用。

第六十六条 通常，小企业的费用应当在发生时按照其发生额计入当期损益。

小企业销售商品收入和提供劳务收入已予确认的，应当将已销售商品和已提供劳务的成本作为营业成本结转至当期损益。

第七章 利润及利润分配

第六十七条 利润，是指小企业在一定会计期间的经营成果。包括：营业利润、利润总额和净利润。

（一）营业利润，是指营业收入减去营业成本、营业税金及附加、销售费用、管理费用、财务费用，加上投资收益（或减去投资损失）后的金额。

前款所称营业收入，是指小企业销售商品和提供劳务实现的收入总额。投资收益，由小企业股权投资取得的现金股利（或利润）、债券投资取得的利息收入和处置股权投资和债券投资取得的处置价款扣除成本或账面余额、相关税费后的净额三部分构成。

（二）利润总额，是指营业利润加上营业外收入，减去营业外支出后的金额。

（三）净利润，是指利润总额减去所得税费用后的净额。

第六十八条 营业外收入，是指小企业非日常生产经营活动形成的、应当计入当期损益、会导致所有者权益增加、与所有者投入资本无关的经济利益的净流入。

小企业的营业外收入包括：非流动资产处置净收益、政府补助、捐赠收益、盘盈收益、汇兑收益、出租包装物和商品的租金收入、逾期未退包装物押金收益、确实无法偿付的应付款项、已作坏账损失处理后又收回的应收款项、违约金收益等。

通常，小企业的营业外收入应当在实现时按照其实现金额计入当期损益。

第六十九条 政府补助，是指小企业从政府无偿取得货币性资产或非货币性资产，但不含政府作为小企业所有者投入的资本。

（一）小企业收到与资产相关的政府补助，应当确认为递延收益，并在相关资产的使用寿命内平均分配，计入营业外收入。

收到的其他政府补助，用于补偿本企业以后期间的相关费用或亏损的，确认为递延收益，并在确认相关费用或发生亏损的期间，计入营业外收入；用于补偿本企业已发生的相关费用或亏损的，直接计入营业外收入。

（二）政府补助为货币性资产的，应当按照收到的金额计量。

政府补助为非货币性资产的，政府提供了有关凭据的，应当按照凭据上标明的金额计量；政府没有提供有关凭据的，应当按照同类或类似资产的市场价格或评估价值计量。

（三）小企业按照规定实行企业所得税、增值税、消费税、营业税等先征后返的，应当在实际收到返还的企业所得税、增值税（不含出口退税）、消费税、营业税时，计入营业外收入。

第七十条　营业外支出，是指小企业非日常生产经营活动发生的、应当计入当期损益、会导致所有者权益减少、与向所有者分配利润无关的经济利益的净流出。

小企业的营业外支出包括：存货的盘亏、毁损、报废损失，非流动资产处置净损失，坏账损失，无法收回的长期债券投资损失，无法收回的长期股权投资损失，自然灾害等不可抗力因素造成的损失，税收滞纳金，罚金，罚款，被没收财物的损失，捐赠支出，赞助支出等。

通常，小企业的营业外支出应当在发生时按照其发生额计入当期损益。

第七十一条　小企业应当按照企业所得税法规定计算的当期应纳税额，确认所得税费用。

小企业应当在利润总额的基础上，按照企业所得税法规定进行纳税调整，计算出当期应纳税所得额，按照应纳税所得额与适用所得税税率为基础计算确定当期应纳税额。

第七十二条　小企业以当年净利润弥补以前年度亏损等剩余的税后利润，可用于向投资者进行分配。

小企业（公司制）在分配当年税后利润时，应当按照公司法的规定提取法定公积金和任意公积金。

第八章　外币业务

第七十三条　小企业的外币业务由外币交易和外币财务报表折算构成。

第七十四条　外币交易，是指小企业以外币计价或者结算的交易。

小企业的外币交易包括：买入或者卖出以外币计价的商品或者劳务、借入或者借出外币资金和其他以外币计价或者结算的交易。

前款所称外币，是指小企业记账本位币以外的货币。记账本位币，是指小企业经营所处的主要经济环境中的货币。

第七十五条　小企业应当选择人民币作为记账本位币。业务收支以人民币以外的货币为主的小企业，可以选定其中一种货币作为记账本位币，但编报的财务报表应当折算为人民币财务报表。

小企业记账本位币一经确定，不得随意变更，但小企业经营所处的主要经济环境发生重大变化除外。

小企业因经营所处的主要经济环境发生重大变化，确需变更记账本位币的，应当采用变更当日的即期汇率将所有项目折算为变更后的记账本位币。

前款所称即期汇率，是指中国人民银行公布的当日人民币外汇牌价的中间价。

第七十六条　小企业对于发生的外币交易，应当将外币金额折算为记账本位币金额。

外币交易在初始确认时，采用交易发生日的即期汇率将外币金额折算为记账本位币金额；也可以采用交易当期平均汇率折算。

小企业收到投资者以外币投入的资本，应当采用交易发生日即期汇率折算，不得采用合同约定汇率和交易当期平均汇率折算。

第七十七条　小企业在资产负债表日，应当按照下列规定对外币货币性项目和外币非货币性项目进行会计处理：

（一）外币货币性项目，采用资产负债表日的即期汇率折算。因资产负债表日即期汇率与初始确认时或者前一资产负债表日即期汇率不同而产生的汇兑差额，计入当期损益。

（二）以历史成本计量的外币非货币性项目，仍采用交易发生日的即期汇率折算，不改变其记账本位币金额。

前款所称货币性项目，是指小企业持有的货币资金和将以固定或可确定的金额收取的资产或者偿付的负债。货币性项目分为货币性资产和货币性负债。货币性资产包括：库存现金、银行存款、应收账款、其他应收款等；货币性负债包括：短期借款、应付账款、其他应付款、长期借款、长期应付款等。非货币性项目，是指货币性项目以外的项目。包括：存货、长期股权投资、固定资产、无形资产等。

第七十八条　小企业对外币财务报表进行折算时，应当采用资产负债表日的即期汇率对外币资产负债表、利润表和现金流量表的所有项目进行折算。

第九章　财务报表

第七十九条　财务报表，是指对小企业财务状况、经营成果和现金流量的结构性表述。小企业的财务报表至少应当包括下列组成部分：

（一）资产负债表；

（二）利润表；

（三）现金流量表；

（四）附注。

第八十条　资产负债表，是指反映小企业在某一特定日期的财务状况的报表。

（一）资产负债表中的资产类至少应当单独列示反映下列信息的项目：

1. 货币资金；

2. 应收及预付款项；

3. 存货；

4. 长期债券投资；

5. 长期股权投资；

6. 固定资产；

7. 生产性生物资产；

8. 无形资产；

9. 长期待摊费用。

（二）资产负债表中的负债类至少应当单独列示反映下列信息的项目：

1. 短期借款；
2. 应付及预收款项；
3. 应付职工薪酬；
4. 应交税费；
5. 应付利息；
6. 长期借款；
7. 长期应付款。

（三）资产负债表中的所有者权益类至少应当单独列示反映下列信息的项目：

1. 实收资本；
2. 资本公积；
3. 盈余公积；
4. 未分配利润。

（四）资产负债表中的资产类应当包括流动资产和非流动资产的合计项目；负债类应当包括流动负债、非流动负债和负债的合计项目；所有者权益类应当包括所有者权益的合计项目。

资产负债表应当列示资产总计项目，负债和所有者权益总计项目。

第八十一条　利润表，是指反映小企业在一定会计期间的经营成果的报表。

费用应当按照功能分类，分为营业成本、营业税金及附加、销售费用、管理费用和财务费用等。

利润表至少应当单独列示反映下列信息的项目：

（一）营业收入；
（二）营业成本；
（三）营业税金及附加；
（四）销售费用；
（五）管理费用；
（六）财务费用；
（七）所得税费用；
（八）净利润。

第八十二条　现金流量表，是指反映小企业在一定会计期间现金流入和流出情况的报表。

现金流量表应当分别经营活动、投资活动和筹资活动列报现金流量。现金流量应当分别按照现金流入和现金流出总额列报。

前款所称现金，是指小企业的库存现金以及可以随时用于支付的存款和其他货币资金。

第八十三条　经营活动，是指小企业投资活动和筹资活动以外的所有交易和事项。

小企业经营活动产生的现金流量应当单独列示反映下列信息的项目：

（一）销售产成品、商品、提供劳务收到的现金；
（二）购买原材料、商品、接受劳务支付的现金；
（三）支付的职工薪酬；
（四）支付的税费。

第八十四条 投资活动，是指小企业固定资产、无形资产、其他非流动资产的购建和短期投资、长期债券投资、长期股权投资及其处置活动。

小企业投资活动产生的现金流量应当单独列示反映下列信息的项目：

（一）收回短期投资、长期债券投资和长期股权投资收到的现金；
（二）取得投资收益收到的现金；
（三）处置固定资产、无形资产和其他非流动资产收回的现金净额；
（四）短期投资、长期债券投资和长期股权投资支付的现金；
（五）购建固定资产、无形资产和其他非流动资产支付的现金。

第八十五条 筹资活动，是指导致小企业资本及债务规模和构成发生变化的活动。

小企业筹资活动产生的现金流量应当单独列示反映下列信息的项目：

（一）取得借款收到的现金；
（二）吸收投资者投资收到的现金；
（三）偿还借款本金支付的现金；
（四）偿还借款利息支付的现金；
（五）分配利润支付的现金。

第八十六条 附注，是指对在资产负债表、利润表和现金流量表等报表中列示项目的文字描述或明细资料，以及对未能在这些报表中列示项目的说明等。

附注应当按照下列顺序披露：

（一）遵循小企业会计准则的声明。
（二）短期投资、应收账款、存货、固定资产项目的说明。
（三）应付职工薪酬、应交税费项目的说明。
（四）利润分配的说明。
（五）用于对外担保的资产名称、账面余额及形成的原因；未决诉讼、未决仲裁以及对外提供担保所涉及的金额。
（六）发生严重亏损的，应当披露持续经营的计划、未来经营的方案。
（七）对已在资产负债表和利润表中列示项目与企业所得税法规定存在差异的纳税调整过程。
（八）其他需要在附注中说明的事项。

第八十七条 小企业应当根据实际发生的交易和事项，按照本准则的规定进行确认和计量，在此基础上按月或者按季编制财务报表。

第八十八条 小企业对会计政策变更、会计估计变更和会计差错更正应当采用未来适用法进行会计处理。

前款所称会计政策，是指小企业在会计确认、计量和报告中所采用的原则、基础和会计处理方法。会计估计变更，是指由于资产和负债的当前状况及预期经济利益和义务发生了变化,从而对资产或负债的账面价值或者资产的定期消耗金额进行调整。前期差错包括:计算错误、应用会计政策错误、应用会计估计错误等。未来适用法,是指将变更后的会计政策和会计估计应用于变更日及以后发生的交易或者事项,或者在会计差错发生或发现的当期更正差错的方法。

第十章 附　则

第八十九条　符合《中小企业划型标准规定》所规定的微型企业标准的企业参照执行本准则。

第九十条　本准则自 2013 年 1 月 1 日起施行。财政部 2004 年发布的《小企业会计制度》(财会〔2004〕2 号)同时废止。

附录：小企业会计准则——会计科目、主要账务处理和财务报表(略)

第四章 政府会计准则的解读

为了积极贯彻落实中共十八届三中全会精神，加快推进政府会计改革，构建统一、科学、规范的政府会计标准体系和权责发生制政府综合财务报告制度，2015年10月23日，楼继伟部长签署财政部令第78号公布《政府会计准则——基本准则》，自2017年1月1日起施行。

第一节 政策颁布的背景

政府会计准则的推行是在政府会计改革的背景下出台的，政府会计改革是响应中共十八届三中全会提出的"建立权责发生制政府综合财务报告"的号召，建立符合现行部门预算管理的政府会计体系。2014年底，财政部发布的《权责发生制政府综合财务报告制度改革方案》正式开启了我国政府会计改革的进程。2015年10月23日，财政部发布《政府会计准则——基本准则》，自2017年1月1日起施行。2015年7月6日财政部印发的存货、投资、固定资产和无形资产四项具体准则和2016年8月份发出《政府会计制度（征求意见稿）》，政府会计标准体系正在逐步完善的过程中。政府会计改革的推进对我国的财政体系和行政事业单位有着深远的影响。权责发生制政府综合财务报告制度改革是基于政府会计规则的重大改革，其前提和基础任务就是要建立健全政府会计核算体系，包括制定政府会计基本准则、具体准则及应用指南和政府会计制度。

目前我国现行政府会计制度体系中统驭性的法规是《会计法》和《预算法》，具体的会计制度主要包括财政总预算会计制度、行政单位会计制度与事业单位会计制度等，以及医院、基层医疗卫生机构、高等学校、中小学校、科学事业单位等特殊行业的事业单位会计制度和有关基金会计制度等。自2012年起，财政部相继对行政事业单位会计准则和会计制度进行了全面修订，在某些方面引入了权责发生制的核算办法，为进一步推行财政体制改革打好了基础。

以收付实现制为主的会计核算体系是我国政府会计工作领域的基本核算基础。收付实现制在我国财务管理体系中发挥了至关重要的作用，构成了财政体系的核算基础。收付实现制能够完整反映政府部门的预算收支执行情况，能够为决算报告提供数据支持，为政府的财政资金的合理合规使用和政府职能的有效运行起到了关键性的作用。但是随着我国国情的变化，经济的高速发展，政府部门职能的改变和政府部门机构改革的需求下，仅仅以收付实现制为基础的政府会计核算制度已经远远满足不了日渐繁杂的政府会计经济事务。例如，修订后的事业单位会计准则和会计制度要求事业单位对固定资产计提折旧、无形资产进行摊销，但是计提折旧、摊销后都是"虚提"，折旧费、摊销费用都是计入基金项目并不直接计入成本，所以不能真实反映行政事业单位的成本费用的实际状况，这就违背了会计核算中的收入与成本匹配的原则。成本费用核算的不准确就会影响政府资产负债的真实情况的披露，也会影响政府的实际运行成本情况、科学评价政府绩效等方面的反映，难以满足编制权责发生制政府综合财务报告的信息需求。因此，在新的形势下，现行政府会计规则和会计制度的改革势在必行。

当旧的制度和准则不能适应层出不穷的新需求新问题的时候，《政府会计准则——基本准则》的制定及发布成为政府会计体系变革的必然要求，这也会是政府会计工作准则的一个新突破和新发展。"一石激起千层浪"，政府及社会各界对政府会计基本准则进行了广泛的讨论和调研。而四项具体准则和政府会计制度（征求意见稿）的发布，为具体落实实施政府会计改革提供了行动的指南。

第二节 政府会计准则的创新点

一、采取了"双主体"平行核算方式

政府会计准则和政府会计制度中二元化特征最为鲜明。为了满足政府预算会计与财务会计核算的双重功能，在核算基础上，预算会计采用收付实现制，财务会计采用权责发生制。新制度体现了二元政府会计下的"双主体"核算方式，即同一行政事业单位针对每一笔会计事项，既从预算会计角度进行核算以反映预算会计信息，同时从财务会计角度核算以反映财务会计信息。会计要素也体现了"二元结构"，政府会计准则创新性地引入了"8要素"的会计核算思路，将会计要素分为两大类：一类是预算收支表会计要素，以收付实现制为主要核算基础的会计科目，应准确完整反映政府预算收入、预算支出和结转结余等预算执行信息；另一类是资产负债表会计要素，以权责发生制为主要核算基础的会计科目，应全面准确反映政府的资产、负债、净资产、收入、费用等政府主体的财务信息。可以说是财务会计与预算会计的平行核算，完全超出了《行政单位会计制度》和《事业单位会计制度》（下称"行政事业单位会计制度"）下"双分录"的核算范畴。

政府会计准则下的"平行分录"大大超越了简单的"双分录"，充分体现了二元主体的双重平行核算，实现了财务会计与预算会计的完全分离。而"双分录"虽然也是二元政府会计下在预算会计分录的同时再作出涉及财务会计的分录，但是并非每项业务都涉及两类分录，往往只对预算业务下形成财务资产的事项再辅之以财务会计分录，所以是预算会计主导的二元政府会计。从新政府会计制度的"主要业务账务处理说明"的会计核算举例来看，也明确了对同一事项下财务会计和对应预算会计的分别处理，属

于"双主体"方式。

二、明确了各项资产的会计确认与披露要求

目前的行政事业单位会计准则制度主要针对无形资产、对外投资、存货、固定资产等和资产有关的记录与会计计量，几乎没有涉及会计确认与披露。新的四项政府会计具体准则严格按照《政府会计准则——基本准则》精神，对无形资产、存货、投资、固定资产的披露、确认和计量问题进行了系统规范，针对符合无形资产、投资、固定资产和存货定义和确认条件的相关资产如何进行账务处理和披露提出了统一性的会计处理原则，使得各级政府会计单位对相同经济事项的会计处理过程有了更高的可比性，充实了政府会计相关信息的内容，让编制以权责发生制为基础的各种政府财务报告更为容易。

三、改进了资产计价和入账管理相关要求

现行的各级行政事业单位相关会计准则制度对盘盈、无偿调入和接受捐赠等方式获得的各种资产怎样确定入账价值做了明确规范，但其操作性还有待加强。政府会计四项具体准则严格遵循了《政府会计准则——基本准则》中与资产计量属性有关的各项规定，对盘盈、无偿调入和接受捐赠等方式获得资产的最初入账问题做了详细规定。比如，固定资产相关准则，针对通过捐赠途径获得的各种固定资产，在确定其入账价值时，需根据相关凭据上注明的金额、评估价值、市场价格、名义金额等依次确定；针对通过无偿调入途径获得的各种资产，在确定其入账价值时，应根据调出方的账面价值确定其金额；针对通过盘盈方式获得的各种资产，则需对其进行价值评估来确定其入账价值，其他情况下需要依据重置成本来确定其价值。

四、固定资产与公共基础设施实计提折旧

政府会计准则分别开设了"固定资产累计折旧"与"基础设施累计折旧"两个备抵科目，在会计处理上，计提折旧时，借方记入"业务活动费用/单位管理费用/经营费用"等会计科目。即折旧给予了"列支"，这完全不同于现行行政事业单位会计制度中的虚提折旧的做法，不仅能够反映出固定资产、公共基础设施的原始成本，而且能够反映即时净值（折余价值），符合财务会计下权责发生制的核算要求，能够更加真实地反映单位资产的实际价值，便于资产的监督管理。实提折旧的本质是资本保全，行政事业单位会计虽然不具有这一属性，但是从折旧进行了列支，及折旧与收入进行配比（其实仅仅是对应关系，而非补偿关系）这两方面来看，体现出了实提折旧的处理技术方法（新政府会计制度下，折旧记入"业务活动费用——单位管理费用——经营费用"等会计科目而与"财政拨款收入"等科目进行匹配）。

现行的各级政事业单位中使用的会计准则制度规范了无形资产摊销、计提固定资产

折旧,其实质是"虚提"折旧与摊销,具体来讲是在按期计提摊销或折旧时冲减非流动资产基金(或者是资产基金),并没有计入相关费用或者支出,这考虑到了财务管理及预算管理两种需要。然而,摊销及"虚提"折旧并未体现出其在单位资产和成本管理过程中的作用。无形资产及固定资产依照权责发生制相关会计核算标准,主要对政府会计中的各级主体所拥有的无形资产摊销以及固定资产折旧等进行了统一规定,其需要摊销的无形资产的金额(也可以是应计提的固定资产折旧)依照用途计入相关资产成本或者与之对应的当期费用。和目前的会计规定相比,该处理方式有利于资产价值真实、准确、客观反映,能有效促使开展政府成本会计管理,使以权责发生制为基础的政府财务报告编制工作顺利开展。

五、引入长期股权投资权益法核算

现行的各级行政事业单位会计制度明确要求长期股权投资应当使用成本法核算。成本法核算是指长期股权投资的账面余额一般应保持不变,只有在收回或追加投资时调整账面余额。而现行的相关财政总预算会计制度则要求股权投资应当使用权益法核算。为了改进政府的资产管理质量,全面而客观地对政府长期股权投资以及变动细节进行反映,投资准则要求,持有长期股权投资期间一般使用权益法核算,也就是最初按照实际成本计量,然后依照政府会计各级主体在被投资单位所享有的所有者权益份额的变动再调整投资的账面余额。因此,现行的投资准则规定对长期股权投资通常应采用权益法核算,同时也对成本法核算进行保留。其原因主要是,假如各级政府会计主体尚无参与被投资单位经营或决定财务政策的权力,那么股权投资对政府会计各级主体的财务影响仅通过被投资单位利润或股利分配体现,在该种情况下使用成本法核算,不对被投资单位净资产的变动调整长期股权投资账面余额和确认投资损益,使会计核算更好地满足相关性原则。

六、突出了公益性与非营利性

政府会计的本质属性是非营利性,并具有公益性。不需要资本保全,不确认资本,更重要的是取消了基金类科目,只确认净资产。虽然行政事业单位会计建立了财务会计,但是其根本不同于企业的营利性财务会计。企业财务会计围绕价值增值这一目标,核算过程体现的基本要求是资本保全,所以要确认并核算股本或实收资本,行政事业单位无须资本保全,更不确认资本,所以新政府会计制度中,基金(非流动资产基金——固定基金等)这样的科目没有保留,政府财政投入行政事业单位的资金全部作为收入(财政拨款收入等),而不作为资本或准资本(基金)。

七、提供财务报表编制完整核算数据

这是政府会计改革的主要目标之一,即为实现权责发生制综合财务报告的编制目标。财务会计与预算会计分离,很容易确认财务信息,财务会计提供的信息用以编制资产负债表、收入费用表和现金流量表等,而预算会计核算信息用以编制决算会计报表。预算会计与财务会计的分离,也使得两种性质资金的运动划清了界限,避免了财务会计等式"资产=负债+净资产"、"收入-费用=结余"与预算会计等式"预算收入-预算支出=预算结余"资金性质混淆,尤其是"收入-费用=结余"与"预算收入-预算支出=预算结余"等式反映的资金完全分开。

第三节 政府会计准则与企业会计准则的差异分析

一、制定依据的差异

《政府会计准则》为了规范政府的会计核算,保证会计信息质量,根据《中华人民共和国会计法》《中华人民共和国预算法》和其他有关的法律、行政法规制定。政府会计由预算会计和财务会计构成。《企业会计准则》为了规范企业会计确认、计量和报告行为,保证会计信息质量,根据《中华人民共和国会计法》和其他有关法律、行政法规制定。

《政府会计准则》的制定依据有别于《企业会计准则》,由于《政府会计准则》由预算会计和财务会计构成,《政府会计准则》制定依据还包括了《中华人民共和国预算法》,因此,这一条有别于《企业会计准则》。

二、适用范围的差异

《政府会计准则》适用于各级政府、各部门、各单位,统称为政府会计主体。各部门、各单位是指与本级政府财政部门直接或者间接发生预算拨款关系的国家机关、军队、政党组织、社会团体、事业单位和其他单位。军队、已纳入企业财务管理体系的单位和执行《民间非营利组织会计制度》的社会团体,不适用本准则。《企业会计准则》适用于在中华人民共和国境内设立的企业(包括公司)。

三、会计核算基础的差异

《政府会计准则》规定,政府会计核算由预算会计和财务会计构成,预算会计核算以收付实现制为基础,财务会计核算以权责发生制为基础,《政府会计准则——基本准则》强化了政府财务会计核算,即通过预算会计核算形成决算报告,通过财务会计核算形成财务报告,全面、清晰地反映政府预算执行信息和财务会计信息,构建了政府预算会计和财务会计适度分离并相互衔接的政府会计核算体系,首次明确政府会计由财务会计和预算会计构成,突破了长期以来政府会计的单一预算会计模式或以预算为主的模式,重构了我国政府会计的系统会计体系。《企业会计准则》规定,企业会计核算以权责发生制为基础进行。见表4-1。

表4-1　　　　《政府会计准则》与《企业会计准则》会计核算基础对比

《政府会计准则》会计核算基础		《企业会计准则》会计核算基础
预算会计	财务会计	企业会计
收付实现制	权责发生制	权责发生制

四、会计核算要素的差异

会计要素的划分是对会计核算对象的科学分类,是设置会计科目和账户的依据,也构成了会计报表的基本框架。会计要素的划分在会计核算中作用具体表现为:①会计要素是对会计对象的科学分类。会计对象的内容是多种多样、错综复杂的,为了科学、系统地对其进行反映和监督,必须对其进行分类,然后按类设置账户并记录账簿。划分会计要素正是对会计对象进行分类。没有这种分类,就没法登记账簿,也就不能实现会计的反映职能了。②会计要素是设置会计科目和会计账户的基本依据。对会计对象进行分类,必须确定分类标志,而这些标志本身就是账户的名称即会计科目。不将会计对象划分为会计要素就无法设置账户,也就无法进行会计核算。③会计要素是构成会计报表的基本框架。会计报表是提供会计信息的基本手段,会计报表应该提供一系列指标,这些指标主要是由会计要素构成的,会计要素是会计报表框架的基本构成内容。见表4-2。

表4-2　　　　《政府会计准则》与《企业会计准则》会计核算要素对比

《政府会计准则》会计核算的要素		《企业会计准则》会计核算的要素
"3+5会计要素"的会计核算模式。《政府基本准则》规定预算收入、预算支出和预算结余3个预算会计要素和资产、负债、净资产、收入和费用5个财务会计要素		"6会计要素"的会计核算模式。资产、负债、所有者权益(股东权益)、收入、费用(成本)和利润
预算会计	财务会计	企业会计
"3会计要素":预算收入、预算支出与预算结余三个会计要素	"5会计要素":资产、负债、净资产、收入和费用五个会计要素	"6会计要素":资产、负债、所有者权益(股东权益)、收入、费用(成本)和利润六个会计要素
根据收付实现制,对预算收入、预算支出和预算结余进行会计核算	根据权责发生制对资产、负债、净资产和收入、费用进行会计核算	根据权责发生制对资产、负债、所有者权益(股东权益)、收入、费用(成本)和利润进行会计核算

五、会计信息质量特征的差异

会计信息质量特征是进行会计核算的指导思想和衡量会计工作成败的标准。是为了提高会计信息质量、规范单位的会计行为，在会计核算假设条件下进行会计核算应遵循的基本要求，是衡量会计核算信息质量的标准和要求。

《政府会计准则——基本准则》与《企业会计准则——基本准则》在对会计信息质量特征要求上的侧重点有所不同。政府会计信息质量特征的排列顺序是：真实性、全面性、相关性、及时性、可比性、清晰性、实质重于形式。企业会计信息质量特征分别为：真实性、相关性、清晰性、可比性、实质重于形式、重要性、谨慎性、及时性。与《企业会计准则——基本准则》相比，《政府会计准则——基本准则》会计信息质量缺少谨慎性要求。见表4-3。

表4-3　《政府会计准则》与《企业会计准则》的会计信息质量特征对比

《政府会计准则》会计信息质量特征		《政府会计准则》会计信息质量特征	
信息质量要求	定义	信息质量要求	定义
真实性	政府会计主体应当以实际发生的经济业务或者事项为依据进行会计核算，如实反映各项会计要素的情况和结果，保证会计信息真实可靠	真实性	企业应当以实际发生的交易或者事项为依据进行会计确认、计量和报告，如实反映符合确认和计量要求的各项会计要素及其他相关信息，保证会计信息真实可靠、内容完整
全面性	政府会计主体应当将发生的各项经济业务或者事项统一纳入会计核算，确保会计信息能够全面反映政府会计主体预算执行情况和财务状况、运行情况、现金流量等	相关性	企业提供的会计信息应当与财务会计报告使用者的经济决策需要相关，有助于财务会计报告使用者对企业过去、现在或者未来的情况作出评价或者预测
相关性	政府会计主体提供的会计信息，应当与反映政府会计主体公共受托责任履行情况以及报告使用者决策或者监督、管理的需要相关，有助于报告使用者对政府会计主体过去、现在或者未来的情况作出评价或者预测	清晰性	企业提供的会计信息应当清晰明了，便于财务会计报告使用者理解和使用
及时性	政府会计主体对已经发生的经济业务或者事项，应当及时进行会计核算，不得提前或者延后	可比性	企业提供的会计信息应当具有可比性。同一企业不同时期发生的相同或者相似的交易或者事项，应当采用一致的会计政策，不得随意变更。确需变更的，应当在附注中说明。不同企业发生的相同或者相似的交易或者事项，应当采用规定的会计政策，确保会计信息口径一致、相互可比

续表

《政府会计准则》会计信息质量特征			《政府会计准则》会计信息质量特征	
信息质量要求	定义		信息质量要求	定义
可比性	政府会计主体提供的会计信息应当具有可比性。同一政府会计主体不同时期发生的相同或者相似的经济业务或者事项，应当采用一致的会计政策，不得随意变更。确需变更的，应当将变更的内容、理由及其影响在附注中予以说明。不同政府会计主体发生的相同或者相似的经济业务或者事项，应当采用一致的会计政策，确保政府会计信息口径一致，相互可比		实质重于形式	企业应当按照交易或者事项的经济实质进行会计确认、计量和报告，不应仅以交易或者事项的法律形式为依据
清晰性	政府会计主体提供的会计信息应当清晰明了，便于报告使用者理解和使用		重要性	企业提供的会计信息应当反映与企业财务状况、经营成果和现金流量等有关的所有重要交易或者事项
实质重于形式	政府会计主体应当按照经济业务或者事项的经济实质进行会计核算，不限于以经济业务或者事项的法律形式为依据		谨慎性	企业对交易或者事项进行会计确认、计量和报告应当保持应有的谨慎，不应高估资产或者收益、低估负债或者费用
			及时性	企业对于已经发生的交易或者事项，应当及时进行会计确认、计量和报告，不得提前或者延后

六、会计核算等式的差异

会计核算等式也称会计平衡公式，是表明各会计要素之间基本关系的恒等式。政府会计核算的要素与企业会计核算的要素不同，其会计核算等式也就不相同。见表4-4。

表4-4　《政府会计准则》与《企业会计准则》会计核算等式对比

《政府会计准则》会计核算基础		《企业会计准则》会计核算基础
预算会计	财务会计	企业会计
会计核算一般等式： 预算结余 = 预算收入 - 预算支出	会计核算一般等式： 资产 = 负债 + 净资产 会计核算扩展等式： 资产 + 费用 = 负债 + 净资产 + 收入	会计核算一般等式： 资产 = 负债 + 所有者权益 会计核算扩展等式： 资产 + 费用 = 负债 + 所有者权益 + 收入

七、财务报告的差异

财务会计报告是会计核算工作的结果,是财务会计部门提供财务会计信息资料的一种重要手段,所以,编制财务会计报告是财务会计工作的一项重要核算内容。在日常会计核算中,根据会计信息使用者的需要,定期对日常会计核算资料进行加工处理和分类,通过编制财务会计核算报告,可以总括、综合、清晰明了地反映会计主体的财务状况和经营成果以及现金流量情况。

政府财务报告全面反映会计主体单位预算执行信息和财务信息,提高单位财务透明度。《政府会计准则——基本准则》要求单位在编制决算报告的同时,还要编制政府财务报告,有利于全面反映单位的预算执行情况和财务状况、运行情况等,有利于显著提升单位财务透明度;企业财务报告就是企业的晴雨表,里面的数字往往能够反映出企业的经济管理和经营状况。对于企业来说,财务会计核算报告是进行财务分析、制定下一步财务计划的重要依据;对于投资者和债权人来说,财务报告是进行投资决策的重要参考依据;而对监管当局来说,财务报告则是对企业经营进行监管的重要手段。

在对财务报告的规定中,《企业会计准则》规定,"小企业编制的会计报表可以不包括现金流量表";政府会计准则中则规定,"会计报表至少应当包括资产负债表、收入费用表和现金流量表",并没有不需要编制现金流量表的情况。也就是说,政府部门无论核算规模如何,均需要编制现金流量表。这说明现金流量也属于被重点监控的内容之一,各个政府部门的现金流量情况都将被要求做记录。见表4-5。

表4-5　　　　《政府会计准则》与《企业会计准则》财务报告对比

《政府会计准则》会计核算基础		《企业会计准则》会计核算基础
预算会计	财务会计	企业会计
编制政府决算报告	编制政府财务报告	编制企业财务报告
政府决算报告的编制主要以收付实现制为基础,以预算会计核算生成的数据为准	政府财务报告的编制主要以权责发生制为基础,以财务会计核算生成的数据为准	企业会计财务报告的编制主要以权责发生制为基础,以财务会计核算生成的数据为准
政府决算报告的目标是向决算报告使用者提供与政府预算执行情况有关的信息,综合反映政府会计主体预算收支的年度执行结果,有助于决算报告使用者进行监督和管理,并为编制后续年度预算提供参考和依据	政府财务报告的目标是向财务报告使用者提供与政府的财务状况、运行情况和现金流量等有关信息,反映政府会计主体公共受托责任履行情况,有助于财务报告使用者作出决策或者进行监督和管理	企业财务会计报告的目标是向财务会计报告使用者提供与企业财务状况、经营成果和现金流量等有关的会计信息,反映企业管理层受托责任履行情况,有助于财务会计报告使用者作出经济决策,也是国家经济管理部门制定宏观经济管理政策、经济决策的重要信息来源

续表

《政府会计准则》会计核算基础		《企业会计准则》会计核算基础
预算会计	财务会计	企业会计
编制政府决算报告	编制政府财务报告	编制企业财务报告
政府决算报告使用者包括各级人民代表大会及其常务委员会、各级政府及其有关部门、政府会计主体自身、社会公众和其他利益相关者	政府财务报告使用者包括各级人民代表大会常务委员会、债权人、各级政府及其有关部门、政府会计主体自身和其他利益相关者	企业财务报告使用者包括投资者、债权人、银行、供应商等会计信息相关者和使用者及会计主体自身和其他利益相关者
政府决算报告包括上年决算情况、本年度预算执行情况以及预算调整方案	政府财务报告包括资产负债表、收入费用表和现金流量表	企业财务报告包括：资产负债表、利润表、现金流量表、所有者权益（或股东权益）变动表

附：政府会计准则——基本准则

第一章 总 则

第一条 为了规范政府的会计核算，保证会计信息质量，根据《中华人民共和国会计法》、《中华人民共和国预算法》和其他有关法律、行政法规，制定本准则。

第二条 本准则适用于各级政府、各部门、各单位（以下统称政府会计主体）。

前款所称各部门、各单位是指与本级政府财政部门直接或者间接发生预算拨款关系的国家机关、军队、政党组织、社会团体、事业单位和其他单位。

军队、已纳入企业财务管理体系的单位和执行《民间非营利组织会计制度》的社会团体，不适用本准则。

第三条 政府会计由预算会计和财务会计构成。

预算会计实行收付实现制，国务院另有规定的，依照其规定。

财务会计实行权责发生制。

第四条 政府会计具体准则及其应用指南、政府会计制度等，应当由财政部遵循本准则制定。

第五条 政府会计主体应当编制决算报告和财务报告。

决算报告的目标是向决算报告使用者提供与政府预算执行情况有关的信息，综合反映政府会计主体预算收支的年度执行结果，有助于决算报告使用者进行监督和管理，并为编制后续年度预算提供参考和依据。政府决算报告使用者包括各级人民代表大会及其常务委员会、各级政府及其有关部门、政府会计主体自身、社会公众和其他利益相关者。财务报告的目标是向财务报告使用者提供与政府的财务状况、运行情况（含运行成本，下同）和现金流量等有关信息，反映政府会计主体公共受托责任履行情况，有助于财务报告使用者作出决策或者进行监督和管理。政府财务报告使用者包括各级人民代表大会常务委员会、债权人、各级政府及其有关部门、政府会计主体自身和其他利益相关者。

第六条　政府会计主体应当对其自身发生的经济业务或者事项进行会计核算。

第七条　政府会计核算应当以政府会计主体持续运行为前提。

第八条　政府会计核算应当划分会计期间，分期结算账目，按规定编制决算报告和财务报告。

会计期间至少分为年度和月度。会计年度、月度等会计期间的起讫日期采用公历日期。

第九条　政府会计核算应当以人民币作为记账本位币。发生外币业务时，应当将有关外币金额折算为人民币金额计量，同时登记外币金额。

第十条　政府会计核算应当采用借贷记账法记账。

第二章　政府会计信息质量

第十一条　政府会计主体应当以实际发生的经济业务或者事项为依据进行会计核算，如实反映各项会计要素的情况和结果，保证会计信息真实可靠。

第十二条　政府会计主体应当将发生的各项经济业务或者事项统一纳入会计核算，确保会计信息能够全面反映政府会计主体预算执行情况和财务状况、运行情况、现金流量等。

第十三条　政府会计主体提供的会计信息，应当与反映政府会计主体公共受托责任履行情况以及报告使用者决策或者监督、管理的需要相关，有助于报告使用者对政府会计主体过去、现在或者未来的情况作出评价或者预测。

第十四条　政府会计主体对已经发生的经济业务或者事项，应当及时进行会计核算，不得提前或者延后。

第十五条　政府会计主体提供的会计信息应当具有可比性。同一政府会计主体不同时期发生的相同或者相似的经济业务或者事项，应当采用一致的会计政策，不得随意变更。确需变更的，应当将变更的内容、理由及其影响在附注中予以说明。不同政府会计主体发生的相同或者相似的经济业务或者事项，应当采用一致的会计政策，确保政府会计信息口径一致，相互可比。

第十六条　政府会计主体提供的会计信息应当清晰明了，便于报告使用者理解和使用。

第十七条　政府会计主体应当按照经济业务或者事项的经济实质进行会计核算，不限于以经济业务或者事项的法律形式为依据。

第三章　政府预算会计要素

第十八条　政府预算会计要素包括预算收入、预算支出与预算结余。

第十九条　预算收入是指政府会计主体在预算年度内依法取得的并纳入预算管理的现金流入。

第二十条　预算收入一般在实际收到时予以确认，以实际收到的金额计量。

第二十一条　预算支出是指政府会计主体在预算年度内依法发生并纳入预算管理的

现金流出。

第二十二条　预算支出一般在实际支付时予以确认，以实际支付的金额计量。

第二十三条　预算结余是指政府会计主体预算年度内预算收入扣除预算支出后的资金余额，以及历年滚存的资金余额。

第二十四条　预算结余包括结余资金和结转资金。

结余资金是指年度预算执行终了，预算收入实际完成数扣除预算支出和结转资金后剩余的资金。

结转资金是指预算安排项目的支出年终尚未执行完毕或者因故未执行，且下年需要按原用途继续使用的资金。

第二十五条　符合预算收入、预算支出和预算结余定义及其确认条件的项目应当列入政府决算报表。

第四章　政府财务会计要素

第二十六条　政府财务会计要素包括资产、负债、净资产、收入和费用。

第一节　资　产

第二十七条　资产是指政府会计主体过去的经济业务或者事项形成的，由政府会计主体控制的，预期能够产生服务潜力或者带来经济利益流入的经济资源。

服务潜力是指政府会计主体利用资产提供公共产品和服务以履行政府职能的潜在能力。

经济利益流入表现为现金及现金等价物的流入，或者现金及现金等价物流出的减少。

第二十八条　政府会计主体的资产按照流动性，分为流动资产和非流动资产。

流动资产是指预计在1年内（含1年）耗用或者可以变现的资产，包括货币资金、短期投资、应收及预付款项、存货等。

非流动资产是指流动资产以外的资产，包括固定资产、在建工程、无形资产、长期投资、公共基础设施、政府储备资产、文物文化资产、保障性住房和自然资源资产等。

第二十九条　符合本准则第二十七条规定的资产定义的经济资源，在同时满足以下条件时，确认为资产：

（一）与该经济资源相关的服务潜力很可能实现或者经济利益很可能流入政府会计主体；

（二）该经济资源的成本或者价值能够可靠地计量。

第三十条　资产的计量属性主要包括历史成本、重置成本、现值、公允价值和名义金额。

在历史成本计量下，资产按照取得时支付的现金金额或者支付对价的公允价值计量。在重置成本计量下，资产按照现在购买相同或者相似资产所需支付的现金金额计量。

在现值计量下，资产按照预计从其持续使用和最终处置中所产生的未来净现金流入量的折现金额计量。

在公允价值计量下，资产按照市场参与者在计量日发生的有序交易中，出售资产所能收到的价格计量。

无法采用上述计量属性的，采用名义金额（即人民币1元）计量。

第三十一条　政府会计主体在对资产进行计量时，一般应当采用历史成本。采用重置成本、现值、公允价值计量的，应当保证所确定的资产金额能够持续、可靠计量。

第三十二条　符合资产定义和资产确认条件的项目，应当列入资产负债表。

第二节　负　债

第三十三条　负债是指政府会计主体过去的经济业务或者事项形成的、预期会导致经济资源流出政府会计主体的现时义务。

现时义务是指政府会计主体在现行条件下已承担的义务。未来发生的经济业务或者事项形成的义务不属于现时义务，不应当确认为负债。

第三十四条　政府会计主体的负债按照流动性，分为流动负债和非流动负债。

流动负债是指预计在1年内（含1年）偿还的负债，包括应付及预收款项、应付职工薪酬、应缴款项等。

非流动负债是指流动负债以外的负债，包括长期应付款、应付政府债券和政府依法担保形成的债务等。

第三十五条　符合本准则第三十三条规定的负债定义的义务，在同时满足以下条件时，确认为负债：

（一）履行该义务很可能导致含有服务潜力或者经济利益的经济资源流出政府会计主体；

（二）该义务的金额能够可靠地计量。

第三十六条　负债的计量属性主要包括历史成本、现值和公允价值。

在历史成本计量下，负债按照因承担现时义务而实际收到的款项或者资产的金额，或者承担现时义务的合同金额，或者按照为偿还负债预期需要支付的现金计量。

在现值计量下，负债按照预计期限内需要偿还的未来净现金流出量的折现金额计量。

在公允价值计量下，负债按照市场参与者在计量日发生的有序交易中，转移负债所需支付的价格计量。

第三十七条　政府会计主体在对负债进行计量时，一般应当采用历史成本。采用现值、公允价值计量的，应当保证所确定的负债金额能够持续、可靠计量。

第三十八条　符合负债定义和负债确认条件的项目，应当列入资产负债表。

第三节　净资产

第三十九条　净资产是指政府会计主体资产扣除负债后的净额。

第四十条　净资产金额取决于资产和负债的计量。

第四十一条　净资产项目应当列入资产负债表。

第四节　收　入

第四十二条　收入是指报告期内导致政府会计主体净资产增加的、含有服务潜力或者经济利益的经济资源的流入。

第四十三条　收入的确认应当同时满足以下条件：

（一）与收入相关的含有服务潜力或者经济利益的经济资源很可能流入政府会计主体；

（二）含有服务潜力或者经济利益的经济资源流入会导致政府会计主体资产增加或者负债减少；

（三）流入金额能够可靠地计量。

第四十四条　符合收入定义和收入确认条件的项目，应当列入收入费用表。

第五节　费　用

第四十五条　费用是指报告期内导致政府会计主体净资产减少的、含有服务潜力或者经济利益的经济资源的流出。

第四十六条　费用的确认应当同时满足以下条件：

（一）与费用相关的含有服务潜力或者经济利益的经济资源很可能流出政府会计主体；

（二）含有服务潜力或者经济利益的经济资源流出会导致政府会计主体资产减少或者负债增加；

（三）流出金额能够可靠地计量。

第四十七条　符合费用定义和费用确认条件的项目，应当列入收入费用表。

第五章　政府决算财务报告

第四十八条　政府决算报告是综合反映政府会计主体年度预算收支执行结果的文件。

政府决算报告应当包括决算报表和其他应当在决算报告中反映的相关信息和资料。

政府决算报告的具体内容及编制要求等，由财政部另行规定。

第四十九条　政府财务报告是反映政府会计主体某一特定日期的财务状况和某一会计期间的运行情况和现金流量等信息的文件。

政府财务报告应当包括财务报表和其他应当在财务报告中披露的相关信息和资料。

第五十条　政府财务报告包括政府综合财务报告和政府部门财务报告。

政府综合财务报告是指由政府财政部门编制的，反映各级政府整体财务状况、运行情况和财政中长期可持续性的报告。

政府部门财务报告是指政府各部门、各单位按规定编制的财务报告。

第五十一条　财务报表是对政府会计主体财务状况、运行情况和现金流量等信息的结构性表述。

财务报表包括会计报表和附注。

会计报表至少应当包括资产负债表、收入费用表和现金流量表。

政府会计主体应当根据相关规定编制合并财务报表。

第五十二条　资产负债表是反映政府会计主体在某一特定日期的财务状况的报表。

第五十三条　收入费用表是反映政府会计主体在一定会计期间运行情况的报表。

第五十四条　现金流量表是反映政府会计主体在一定会计期间现金及现金等价物流

入和流出情况的报表。

第五十五条 附注是对在资产负债表、收入费用表、现金流量表等报表中列示项目所做的进一步说明,以及对未能在这些报表中列示项目的说明。

第五十六条 政府决算报告的编制主要以收付实现制为基础,以预算会计核算生成的数据为准。

政府财务报告的编制主要以权责发生制为基础,以财务会计核算生成的数据为准。

第六章 附 则

第五十七条 本准则所称会计核算,包括会计确认、计量、记录和报告各个环节,涵盖填制会计凭证、登记会计账簿、编制报告全过程。

第五十八条 本准则所称预算会计,是指以收付实现制为基础对政府会计主体预算执行过程中发生的全部收入和全部支出进行会计核算,主要反映和监督预算收支执行情况的会计。

第五十九条 本准则所称财务会计,是指以权责发生制为基础对政府会计主体发生的各项经济业务或者事项进行会计核算,主要反映和监督政府会计主体财务状况、运行情况和现金流量等的会计。

第六十条 本准则所称收付实现制,是指以现金的实际收付为标志来确定本期收入和支出的会计核算基础。凡在当期实际收到的现金收入和支出,均应作为当期的收入和支出;凡是不属于当期的现金收入和支出,均不应当作为当期的收入和支出。

第六十一条 本准则所称权责发生制,是指以取得收取款项的权利或支付款项的义务为标志来确定本期收入和费用的会计核算基础。凡是当期已经实现的收入和已经发生的或应当负担的费用,不论款项是否收付,都应当作为当期的收入和费用;凡是不属于当期的收入和费用,即使款项已在当期收付,也不应当作为当期的收入和费用。

第六十二条 本准则自2017年1月1日起施行。

第五章 企业会计准则的最新修订

第一节 修订内容概括

继 2014 年发布的新增或修订的 8 项企业会计准则之后,财政部陆续发布了 6 项企业会计准则解释、4 项会计处理规定,及 7 项新增或修订的企业会计准则。

这是自 2006 年 2 月颁布《企业会计准则——基本准则》和 38 项具体会计准则之后,财政部第二次大规模准则修订和增补企业会计准则(2014 年为第一次大规模修订和增补)。这些新准则基本与相关国际财务报告准则一致、保持了持续趋同。见表 5-1、表 5-2。

表 5-1　　　　　　　　2016~2017 修订或新增的 7 项准则的内容概要

序号	修订或新增的企业会计准则	施行日期
1	《企业会计准则第 22 号——金融工具确认和计量》(2017 年修订)	在境内外同时上市的企业以及在境外上市并采用国际财务报告准则或企业会计准则编制财务报告的企业,自 2018 年 1 月 1 日起施行;其他境内上市企业自 2019 年 1 月 1 日起施行
2	《企业会计准则第 23 号——金融资产转移》(2017 年修订)	在境内外同时上市的企业以及在境外上市并采用国际财务报告准则或企业会计准则编制财务报告的企业,自 2018 年 1 月 1 日起施行;其他境内上市企业自 2019 年 1 月 1 日起施行
3	《企业会计准则第 24 号——套期会计》(2017 年修订)	在境内外同时上市的企业以及在境外上市并采用国际财务报告准则或企业会计准则编制财务报告的企业,自 2018 年 1 月 1 日起施行;其他境内上市企业自 2019 年 1 月 1 日起施行
4	《企业会计准则第 37 号——金融工具列报》(2017 年修订)	在境内外同时上市的企业以及在境外上市并采用国际财务报告准则或企业会计准则编制财务报告的企业,自 2018 年 1 月 1 日起施行;其他境内上市企业自 2019 年 1 月 1 日起施行
5	《企业会计准则第 16 号——政府补助》(2017 年修订)	自 2017 年 6 月 12 日起施行
6	《企业会计准则第 14 号——收入》(2017 年修订)	在境内外同时上市的企业以及在境外上市并采用国际财务报告准则或企业会计准则编制财务报表的企业,自 2018 年 1 月 1 日起施行;其他境内上市企业,自 2020 年 1 月 1 日起施行;执行企业会计准则的非上市企业,自 2021 年 1 月 1 日起施行

续表

序号	修订或新增的企业会计准则	施行日期
7	《企业会计准则第42号——持有待售的非流动资产、处置组和终止经营》（2017年新增）	自2017年5月28日起施行
8	《企业会计准则解释第7号》	适用于2015年年度及以后期间的财务报告；部分追溯调整
9	《企业会计准则解释第8号》	适用于2016年年度及以后期间的财务报告；部分追溯调整
10	《企业会计准则解释第9号》	自2018年1月1日起施行
11	《企业会计准则解释第10号》	自2018年1月1日起施行
12	《企业会计准则解释第11号》	自2018年1月1日起施行
13	《企业会计准则解释第12号》	自2018年1月1日起施行
14	《商品期货套期业务会计处理暂行规定》	自2016年1月1日起施行
15	《规范"三去一降一补"有关业务的会计处理规定》	自2016年9月22日起施行
16	《增值税会计处理规定》	自2016年12月3日起施行
17	《企业破产清算有关会计处理规定》	自2016年12月20日起施行

表5-2　　　　修订或新增的7项准则与对应的国际财务报告准则

序号	修订或新增的企业会计准则	征求意见稿/正式稿发布日期	对应国际财务报告准则
1	《企业会计准则第22号——金融工具确认和计量》（2017年修订）	2016年8月1日/2017年4月6日	《国际财务报告准则第9号——金融工具》（2014年7月发布）
2	《企业会计准则第23号——金融资产转移》（2017年修订）	2016年8月1日/2017年4月6日	《国际财务报告准则第9号——金融工具》（2014年7月发布）
3	《企业会计准则第24号——套期会计》（2017年修订）	2016年8月1日/2017年4月6日	《国际财务报告准则第9号——金融工具》（2014年7月发布）
4	《企业会计准则第37号——金融工具列报》（2017年修订）	2016年8月29日/2017年5月15日	《国际财务报告准则第7号——金融工具：披露》（2014年12月）
5	《企业会计准则第16号——政府补助》（2017年修订）	2016年8月1日/2017年5月25日	《国际财务报告准则第20号——政府补助的会计和政府援助的披露》（2014年7月修订）
6	《企业会计准则第42号——持有待售的非流动资产、处置组和终止经营》（2017年新增）	2016年8月1日/2017年5月16日	《国际财务报告准则第5号——持有待售的非流动资产和中止经营》（2014年9月修订）

续表

序号	修订或新增的企业会计准则	征求意见稿/正式稿发布日期	对应国际财务报告准则
7	《企业会计准则第14号——收入》（2017年修订）	2015年12月7日/2017年7月19日	《国际财务报告准则第15号——与客户之间的合同产生的收入》（2014年5月发布/2016年4月澄清）

第二节 修订的6项会计准则的具体内容

一、《企业会计准则第22号——金融工具确认和计量》（2017年修订）

2017年4月6日，财政部正式发布了《关于印发修订〈企业会计准则第22号——金融工具确认和计量〉的通知》。在境内外同时上市的企业以及在境外上市并采用国际财务报告准则或企业会计准则编制财务报告的企业，自2018年1月1日起施行；其他境内上市企业自2019年1月1日起施行；执行企业会计准则的非上市企业自2021年1月1日起施行。同时，鼓励企业提前执行。执行本准则的企业，不再执行财政部于2006年2月印发的《企业会计准则第22号——金融工具确认和计量》。

新的金融工具准则与国际会计准则理事会2014年发布的《国际财务报告准则第9号——金融工具》（IFRS 9）趋同。修订的金融工具确认和计量准则对金融工具确认和计量做了较大改进，旨在减少金融资产分类，简化嵌入衍生工具的会计处理，强化金融工具减值会计要求。新准则将金融资产分为以摊余成本计量的金融资产、以公允价值计量且其变动计入其他综合收益的金融资产和以公允价值计量且其变动计入当期损益的金融资产等三类，取消了贷款和应收款项、持有至到期投资和可供出售金融资产等三个原有分类。对于混合合同，主合同为金融资产的，应将混合合同作为一个整体进行会计处理，不再分拆。就减值而言，不再采用"已发生损失法"，而是根据"预期信用损失法"，考虑包括前瞻性信息在内的各种可获得信息。对于购入或源生的未发生信用减值的金融资产，企业应当判断金融工具的违约风险自初始确认以来是否显著增加，如果已显著增加，企业应采用概率加权方法，计算确定该金融工具在整个存续期的预期信用损失，以此确认和计提减值损失准备。如果未显著增加，企业应当按照相当于该金融工具未来12个月内预期信用损失的金额确认和计提损失准备。

2016年8月，财政部发布了《关于征求〈企业会计准则第22号——金融工具确认和计量（修订）（征求意见稿）〉等三项准则意见的函》，对《企业会计准则第22号——金融工具确认和计量（修订）（征求意见稿）》、《企业会计准则第23号——金融资产转移（修订）（征求意见稿）》和《企业会计准则第24号——套期会计（修订）（征求意见稿）》公开征求意见。

与征求意见稿相比，正式稿不再要求满足保险合同定义的财务担保合同必须适用本准则；增加了 11 条有关衔接的规定；增加了修改或重新议定合同未导致金融资产终止确认，但导致合同现金流量发生变化时的处理规定；增加了将非交易性权益工具投资指定为以公允价值计量且其变动计入其他综合收益的金融资产的，终止确认时的处理规定；并增加了关于货币时间价值、损失准备、付款的金额和时间分布影响信用损失、必须付出不必要的额外成本或努力才可获得合理且有依据的信息时如何处理、如何认定较低的信用风险的说明；此外，还修改了部分措辞及结构。

二、《企业会计准则第 23 号——金融资产转移》（2017 年修订）

2017 年 4 月 6 日，财政部正式发布了《关于印发修订〈企业会计准则第 23 号——金融资产转移〉的通知》。在境内外同时上市的企业以及在境外上市并采用国际财务报告准则或企业会计准则编制财务报告的企业，自 2018 年 1 月 1 日起施行；其他境内上市企业自 2019 年 1 月 1 日起施行；执行企业会计准则的非上市企业自 2021 年 1 月 1 日起施行。同时，鼓励企业提前执行。执行本准则的企业，不再执行财政部于 2006 年 2 月印发的《企业会计准则第 23 号——金融资产转移》。

新的金融工具准则与国际会计准则理事会 2014 年发布的《国际财务报告准则第 9 号——金融工具》（IFRS 9）趋同。修订的金融资产转移准则在维持金融资产转移及其终止确认判断原则不变的前提下，对相关判断标准、过程及会计处理进行了梳理，突出金融资产终止确认的判断流程，对相关实务问题提供了更加详细的指引，增加了继续涉入情况下相关负债计量的相关规定，并对此情况下企业判断是否继续控制被转移资产提供更多指引，对不满足终止确认条件情况下转入方的会计处理和可能产生的对同一权利或义务的重复确认等问题进行了明确。另外，根据 CAS 22 的变化进行相应的调整。对于分类为以公允价值变动计入其他综合收益的金融资产中的债务工具，在确定资产转移损益时，其计入其他综合收益的累计金额应予转回；对于继续涉入情况下金融资产发生重分类时，相关负债的计量需要进行追溯调整。

2016 年 8 月，财政部发布了《关于征求〈企业会计准则第 22 号——金融工具确认和计量（修订）（征求意见稿）〉等三项准则意见的函》，对《企业会计准则第 22 号——金融工具确认和计量（修订）（征求意见稿）》、《企业会计准则第 23 号——金融资产转移（修订）（征求意见稿）》和《企业会计准则第 24 号——套期会计（修订）（征求意见稿）》公开征求意见。

与征求意见稿相比，正式稿主要修改了第六章"继续涉入被转移金融资产的会计处理"的表述。此外，还修改了部分措辞及结构。

三、《企业会计准则第 24 号——套期会计》（2017 年修订）

2017 年 4 月 6 日，财政部正式发布了《关于印发修订〈企业会计准则第 24 号——套期会计〉的通知》。在境内外同时上市的企业以及在境外上市并采用国际财务报告准则或企业会计准则编制财务报告的企业，自 2018 年 1 月 1 日起施行；其他境内上市企业自2019年1月1日起施行；执行企业会计准则的非上市企业自2021年1月1日起施行。同时，鼓励企业提前执行。执行本准则的企业，不再执行财政部于2006年2月印发的《企业会计准则第24号——套期保值》及2015年11月印发的《商品期货套期业务会计处理暂行规定》。

新的金融工具准则与国际会计准则理事会2014年发布的《国际财务报告准则第9号——金融工具》（IFRS 9）趋同。修订的套期会计准则将准则名称由"套期保值"改为"套期会计"，核心理念是将套期会计和风险管理紧密结合，使企业的风险管理活动能够恰当地体现在财务报告中。

套期会计准则拓宽套期工具和被套期项目的范围，增加了允许将以公允价值计量且其变动计入当期损益的非衍生金融工具指定为套期工具。拓宽了可以被指定的被套期项目的范围，增加了以下符合条件的被套期项目：一是允许将非金融项目的组成部分指定为被套期项目；二是允许将一组项目的风险总敞口和风险净敞口指定为被套期项目，并且对于风险净敞口套期的列报作出了单独的要求；三是允许将包括衍生工具在内的汇总风险敞口指定为被套期项目。

改进套期有效性评估。取消了2006版准则中80%～125%的套期高度有效性量化指标及回顾性评估要求，代之以定性的套期有效性要求，更加注重预期有效性评估。定性的套期有效性要求的重点是，套期工具和被套期项目之间应当具有经济关系，使得套期工具和被套期项目的价值因面临相同的被套期风险而发生方向相反的变动，并且套期关系的套期比率不应当反映被套期项目和套期工具相对权重的失衡，否则会产生套期无效以及与套期会计目标不一致的会计结果。

引入套期关系"再平衡"机制。2006版准则要求，如果套期关系不再符合套期有效性要求，企业应当终止套期会计。新准则引入了灵活的套期关系"再平衡"机制，如果套期关系由于套期比率的原因而不再满足套期有效性要求，但指定该套期关系的风险管理目标没有改变的，企业可以进行套期关系再平衡，通过调整套期关系的套期比率，使其重新满足套期有效性要求，从而延续套期关系，而不必如2006版准则所要求先终止再重新指定套期关系。

增加期权时间价值的会计处理方法。2006版准则规定，当企业仅指定期权的内在价值为被套期项目时，剩余的未指定部分即期权的时间价值部分作为衍生工具的一部分，应当以公允价值计量且其变动计入当期损益，造成了损益的潜在波动，不利于反映企业风险管理的成果。新准则引入了新的会计处理方法，期权时间价值的公允价值变动应当首先计入其他综合收益，后续的会计处理取决于被套期项目的性质，被套期项目与交易相关的，对其进行套期的期权时间价值具备交易成本的特征，累计计入其他综合收益的金额应当采用与现金流量套期储备金额相同的会计处理方法进行处理；被套期项目与时间段相关的，对其进行套期的期权时间价值具备为保护企业在特定时间段内规避风险所需支付成本的特征，累计计入其他综合收益的金额应当按照系统、合理的方法，在套期关系影响损益（或其他综合收益）的期间内摊销，计入当期损益。

增加信用风险敞口的公允价值选择权。新准则规定，符合一定条件时，企业可以在金融工具初始确认时、后续计量中或尚未确认（如贷款承诺）时，将金融工具的信用风险敞口指定为以公允价值计量且其变动计入当期损益的金融工具；当条件不再符合时，应当撤销指定。

2016年8月，财政部发布了《关于征求〈企业会计准则第22号——金融工具确认和计量（修订）（征求意见稿）〉等三项准则意见的函》，对《企业会计准则第22号——金融工具确认和计量（修订）（征求意见稿）》、《企业会计准则第23号——金融资产转移（修订）（征求意见稿）》和《企业会计准则第24号——套期会计（修订）（征求意见稿）》公开征求意见。

与征求意见稿相比，正式稿将公允价值变动影响其他综合收益的情形，仅限于企业对指定为以公允价值计量且其变动计入其他综合收益的非交易性权益工具投资的公允价值变动风险敞口进行的套期；明确了风险成分也包括被套期项目公允价值或现金流量的变动仅高于或仅低于特定价格或其他变量的部分；明确净敞口为零的项目组合可以指定为被套期项目；增加套期比率失衡及不属于再平衡的情形的表述；增加应当终止运用套期会计的情形（不存在经济关系、信用风险主导）；规定摊销开始日不得晚于终止调整被套期项目的时点；增加预期不再极可能发生但可能预期仍然会发生的表述；增加对期权时间价值处理和确定校准时间价值的规定；增加要求追溯调整的情形（期权时间价值、交易对手方变更）。此外，还修改了部分措辞及结构。

四、《企业会计准则第37号——金融工具列报》（2017年修订）

2017年5月15日，财政部正式发布了《关于印发修订〈企业会计准则第37号——金融工具列报〉的通知》。在境内外同时上市的企业以及在境外上市并采用国际财务报告准则或企业会计准则编制财务报告的企业，自2018年1月1日起施行；其他境内上市企业自2019年1月1日起施行；执行企业会计准则的非上市企业自2021年1月1日起施行。同时，鼓励企业提前执行。执行本准则的企业，不再执行财政部于2014年3月17日印发的《金融负债与权益工具的区分及相关会计处理规定》和2014年6月20日印发的《企业会计准则第37号——金融工具列报》。本准则不要求追溯调整，比较财务报表也无须调整。

新的金融工具准则与国际会计准则理事会2014年发布的《国际财务报告准则第9号——金融工具》（IFRS 9）趋同。新修订的金融工具列报准则主要是响应《企业会计准则第22号——金融工具确认和计量》、《企业会计准则第23号——金融资产转移》和《企业会计准则第24号——套期会计》的修订。主要修订包括：

根据金融资产新的三分类，对企业财务报表相关列示项目和附注披露内容作出了相应修改，保持与金融工具确认和计量准则的一致。

结合新的"预期信用损失法"，详细规定了企业信用风险、预期信用损失的计量和减值损失准备等金融工具减值相关信息的列报要求。

结合套期会计的修订，根据套期业务特点、套期会计披露目标和有关金融风险类型，以不同套期类型对套期会计相关风险披露策略、套期工具、被套期项目、套期关系等要求进行了重新梳理，全面修订了套期会计相关披露要求。

2006 年财政部发布了《企业会计准则第 37 号——金融工具列报》，2014 年进行了修订，主要补充了权益工具的分类、抵销的规定和披露要求、金融资产转移的披露要求以及金融资产和金融负债到期期限分析的披露要求，并删除了有关金融工具公允价值的部分披露要求。该次修订包含截止到 2013 年 IAS 32 和 IFRS 7 生效的所有规定。2016 年 8 月，财政部发布了《关于征求〈企业会计准则第 37 号——金融工具列报（修订）（征求意见稿）〉意见的函》，公开征求意见。

五、《企业会计准则第 16 号——政府补助》（2017 年修订）

2017 年 5 月 25 日，财政部正式发布了《关于印发〈企业会计准则第 16 号——政府补助〉的通知》，自 2017 年 6 月 12 日起施行。并要求对 2017 年 1 月 1 日存在的政府补助采用未来适用法处理，对 2017 年 1 月 1 日至本准则施行日之间新增的政府补助根据本准则进行调整。财政部此前发布的有关政府补助会计处理规定与本准则不一致的，以本准则为准。

政府补助准则修订的主要内容包括：增加政府补助的两大特征，明确政府补助准则的适用范围；与 IFRS 趋同，允许政府补助采用净额法；明确政府补助相关科目的使用，新增"其他收益"报表项目；对财政贴息的会计处理做了更加详细的规定；修改完善了与资产相关政府补助的摊销方法。

六、《企业会计准则第 14 号——收入》（2017 年修订）

2017 年 7 月 19 日，证监会正式发布了《关于修订印发〈企业会计准则第 14 号——收入〉的通知》（财会〔2017〕22 号）。在境内外同时上市的企业以及在境外上市并采用国际财务报告准则或企业会计准则编制财务报表的企业，自 2018 年 1 月 1 日起施行；其他境内上市企业，自 2020 年 1 月 1 日起施行；执行企业会计准则的非上市企业，自 2021 年 1 月 1 日起施行。

收入准则修订的主要内容包括：

（1）将现行收入和建造合同两项准则纳入统一的收入确认模型。2006 版收入准则和建造合同准则在某些情形下边界不够清晰，可能导致类似的交易采用不同的收入确认方法，从而对企业财务状况和经营成果产生重大影响。修订后的收入准则采用统一的收入确认模型来规范所有与客户之间的合同产生的收入，并且就"在一段时间内"还是"在某一时点"确认收入提供具体指引。

（2）以控制权转移替代风险报酬转移作为收入确认时点的判断标准。2006 版收入准则要求区分销售商品收入和提供劳务收入，并且强调在将商品所有权上的主要风险和报酬转移给购买方时确认销售商品收入，实务中有时难以判断。修订后的收入准则打破商品和劳务的界限，要求企业在履行合同中的履约义务，即客户取得相关商品（或服务）控制权时确认收入，从而能够更加科学合理地反映企业的收入确认过程。

（3）对于包含多重交易安排的合同的会计处理提供更明确的指引。2006 版收入准则对于包含多重交易安排的合同仅提供了非常有限的指引，具体体现在收入准则第十五条以及企业会计准则讲解中有关奖励积分的会计处理规定。这些规定远远不能满足实务需要。修订后的收入准则对包含多重交易安排的合同的会计处理提供了更明确的指引，要求企业在合同开始日对合同进行评估，识别合同所包含的各项履约义务，按照各项履约义务所承诺商品（或服务）的相对单独售价将交易价格分摊至各项履约义务，进而在履行各履约义务时确认相应的收入。

（4）对于某些特定交易（或事项）的收入确认和计量给出了明确规定。修订后的收入准则对于某些特定交易（或事项）的收入确认和计量给出了明确规定。例如，区分总额和净额确认收入、附有质量保证条款的销售、附有客户额外购买选择权的销售、向客户授予知识产权许可、售后回购、无须退还的初始费，等等。

第三节　新增 1 项会计准则及 6 项会计准则解释的具体内容

一、《企业会计准则第 42 号——持有待售的非流动资产、处置组和终止经营》

2017 年 5 月 16 日，财政部正式发布了《关于印发〈企业会计准则第 42 号——持有待售的非流动资产、处置组和终止经营〉的通知》。自 2017 年 5 月 28 日起在所有执行企业会计准则的企业范围内执行。此前发布的有关持有待售的非流动资产、处置组和终止经营的会计处理规定与本准则不一致的，以本准则为准。对于本准则施行日存在的持有待售的非流动资产、处置组和终止经营，应当采用未来适用法处理。

此前的企业会计准则中，有关持有待售的非流动资产、处置组和终止经营的会计处理要求分散在《企业会计准则第 2 号——长期股权投资》《企业会计准则第 4 号——固定资产》《企业会计准则第 30 号——财务报表列报》及相关应用指南、解释和讲解中，缺少对持有待售类别的后续计量、持有待售资产减值准备计提等问题的统一的细化规定或指引。

第 42 号准则规范了持有待售的非流动资产和处置组的分类、计量和列报，以及终止经营的列报。非流动资产或处置组划分为持有待售类别，应当同时满足两个条件，一是在当前状况下，仅根据出售此类资产或处置组的惯常条款，即可立即出售；二是出售极可能发生（highly probable），即企业已经就一项出售计划作出决议且获得确定的购买承诺（具有法律约束力的购买协议），预计出售将在一年内完成。

对于取得日划分为持有待售类别的非流动资产或处置组的计量、持有待售类别的初始计量和后续计量等进行了细化规范。只允许将划分为持有待售类别后确认的持有待售资产减值损失转回，不允许将划分为持有待售类别前确认的长期资产减值损失转回。

要求在利润表中分别列示持续经营损益和终止经营损益，在附注中进一步披露有关终止经营损益和现金流量的详尽信息。

二、《企业会计准则解释第 7 号》

2015 年 11 月 13 日，财政部发布了《关于印发〈企业会计准则解释第 7 号〉的通知》，对五大会计问题进行了解释，涉及丧失控制权的投资方会计处理、重新计量设定受益计划净负债或者净资产的会计处理、子公司发行权益工具母公司如何并表的会计处理、子公司改为分公司后母公司的会计处理、限制性股票的股权激励计划的会计处理等方面的问题。

投资方因其他投资方对其子公司增资而导致本投资方持股比例下降，从而丧失控制权但能实施共同控制或施加重大影响的，投资方应视同处置确认损益。重新计量设定受益计划净负债或者净资产所产生的变动应计入其他综合收益，后续会计期间应在原设定受益计划终止时将原计入其他综合收益的部分全部结转至未分配利润。子公司发行优先股等其他权益工具的，母公司合并利润表中的"归属于母公司股东的净利润"应扣除当期归属于除母公司之外的其他权益工具持有者的可累积分配股利及当期宣告发放的归属于除母公司之外的其他权益工具持有者的不可累积分配股利。母公司直接控股的全资子公司改为分公司的，原母公司购买原子公司时产生的合并成本大于合并中取得的可辨认净资产公允价值份额的差额，应按照原母公司合并该原子公司的合并财务报表中商誉的账面价值转入原母公司的商誉；原子公司提取而尚未使用的安全生产费或一般风险准备，按照原子公司持续计算的账面价值计入专项储备或一般风险准备。对于授予限制性股票的股权激励计划，向职工发行的限制性股票按有关规定履行了注册登记等增资手续的，公司应当根据收到职工缴纳的认股款确认股本和资本公积（股本溢价），同时就回购义务确认负债（作收购库存股处理），按照发行限制性股票的数量以及相应的回购价格计算确定的金额，借记"库存股"科目，贷记"其他应付款"等科目；对于预计未来可解锁限制性股票持有者，公司应分配给限制性股票持有者的现金股利应当作为利润分配进行会计处理；等待期内计算基本每股收益时，分子应扣除当期分配给预计未来可解锁限制性股票持有者的可撤销现金股利及不可撤销的归属于预计未来可解锁限制性股票的净利润，分母不应包含限制性股票的股数；等待期内计算稀释每股收益时，解锁条件仅为服务期限条件的，企业应假设资产负债表日尚未解锁的限制性股票已于当期期初（或晚于期初的授予日）全部解锁，解锁条件包含业绩条件的而不满足业绩条件的，计算稀释性每股收益时不必考虑此限制性股票的影响。

需要追溯的调整包括：子公司发行优先股等其他权益工具的，计算母公司合并利润表中的"归属于母公司股东的净利润"时，可累积股利与不可累积但已宣告发放的股利的扣除；授予限制性股票的会计处理、锁定期内发放现金股利的会计处理、基本每股收益和稀释每股收益的计算。其他问题的会计处理规定适用于 2015 年度及以后期间的财务报告。

三、《企业会计准则解释第 8 号》

2016 年 1 月 4 日，财政部正式发布了《企业会计准则解释第 8 号》，对商业银行如何判断其是否控制发行的理财产品及应当如何对其发行的理财产品进行会计处理做了规范。商业银行应当在2016年度及以后期间的财务报告中适用解释8号,本解释生效前商业银行对理财产品的会计处理与本解释不一致的,应当进行追溯调整,追溯调整不可行的除外。

银行理财产品是由商业银行设计并发行的,将募集到的资金根据产品合同约定投入相关金融市场及购买相关金融产品,获取投资收益后,根据合同约定分配给投资人的金融产品。《商业银行个人理财业务管理暂行办法》规定,个人理财业务,是指商业银行为个人客户提供的财务分析、财务规划、投资顾问、资产管理等专业化服务活动。

解释8号要求,商业银行应当按照《CAS 33——合并财务报表》的相关规定,判断是否控制其发行的理财产品。分析可变回报时,至少应当关注:可变回报通常包括商业银行因向理财产品提供管理服务等获得的决策者薪酬(含各种形式的固定管理费和业绩报酬,及以销售费、托管费以及其他各种服务收费的名义收取的实质上为决策者薪酬的收费)和其他利益(包括各种形式的直接投资收益,提供信用增级或支持等而获得的补偿或报酬,因提供信用增级或支持等而可能发生或承担的损失,与理财产品进行其他交易或者持有理财产品其他利益而取得的可变回报,以及销售费、托管费和其他各种名目的服务收费等)。除与理财产品相关的法律法规及各项合同安排的实质外,还应当分析理财产品成本与收益是否清晰明确,交易定价(含收费)是否符合市场或行业惯例,以及是否存在其他可能导致商业银行最终承担理财产品损失的情况(如对过去发行的具有类似特征的理财产品提供过信用增级或支持的事实或情况)等。

商业银行发行的理财产品应当作为独立的会计主体进行会计处理。在对理财产品进行会计处理时,应当按照企业会计准则的相关规定规范使用会计科目,不得使用诸如"代理理财投资"等可能引起歧义的科目名称。对于理财产品持有的以公允价值计量的金融资产或金融负债,应当按照《公允价值计量准则》的相关规定确定其公允价值。通常情况下,金融工具初始确认的成本不符合后续公允价值计量要求,除非有充分的证据或理由表明该成本在计量日仍是对公允价值的恰当估计。

四、《企业会计准则解释(第9~12号)》

2017年6月22日,财政部正式发布了《企业会计准则解释第9号——关于权益法下投资净损失的会计处理》、《企业会计准则解释第10号——关于以使用固定资产产生的收入为基础的折旧方法》、《企业会计准则解释第11号——关于以使用无形资产产生的收入为基础的摊销方法》及《企业会计准则解释第12号——关于关键管理人员服务的提供方与接受方是否为关联方》。自2018年1月1日起施行。

本次发布的4项企业会计准则解释所采用的格式与此前发布的第1~8号企业会计准则解释不同,每项准则只针对一个问题,并分别就该问题的会计确认、计量和列报要求以及生效日期和新旧衔接要求予以明确,类似于一个完整的小准则。

《企业会计准则解释第9号》就投资方在权益法下因确认被投资单位发生的其他综合收益减少净额而产生未确认投资净损失的,被投资单位以后实现净利润的,投资方在其收益分享额弥补未确认的亏损分担额后，如何恢复确认收益分享额进行了规范。投资方按权益法确认应分担被投资单位的净亏损或被投资单位其他综合收益减少净额，将有关长期股权投资冲减至零并产生了未确认投资净损失的，被投资单位在以后期间实现净利润或其他综合收益增加净额时，投资方应当按照以前确认或登记有关投资净损失时的相反顺序进行会计处理，即依次减记未确认投资净损失金额、恢复其他长期权益和恢复长期股权投资的账面价值。

《企业会计准则解释第10号》就是否可以使用固定资产产生的收入为基础的折旧方法进行了规范。企业不应以包括使用固定资产在内的经济活动所产生的收入为基础进行折旧。

《企业会计准则解释第11号》就是否可以使用无形资产产生的收入为基础的摊销方法进行了规范。除极其有限的情况外，通常不应以包括使用无形资产在内的经济活动所产生的收入为基础进行摊销。

《企业会计准则解释第12号》就关键管理人员服务的提供方与接受方是否为关联方进行了规范。服务接受方在编制财务报表时，应当将服务提供方作为关联方进行相关披露；服务提供方在编制财务报表时，不应仅仅因为向服务接受方提供了关键管理人员服务就将其认定为关联方，而应当按照第36号准则判断双方是否构成关联方并进行相应的会计处理。

《企业会计准则解释第9号》要求追溯调整，但已处置或因其他原因终止采用权益法核算的长期股权投资，无须追溯调整。《企业会计准则解释第10号》、《企业会计准则解释第11号》和《企业会计准则解释第12号》不要求追溯调整。

第四节　新发布的会计处理的具体规定

一、《商品期货套期业务会计处理暂行规定》

2015年12月10日，财政部正式发布了《商品期货套期业务会计处理暂行规定》，明确了商品期货套期业务的会计处理，包括定义、应用条件、会计处理原则、科目设置、主要账务处理、财务报表列示以及披露等方面的内容。暂行规定自2016年1月1日起施行，要求企业采用未来适用法进行应用。

暂行规定是根据2014年7月新发布的《国际财务报告准则第9号——金融工具》（IFRS 9）中关于套期会计的新规定、结合国内商品套期业务的实际需要推出的过渡性制度安排。暂行规定与IFRS 9关于套期会计的规定趋同，可以简化套期会计的复杂性，扩大符合套期会计条件的非金融项目风险的范围，促进套期会计的实务应用。

商品期货套期，是指企业为规避现货经营中的商品价格风险，指定商品期货合约为套期工具，使套期工具公允价值或现金流量变动，预期抵销被套期项目全部或部分公允价值或现金流量变动。暂行规定仅适用于商品期货套期业务，被套期风险为现货经营中的商品价格风险（不包括汇率风险），套期工具为企业实际持有的期货合约（不包括远期合约、期权）。主要变化包括：放松了对套期有效性的要求，不再要求有效性结果必须在 80%～125% 的范围内；在能够单独识别且可靠计量的前提下，风险成分也可指定为被套期项目；允许将净敞口作为被套期项目；引入了"再平衡"的概念；只有在特定情形下，才能终止套期会计；披露内容更为广泛，并需提供更多有意义的信息和分析。

企业开展商品期货套期业务，可以执行暂行规定或《企业会计准则第 24 号——套期保值》。企业执行暂行规定的，应当遵循暂行规定所有适用条款，对商品期货套期业务不得继续执行《企业会计准则第 24 号——套期保值》以及《企业会计准则第 37 号——金融工具列报》中有关套期保值的相关披露规定。

执行《企业会计准则第 24 号——套期保值》（2017 年修订）的企业，不再执行《商品期货套期业务会计处理暂行规定》。

二、《规范"三去一降一补"有关业务的会计处理规定》

2016 年 9 月 27 日，财政部发布了关于印发《规范"三去一降一补"有关业务的会计处理规定》的通知，对国有独资或全资企业之间无偿划拨子公司的会计处理、即将关闭出清的"僵尸企业"的会计处理、中央企业对工业企业结构调整专项奖补资金的会计处理等会计问题进行规范。自发布之日起施行，不要求追溯调整。

国有独资或全资企业之间无偿划拨子公司时，划入企业个别报表应借记"长期股权投资"，贷记"资本公积（资本溢价）"；划入企业合并资产负债表应当以被划拨企业资产和负债的账面价值为基础进行调整，调整后应享有的被划拨企业资产和负债之间的差额计入资本公积（资本溢价）；划入企业合并利润表、合并现金流量表、合并所有者权益变动表应包含被划拨企业自国资监管部门批复的基准日起至控制权转移当期期末发生的净利润、产生的现金流量、所有者权益变动情况。划出企业的个别报表应当按照对被划拨企业的长期股权投资的账面价值，借记"资本公积（资本溢价）"，贷记"长期股权投资（被划拨企业）"；划出企业在丧失对被划拨企业的控制权之日，不应再将被划拨企业纳入合并财务报表范围，终止确认原在合并财务报表中反映的被划拨企业相关资产、负债、少数股东权益以及其他权益项目，相关差额冲减资本公积（资本溢价）；同时，划出企业与被划拨企业之间在控制权转移之前发生的未实现内部损益，应转入资本公积（资本溢价）。

企业按照政府推动化解过剩产能的有关规定界定为"僵尸企业"且列入即将关闭出清的"僵尸企业"名单的，应自被列为此类"僵尸企业"的当期期初开始，对资产改按清算价值计量、负债改按预计的结算金额计量，有关差额计入营业外支出（收入）。此类"僵尸企业"不应再对固定资产和无形资产计提折旧或摊销。"僵尸企业"的母公司在编制个别财务报表时，对该子公司长期股权投资，应当按照资产负债表日的可收回金额与账面价值孰低进行计量，前者低于后者的，其差额计入资产减值损失；母公司在编制合并财务报表时，应当以该子公司按本条规定编制的财务报表为基础，按与该子公司相同的基础对该子公司的资产、负债进行计量，计量金额与原在合并财务报表中反映的相关资产、负债以及商誉的金额之间的差额，应计入当期损益。即将关闭出清的"僵尸企业"的母公司以外的对"僵尸企业"具有共同控制或能够施加重大影响的投资企业的长期股权投资，应当按照可收回金额与账面价值孰低进行计量，前者低于后者的，其差额计入资产减值损失。

中央企业在收到预拨的工业企业结构调整专项奖补资金时，应当暂通过"专项应付款"科目核算；中央企业按要求开展化解产能相关工作后，能够合理可靠地确定因完成任务所取得的专项奖补资金金额的，借记"专项应付款"科目，贷记有关损益科目；不能合理可靠地确定因完成任务所取得的专项奖补资金金额的，应当经财政部核查清算后，按照清算的有关金额，借记"专项应付款"科目，贷记有关损益科目。

与 5 月份发布的征求意见稿相比，正式稿删除了关于企业集团母公司向其子公司转拨资本性财政性资金的会计处理规定以及国有独资企业之间无偿划拨子公司时划入企业、划出企业为投资性主体时的相关会计处理规定。

三、《增值税会计处理规定》

2016 年 12 月 12 日，财政部正式发布了《增值税会计处理规定》，对增值税会计处理中的会计科目及专栏设置、具体业务的账务处理及财务报表相关项目列示等问题进行了规范。规定自发布之日起施行，2016 年 5 月 1 日至本规定施行之间发生的交易由于本规定而影响资产、负债等金额的，应按本规定调整。

增值税一般纳税人应当在"应交税费"科目下设置"应交增值税""未交增值税""预交增值税""待抵扣进项税额""待认证进项税额""待转销项税额""增值税留抵税额""简易计税""转让金融商品应交增值税""代扣代交增值税"等明细科目。

规定对十项业务的会计处理做了明确要求，涉及取得资产或接受劳务、销售、差额征税、出口退税、进项税额抵扣情况发生改变、月末转出多交增值税和未交增值税、交纳增值税、增值税期末留抵税额、增值税税控系统专用设备和技术维护费用抵减增值税额，以及关于小微企业免征增值税的会计处理规定等。

"应交税费"科目下的"应交增值税""未交增值税""待抵扣进项税额""待认证进项税额""增值税留抵税额"等明细科目期末借方余额应根据情况，在资产负债表中的"其他流动资产"或"其他非流动资产"项目列示；"应交税费——待转销项税额"等科目期末贷方余额应根据情况，在资产负债表中的"其他流动负债"或"其他非流动负债"项目列示；"应交税费"科目下的"未交增值税""简易计税""转让金融商品应交增值税""代扣代交增值税"等科目期末贷方余额应在资产负债表中的"应交税费"项目列示。

全面试行营业税改征增值税后，"营业税金及附加"科目名称调整为"税金及附加"科目，该科目核算企业经营活动发生的消费税、城市维护建设税、资源税、教育费附加及房产税、土地使用税、车船使用税、印花税等相关税费；利润表中的"营业税金及附加"项目调整为"税金及附加"项目。

四、《企业破产清算有关会计处理规定》

2016年12月20日,财政部发布《关于印发〈企业破产清算有关会计处理规定〉的通知》,对经法院宣告破产处于破产清算期间的企业法人破产清算有关会计处理进行了规定。规定自发布之日起施行。

规定包括总则、编制基础和计量属性、确认和计量、清算财务报表的列报、附则等五部分,并附有会计科目使用说明及账务处理、破产企业清算财务报表及其附注。

本规定适用于经法院宣告破产处于破产清算期间的企业法人(破产企业)。破产企业在破产清算期间的资产应当以破产资产清算净值计量;破产企业在破产清算期间的负债应当以破产债务清偿价值计量。破产企业的财务报表包括清算资产负债表、清算损益表、清算现金流量表、债务清偿表及相关附注。向法院申请裁定破产终结的,破产企业应当编制清算损益表、债务清偿表及相关附注。清算资产负债表列示的项目不区分流动和非流动。清算现金流量表应当采用直接法编制。

第五节 一般企业财务报表格式修订[①]

2018年6月26日,财政部正式发布了《关于修订印发2018年度一般企业财务报表格式的通知》(财会〔2018〕15号),针对2018年1月1日起分阶段实施的新金融工具准则和新收入准则,以及企业会计准则实施中的有关情况,对一般企业财务报表格式进行了修订。并分别就尚未执行新金融准则和新收入准则的企业、已执行新金融准则或新收入准则的企业的财务报表格式提供了模板。

就尚未执行新金融准则和新收入准则的企业而言,此次修订将原"应收票据"及"应收账款"整合为"应收票据及应收账款";将原"应收利息"及"应收股利"归并至"其他应收款";将原"固定资产清理"归并至"固定资产";将原"工程物资"归并至"在建工程";将原"应付票据"及"应付账款"整合为"应付票据及应付账款"项目;将原"应付利息"及"应付股利"归并至"其他应付款";将"专项应付款"归并至"长期应付款";从原"管理费用"中分拆出"研发费用";在"财务费用"项目下列示"利息费用"和"利息收入"明细项目;将"其他收益"的位置提前;简化部分项目的表述,将原"重新计量设定受益计划净负债或净资产的变动"改为"重新计量设定受益计划变动额"、将原"权益法下在被投资单位不能重分类进损益的其他综合收益中享有的份额"改为"权益法下不能转损益的其他综合收益",将原"权益法下

[①] 资料来源:《致同研究之"企业会计准则"系列——财政部修订关于一般企业财务报表格式的通知》,致同会计师事务所(特殊普通合伙)。"Grant Thornton(致同)"是指Grant Thornton成员所在提供审计、税务和咨询服务时所使用的品牌,并按语境的要求可指一家或多家成员所。致同注:本专题是致同对企业会计准则的理解,实务中应以企业会计准则的规定和监管要求为准。致同研究之"企业会计准则系列"不应视为专业建议。未征得具体专业意见之前,不应依据本系列专题所述内容采取或不采取任何行为。

在被投资单位以后将重分类进损益的其他综合收益中享有的份额"改为"权益法下可转损益的其他综合收益",将原"结转重新计量设定受益计划净负债或净资产所产生的变动"改为"设定受益计划变动额结转留存收益"。

就已执行新金融准则或新收入准则的企业而言,新增与新金融工具准则有关的"交易性金融资产""债权投资""其他债权投资""其他权益工具投资""其他非流动金融资产"以及"交易性金融负债""信用减值损失""净敞口套期收益""其他权益工具投资公允价值变动""企业自身信用风险公允价值变动""其他债权投资公允价值变动""金融资产重分类计入其他综合收益的金额""其他债权投资信用减值准备"以及"现金流量套期储备""其他综合收益结转留存收益"等,新增与新收入准则有关的"合同资产"和"合同负债",修订了"存货""其他流动资产""其他非流动资产""其他流动负债""预计负债"等科目反映的内容;同时,删除与原金融工具准则有关的"可供出售金融资产公允价值变动损益"、"持有至到期投资重分类为可供出售金融资产损益"以及"现金流量套期损益的有效部分"。

企业对不存在相应业务的报表项目可结合本企业的实际情况进行必要删减,企业根据重要性原则并结合本企业的实际情况可以对确需单独列示的内容增加报表项目。执行企业会计准则的金融企业应当根据金融企业经营活动的性质和要求,比照一般企业财务报表格式进行相应调整。

一、一般企业财务报表格式(适用于已执行新准则的企业)相关内容概要

见表 5-3 ~ 表 5-5。

表 5-3　　　　　　　　　　　　资产负债表

列报项目	修订状态	修订或新增项目说明	解读
流动资产:			
货币资金	不变		包括:库存现金、银行存款、其他货币资金
交易性金融资产	新增	反映资产负债表日企业分类为以公允价值计量且其变动计入当期损益(FVTPL)的金融资产,以及企业持有的直接指定为以公允价值计量且其变动计入当期损益的金融资产的期末账面价值	包括:未能通过 SPPI 测试的、到期日不超过一年或预期持有不超过一年的债务工具投资(含嵌入衍生工具);以其他业务模式持有的债务工具投资(含嵌入衍生工具);未指定为有效套期工具的衍生工具;到期日不超过一年或预期持有不超过一年的权益工具投资(不包括指定为 FVOCI 的);到期日不超过一年或预期持有不超过一年的、直接指定为 FVTPL 的债务工具投资(含嵌入衍生工具)

续表

列报项目	修订状态	修订或新增项目说明	解读
衍生金融资产	不变		企业衍生金融工具业务具有重要性的，增设本项目
应收票据及应收账款	新增	反映资产负债表日以摊余成本计量的、企业因销售商品、提供服务等经营活动应收取的款项，以及收到的商业汇票，包括银行承兑汇票和商业承兑汇票	原"应收票据"及"应收账款"整合为本项目；"应收票据"及"应收账款"统一按"预期信用损失法"计提坏账准备
预付账款	不变		核算企业按照合同规定预付的款项
其他应收款	修订	根据"应收利息"、"应收股利"和"其他应收款"科目的期末余额合计数，减去"坏账准备"科目中相关坏账准备期末余额后的金额填列	原"应收利息"及"应收股利"归并至本项目；根据新金融工具准则核算的利息和股利与资金往来等其他各种应收及暂付款项归并至其他应收款，统一按"预期信用损失法"计提坏账准备
存货	修订	确认为资产的合同履约成本，初始确认时摊销期限不超过一年或一个正常营业周期，在"存货"项目中填列，已计提减值准备的，还应减去"合同履约成本减值准备"科目中相关的期末余额后的金额填列	除了企业在日常活动中持有以备出售的产成品或商品、处在生产过程中的在产品、在生产过程或提供劳务过程中耗用的材料和物料等之外，还包括摊销期限不超过一年或一个正常营业周期的资本化的合同的履约成本
合同资产	新增	新收入准则下，企业应根据本企业履行履约义务与客户付款之间的关系在资产负债表中列示合同资产或合同负债。同一合同下的合同资产和合同负债应当以净额列示，其中净额为借方余额的，应当根据其流动性在"合同资产"或"其他非流动资产"项目中填列	合同资产，是指企业已向客户转让商品而有权收取对价的权利，且该权利取决于时间流逝之外的其他因素
持有待售资产	不变	反映资产负债表日划分为持有待售类别的非流动资产及划分为持有待售类别的处置组中的流动资产和非流动资产的期末账面价值	

续表

列报项目	修订状态	修订或新增项目说明	解读
一年内到期的非流动资产	修订	①自资产负债表日起一年内到期的长期债权投资（AC）的期末账面价值，在"一年内到期的非流动资产"行项目反映。②自资产负债表日起一年内到期的长期债权投资（FVOCI—债务工具）的期末账面价值，在"一年内到期的非流动资产"行项目反映	通常情况下，预计自资产负债表日起一年内变现的非流动资产应作为"一年内到期的非流动资产"列报。对于按照相关会计准则采用折旧（或摊销、折耗）方法进行后续计量的固定资产、无形资产、长期待摊费用等非流动资产，折旧（或摊销、折耗）年限（或期限）只剩一年或不足一年的，无需归类为本项目列报；预计在一年内（含一年）进行折旧（或摊销、折耗）的部分，也无需归类为本项目列报。还包括一年内到期的长期债权投资（以摊余成本计量及以公允价值计量且其变动计入其他综合收益）
其他流动资产	修订	①企业购入的以摊余成本计量的一年内到期的债权投资（AC）的期末账面价值，在"其他流动资产"行项目反映。②企业购入的以公允价值计量且其变动计入其他综合收益的一年内到期的债权投资（FVOCI—债务工具）的期末账面价值，在"其他流动资产"行项目反映。③同一合同下的合同资产和合同负债应当以净额列示，其中净额为借方余额的，应当根据其流动性在"合同资产"或"其他非流动资产"项目中填列。④确认为资产的合同取得成本，初始确认时摊销期限不超过一年或一个正常营业周期，在"其他流动资产"项目中填列，已计提减值准备的，还应减去"合同取得成本减值准备"科目中相关的期末余额后的金额填列。⑤对于附有销售退回条款的销售，确认为资产的应收退货成本，在一年或一个正常营业周期内出售的，在"其他流动资产"项目中填列	除进项税额、多交或预缴的增值税额、待抵扣进项税额、待认证进项税额、增值税留抵税额、预缴所得税、预缴其他税费、待摊费用外，还包括：一年内到期的债权投资（以摊余成本计量及以公允价值计量且其变动计入其他综合收益）；不超过一年或一个正常营业周期结转的合同资产；摊销期限不超过一年或一个正常营业周期资本化的合同取得成本；在一年或一个正常营业周期内出售的应收退货成本等。不再包括发放贷款及垫款、委托贷款、应收款项类投资、理财产品、结构性存款、定期存款

续表

列报项目	修订状态	修订或新增项目说明	解读
非流动资产：			
债权投资	新增	反映资产负债表日企业以摊余成本计量的长期债权投资（AC）的期末账面价值	同时符合下列条件的长期债权投资：①企业管理该金融资产的业务模式是以收取合同现金流量为目标；②该金融资产的合同条款规定，在特定日期产生的现金流量，仅为对本金和以未偿付本金金额为基础的利息的支付（SPPI）
其他债权投资	新增	反映资产负债表日企业分类为以公允价值计量且其变动计入其他综合收益的长期债权投资（FVOCI—债务工具）的期末账面价值	同时符合下列条件的长期债权投资：①企业管理该金融资产的业务模式既以收取合同现金流量为目标又以出售该金融资产为目标；②该金融资产的合同条款规定，在特定日期产生的现金流量，仅为对本金和以未偿付本金金额为基础的利息的支付（SPPI）
长期应收款	修订		不再包括分期收款销售商品或提供劳务的长期应收款（在"合同资产"或"其他非流动资产"中反映）
长期股权投资	不变		对被投资单位实施控制、重大影响的权益性投资，以及对其合营企业的权益性投资
其他权益工具投资	新增	反映资产负债表日企业指定为以公允价值计量且其变动计入其他综合收益的非交易性权益工具投资（FVOCI—权益工具）的期末账面价值	并不是指对发行方除普通股以外的划分为权益工具的其他权益工具的投资。在初始确认时，企业可以将非交易性权益工具投资指定为以公允价值计量且其变动计入其他综合收益的金融资产（不包括企业在非同一控制下的企业合并中确认的构成金融资产的或有对价）
其他非流动金融资产	新增	自资产负债表日起超过一年到期且预期持有超过一年的以公允价值计量且其变动计入当期损益（FVTPL）的非流动金融资产的期末账面价值，在"其他非流动金融资产"行项目反映	分类为FVTPL的、到期日超过一年且预期持有超过一年的非流动金融资产，主要包括未能通过SPPI测试的长期债务工具投资（含嵌入衍生工具）、直接指定为FVTPL的长期债务工具投资（含嵌入衍生工具）和权益工具投资（不包括指定为FVOCI的）

续表

列报项目	修订状态	修订或新增项目说明	解读
投资性房地产	不变		企业为赚取租金或资本增值,或两者兼有而持有的房地产
固定资产	修订	反映资产负债表日企业固定资产的期末账面价值和企业尚未清理完毕的固定资产清理净损益	原"固定资产清理"归并至本项目。除为生产商品、提供劳务、出租或经营管理而持有的使用寿命超过一个会计年度的有形资产外,还包括因出售、报废、毁损、对外投资、非货币性资产交换、债务重组等原因转出的固定资产价值以及在清理过程中发生的费用等 固定资产折旧年限(或期限)只剩一年或不足一年的,无需归类为流动资产,仍在本项目中列报;预计在一年内(含一年)进行折旧的部分,也无需归类为流动资产,不转入"一年内到期的非流动资产"项目列报
在建工程	修订	反映资产负债表日企业尚未达到预定可使用状态的在建工程的期末账面价值和企业为在建工程准备的各种物资的期末账面价值	原"工程物资"归并至本项目。除企业基建、更新改造等在建工程发生的支出外,还包括企业为在建工程准备的各种物资的成本(工程用材料、尚未安装的设备以及为生产准备的工器具等)
生产性生物资产	不变		企业(农业)持有的生产性生物资产
油气资产	不变		企业(石油天然气开采)持有的矿区权益和油气井及相关设施
无形资产	不变		企业拥有或者控制的没有实物形态的可辨认非货币性资产。 无形资产摊销年限(或期限)只剩一年或不足一年的,无需归类为流动资产,仍在本项目中列报;预计在一年内(含一年)进行摊销的部分,也无需归类为流动资产,不转入"一年内到期的非流动资产"项目列报
开发支出	不变		研发支出中的资本化支出
商誉	不变		购买方对合并成本大于合并中取得的被购买方可辨认净资产公允价值份额的差额,应当确认为商誉

续表

列报项目	修订状态	修订或新增项目说明	解读
长期待摊费用	不变		长期待摊费用摊销年限（或期限）只剩一年或不足一年的，无需归类为流动资产，仍在本项目中列报；预计在一年内（含一年）进行摊销的部分，也无需归类为流动资产，不转入"一年内到期的非流动资产"项目列报
递延所得税资产	不变		企业确认的可抵扣暂时性差异产生的递延所得税资产
其他非流动资产	修订	①确认为资产的合同取得成本，初始确认时摊销期限超过一年或一个正常营业周期，在"其他非流动资产"项目中填列，已计提减值准备的，还应减去"合同取得成本减值准备"科目中相关的期末余额后的金额填列。②确认为资产的合同履约成本，初始确认时摊销期限超过一年或一个正常营业周期，在"其他非流动资产"项目中填列，已计提减值准备的，还应减去"合同履约成本减值准备"科目中相关的期末余额后的金额填列。③对于附有销售退回条款的销售，确认为资产的应收退货成本，不在一年或一个正常营业周期内出售的，在"其他非流动资产"项目中填列	除预付土地出让金、预付工程款、预付房屋/设备款、无形资产预付款、继续涉入资产外，还包括：摊销期限超过一年或一个正常营业周期的资本化的合同取得成本；摊销期限超过一年或一个正常营业周期的资本化的合同履约成本；不在一年或一个正常营业周期内出售的确认为资产的应收退货成本。不再包括发放贷款及垫款、委托贷款、应收款项类投资、定期存款
流动负债：			
短期借款	不变		企业向银行或其他金融机构等借入的期限在1年以下（含1年）的各种借款
交易性金融负债	新增	反映资产负债表日企业承担的交易性金融负债，以及企业持有的直接指定为以公允价值计量且其变动计入当期损益的金融负债的期末账面价值	包括：交易性金融负债（含属于金融负债的衍生工具）；指定为以公允价值计量且其变动计入当期损益的金融负债（含贷款承诺）
衍生金融负债	不变		企业衍生金融工具业务具有重要性的，增设本项目

续表

列报项目	修订状态	修订或新增项目说明	解读
应付票据及应付账款	新增	反映资产负债表日企业因购买材料、商品和接受服务等经营活动应支付的款项，以及开出、承兑的商业汇票，包括银行承兑汇票和商业承兑汇票	原"应付票据"及"应付账款"整合为本项目；"应付票据"和"应付账款"同属贸易性应付款项
预收账款	修订		不再包含根据新收入准则已收或应收客户对价而应向客户转让商品的义务，如在转让承诺的商品或服务之前已收取的款项（在"合同负债"或"其他非流动负债"反映）
合同负债	新增	企业应根据本企业履行履约义务与客户付款之间的关系在资产负债表中列示合同资产或合同负债。同一合同下的合同资产和合同负债应当以净额列示，其中净额为贷方余额的，应当根据其流动性在"合同负债"或"其他非流动负债"项目中填列	合同负债，是指企业已收或应收客户对价而应向客户转让商品的义务。如企业在转让承诺的商品之前已收取的款项
应付职工薪酬	不变		企业根据有关规定应付给职工的各种薪酬，以及企业（外商）按规定从净利润中提取的职工奖励及福利基金
应交税费	不变		企业按照税法等规定计算应交纳的各种税费，包括增值税、消费税、所得税、资源税、土地增值税、城市维护建设税、房产税、土地使用税、车船使用税、教育费附加、矿产资源补偿费等
其他应付款	修订	根据"应付利息""应付股利"和"其他应付款"科目的期末余额合计数填列	原"应付利息"及"应付股利"归并至本项目；根据新金融工具准则核算的利息和股利与资金往来等其他各种应付、暂收的款项归并至其他应付款
持有待售负债	不变	反映资产负债表日处置组中与划分为持有待售类别的资产直接相关的负债的期末账面价值	
一年内到期的非流动负债	不变		包括一年内到期的长期借款、一年内到期的应付债券、一年内到期的长期应付款、一年内到期的预计负债等

续表

列报项目	修订状态	修订或新增项目说明	解读
其他流动负债	修订	对于附有销售退回条款的销售，确认为预计负债的应付退货款，在一年或一个正常营业周期内清偿的，在"其他流动负债"项目中填列	除短期融资券/短期应付债券、预提费用、受益期预计在一年以内（含一年）的政府补助、短期财务担保合同负债、短期待转销项税额等外，还包括在一年或一个正常营业周期内清偿的应付退货款。不再包括委托存款、积分计划
非流动负债：			
长期借款	不变		企业向银行或其他金融机构借入的期限在1年以上（不含1年）的各项借款
应付债券	不变		企业为筹集（长期）资金而发行债券的本金和利息，包括可转换公司债券、优先股、永续债拆分后形成的负债成分
其中： 优先股 永续债	不变 不变		
长期应付款	修订	反映资产负债表日企业除长期借款和应付债券以外的其他各种长期应付款项的期末账面价值	原"专项应付款"归并至本项目。包括：应付融资租入固定资产的租赁费、以分期付款方式购入固定资产等发生的应付款项，以及企业取得政府作为企业所有者投入的具有专项或特定用途的款项
预计负债	修订	对于附有销售退回条款的销售，确认为预计负债的应付退货款，不在一年或一个正常营业周期内清偿的，在"预计负债"项目中填列	
递延收益	不变		企业确认的应在以后期间计入当期损益的政府补助
递延所得税负债	不变		企业确认的应纳税暂时性差异产生的所得税负债
其他非流动负债	修订	同一合同下的合同资产和合同负债应当以净额列示，其中净额为贷方余额的，应当根据其流动性在"合同负债"或"其他非流动负债"项目中填列	包括长期待转销项税额、储备资金、代管基金、预收租金、附赎回义务的增资款、继续涉入负债等长期应付款项，以及企业已收或应收客户对价而应向客户转让商品的长期义务。不再包括委托存款、积分计划

续表

列报项目	修订状态	修订或新增项目说明	解读
所有者权益：			
实收资本（或股本）	不变		企业接受投资者投入的实收资本
其他权益工具	不变		企业发行的除普通股以外的归类为权益工具的各种金融工具
其中： 优先股 永续债	不变 不变		
资本公积	不变		企业收到投资者出资额超出其在注册资本或股本中所占份额的部分，以及直接计入所有者权益的利得和损失
减：库存股	不变		企业收购、转让或注销的本公司股份金额，以及按照发行限制性股票的数量以及相应的回购价格计算确定的回购义务
其他综合收益	不变		企业根据其他会计准则规定未在当期损益中确认的各项利得和损失
盈余公积	不变		企业从净利润中提取的法定盈余公积及任意盈余公积
未分配利润	不变		企业的未分配利润（或未弥补亏损）

表 5-4　　　　　　　　　　　　利润表

列报项目	修订状态	修订或新增项目说明	解读
一、营业收入			不符合合同成立的条件时，企业只有在不再负有向客户转让商品的剩余义务，且已向客户收取的对价无需退回时，才能将已收取的对价确认为收入
减：营业成本	修订		企业确认销售商品、提供劳务等主营业务收入时应结转的成本及除主营业务活动以外的其他经营活动所发生的支出
税金及附加	不变		企业经营活动发生的消费税、城市维护建设税、资源税、教育费附加及房产税、土地使用税、车船使用税、印花税等相关税费

续表

列报项目	修订状态	修订或新增项目说明	解读
销售费用	不变		
管理费用	修订		企业为组织和管理企业生产经营所发生的管理费用
研发费用	新增	反映企业进行研究与开发过程中发生的费用化支出	从原"管理费用"中分拆出本项目
财务费用	修订		
其中：利息费用	新增	反映企业为筹集生产经营所需资金等而发生的应予费用化的利息支出	原"财务费用"下单列本其中项目
利息收入	新增	反映企业确认的利息收入	原"财务费用"下单列本其中项目
资产减值损失	修订		不再包括各项金融工具减值准备所形成的信用损失
信用减值损失	新增	反映企业按照CAS 22（2017年修订）的要求计提的各项金融工具减值准备所形成的预期信用损失	
加：其他收益	修订	反映计入其他收益的政府补助等	位置提前。反映计入其他收益的政府补助（与企业日常活动相关的政府补助）等
投资收益（损失以"-"号填列）	不变		企业确认的投资收益或投资损失（出售金融工具、长期股权投资损益，应收或享有的股利等）
其中：对联营企业和合营企业的投资收益	不变		
净敞口套期收益（损失以"-"号填列）	新增	反映净敞口套期下被套期项目累计公允价值变动转入当期损益的金额或现金流量套期储备转入当期损益的金额	《商品期货套期业务会计处理暂行规定》（新金融工具实施后不再执行）曾增设"净敞口套期损益"项目
公允价值变动收益（损失以"-"号填列）	修订		核算企业以公允价值计量的金融资产（不包括FVOCI—权益工具）、金融负债，以及采用公允价值模式计量的投资性房地产、套期保值业务等公允价值变动形成的应计入当期损益的利得或损失

续表

列报项目	修订状态	修订或新增项目说明	解读
资产处置收益（损失以"-"号填列）	此次不变	反映企业出售划分为持有待售的非流动资产（金融工具、长期股权投资和投资性房地产除外）或处置组（子公司和业务除外）时确认的处置利得或损失，以及处置未划分为持有待售的固定资产、在建工程、生产性生物资产及无形资产而产生的处置利得或损失。债务重组中因处置非流动资产产生的利得或损失和非货币性资产交换中换出非流动资产产生的利得或损失也包括在本项目内	不包括出售金融工具、长期股权投资和投资性房地产的处置利得或损失
二、营业利润（损失以"-"号填列）			
加：营业外收入	此次不变	反映企业发生的除营业利润以外的收益，主要包括债务重组利得、与企业日常活动无关的政府补助、盘盈利得、捐赠利得（企业接受股东或股东的子公司直接或间接的捐赠，经济实质属于股东对企业的资本性投入的除外）等	不包括存货盘盈利得；不包括固定资产盘盈
减：营业外支出	此次不变	反映企业发生的除营业利润以外的支出，主要包括债务重组损失、公益性捐赠支出、非常损失、盘亏损失、非流动资产毁损报废损失等	非流动资产毁损报废损失在该项目反映，这里的"毁损报废损失"通常包括因自然灾害发生毁损、已丧失使用功能等原因而报废清理产生的损失。不包括存货盘亏损失
三、利润总额（损失以"-"号填列）			
减：所得税费用	不变		企业确认的应从当期利润总额中扣除的所得税费用
四、净利润（净亏损以"-"号填列）			

续表

列报项目	修订状态	修订或新增项目说明	解读
（一）持续经营净利润（净亏损以"-"号填列）	此次不变	反映净利润中与持续经营相关的净利润	按照《企业会计准则第42号——持有待售的非流动资产、处置组和终止经营》的相关规定列报
（二）终止经营净利润（净亏损以"-"号填列）	此次不变	反映净利润中与终止经营相关的净利润	按照《企业会计准则第42号——持有待售的非流动资产、处置组和终止经营》的相关规定列报
其他综合收益的税后净额			
（一）不能重分类进行损益的其他综合收益			
1. 重新计量设定受益计划变动额	修订		简化措辞，原为"重新计量设定受益计划净负债或净资产的变动"
2. 权益法下不能转损益的其他综合收益	修订		简化措辞，原为"权益法下在被投资单位不能重分类进损益的其他综合收益中享有的份额"
3. 其他权益工具投资公允价值变动	新增	反映企业指定为以公允价值计量且其变动计入其他综合收益的非交易性权益工具投资发生的公允价值变动	当该金融资产终止确认时，之前计入其他综合收益的累计利得或损失应当从其他综合收益中转出，计入留存收益
4. 企业自身信用风险公允价值变动	新增	反映企业指定为以公允价值计量且其变动计入当期损益的金融负债，由企业自身信用风险变动引起的公允价值变动而计入其他综合收益的金额	指定为以公允价值计量且其变动计入当期损益的金融负债，由企业自身信用风险变动引起的该金融负债公允价值的变动金额，应当计入其他综合收益（除非会造成或扩大损益中的会计错配）
（二）将重分类进损益的其他综合收益			

续表

列报项目	修订状态	修订或新增项目说明	解读
1. 权益性下可转损益的其他综合收益	修订		简化措辞，原为"权益法下在被投资单位以后将重分类进损益的其他综合收益中享有的份额"
2. 其他债权投资公允价值变动	新增	反映企业分类为以公允价值计量且其变动计入其他综合收益的债权投资发生的公允价值变动。企业将一项以公允价值计量且其变动计入其他综合收益的金融资产重分类为以摊余成本计量的金融资产，或重分类为以公允价值计量且其变动计入当期损益的金融资产时，之前计入其他综合收益的累计利得或损失从其他综合收益中转出的金额作为该项目的减项	"FVOCI-债务工具的公允价值变动"-"从FVOCI重分类为AC转出的之前计入其他综合收益的累计利得或损失"-"从FVOCI重分类为FVTPL转出的之前计入其他综合收益的累计利得或损失" 将一项FVOCI金融资产重分类为以摊余成本计量的金融资产的，应当将之前计入其他综合收益的累计利得或损失转出，调整该金融资产在重分类日的公允价值，并以调整后的金额作为新的账面价值，即视同该金融资产一直以摊余成本计量。 将一项FVOCI金融资产重分类为FVTPL金融资产的，应当继续以公允价值计量该金融资产；同时，企业应当将之前计入其他综合收益的累计利得或损失从其他综合收益转入当期损益
3. 金融资产重分类计入其他综合收益的金额	新增	反映企业将一项以摊余成本计量的金融资产重分类为以公允价值计量且其变动计入其他综合收益的金融资产时，计入其他综合收益的原账面价值与公允价值之间的差额	将一项以摊余成本计量的金融资产重分类为以公允价值计量且其变动计入其他综合收益的金融资产的，应当按照该金融资产在重分类日的公允价值进行计量。原账面价值与公允价值之间的差额计入其他综合收益
4. 其他债权投资信用减值准备	新增	反映企业按照 CAS 22（2017年修订）第十八条分类为以公允价值计量且其变动计入其他综合收益的金融资产的损失准备	CAS 22第十八条金融资产同时符合下列条件的，应当分类为以公允价值计量且其变动计入其他综合收益的金融资产： （1）企业管理该金融资产的业务模式既以收取合同现金流量为目标又以出售该金融资产为目标；（2）该金融资产的合同条款规定，在特定日期产生的现金流量，仅为对本金和以未偿付本金金额为基础的利息的支付

续表

列报项目	修订状态	修订或新增项目说明	解读
5. 现金流量套期储备	修订	反映企业套期工具产生的利得或损失中属于套期有效的部分	简化措辞，原为"现金流量套期损益的有效部分"
6. 外币报表核算差额	不变		对境外经营的财务报表进行折算时，产生的外币财务报表折算差额
五、综合收益总额			
六、每股收益：			
（一）基本每股收益	不变		按照归属于普通股股东的当期净利润，除以发行在外普通股的加权平均数计算基本每股收益
（二）稀释每股收益	不变		存在稀释性潜在普通股的，应当分别调整归属于普通股股东的当期净利润和发行在外普通股的加权平均数，并据以计算稀释每股收益

表 5-5　　　　　　　　　　　所有者权益变动表

列报项目	修订状态	修订或新增项目说明	解读
二、本年年初余额			
三、本年增减变动金额（减少以"-"号填列）			
（一）综合收益总额			
（二）所有者投入和减少资本			
（三）利润分配			

续表

列报项目	修订状态	修订或新增项目说明	解读
（四）所有者权益内部结转			
1. 资本公积转增资本（或股本）			
2. 盈余公积转增资本（或股本）			
3. 盈余公积弥补亏损			
4. 设定受益计划变动额结	修订		简化措辞，原为"结转重新计量设定受益计划净负债或净资产所产生的变动"
5. 其他综合收益结转留存收益		主要反映：①企业指定为以公允价值计量且其变动计入其他综合收益的非交易性权益工具投资终止确认时，之前计入其他综合收益的累计利得或损失从其他综合收益中转入留存收益的金额；②企业指定为以公允价值计量且其变动计入当期损益的金融负债终止确认时，之前由企业自身信用风险变动引起而计入其他综合收益的累计利得或损失从其他综合收益中转入留存收益的金额等	将非交易性权益工具投资指定为以公允价值计量且其变动计入其他综合收益的金融资产的，当该金融资产终止确认时，之前计入其他综合收益的累计利得或损失应当从其他综合收益中转出，计入留存收益。将金融负债指定为以公允价值计量且其变动计入当期损益的金融负债的，由企业自身信用风险变动引起的该金融负债公允价值的变动金额，应当计入其他综合收益（除非会造成或扩大损益中的会计错配）；该金融负债终止确认时，之前计入其他综合收益的累计利得或损失应当从其他综合收益中转出，计入留存收益
6. 其他			
四、本年年末余额			

二、一般企业财务报表格式（适用于尚未执行新金融准则和新收入准则的企业）相关内容概要

见表 5-6~表 5-8。

表 5-6 资产负债表

列报项目	修订状态	修订或新增项目说明	解读
流动资产：			
货币资金	不变		包括：库存现金、银行存款、其他货币资金
以公允价值变动且其变动计入当期损益的金融资产	不变		企业为交易目的所持有的债券投资、股票投资、基金投资等交易性金融资产的公允价值，以及企业持有的直接指定为以公允价值计量且其变动计入当期损益的金融资产
衍生金融资产	不变		企业衍生金融工具业务具有重要性的，增设本项目
应收票据及应收账款	新增	反映资产负债表日以摊余成本计量的、企业因销售商品、提供服务等经营活动应收取的款项，以及收到的商业汇票，包括银行承兑汇票和商业承兑汇票	原"应收票据"及"应收账款"整合为本项目；"应收票据"及"应收账款"统一按"预期信用损失法"计提坏账准备
预付账款	不变		核算企业按照合同规定预付的款项
其他应收款	修订	根据"应收利息""应收股利"和"其他应收款"科目的期末余额合计数，减去"坏账准备"科目中相关坏账准备期末余额后的金额填列	原"应收利息"及"应收股利"归并至本项目；根据新金融工具准则核算的利息和股利与资金往来等其他各种应收及暂付款项归并至其他应收款，统一按"预期信用损失法"计提坏账准备
存货	不变		企业在日常活动中持有以备出售的产成品或商品、处在生产过程中的在产品、在生产过程或提供劳务过程中耗用的材料和物料等
持有待售资产	不变	反映资产负债表日划分为持有待售类别的非流动资产及划分为持有待售类别的处置组中的流动资产和非流动资产的期末账面价值	

续表

列报项目	修订状态	修订或新增项目说明	解读
一年内到期的非流动资产	不变		通常情况下,预计自资产负债表日起一年内变现的非流动资产应作为"一年内到期的非流动资产"列报。对于按照相关会计准则采用折旧(或摊销、折耗)方法进行后续计量的固定资产、无形资产、长期待摊费用等非流动资产,折旧(或摊销、折耗)年限(或期限)只剩一年或不足一年的,无需归类为本项目列报;预计在一年内(含一年)进行折旧(或摊销、折耗)的部分,也无需归类为本项目列报
其他流动资产	不变		除进项税额、多交或预缴的增值税额、待抵扣进项税额、待认证进项税额、增值税留抵税额、预缴所得税、预缴其他税费、待摊费用外,还包括:发放贷款及垫款、委托贷款、应收款项类投资、理财产品、结构性存款、定期存款等
非流动资产:			
可供出售金融资产	不变		企业持有的可供出售金融资产的公允价值,包括划分为可供出售金融资产的股票投资、债券投资等金融资产
持有至到期投资	不变		企业持有至到期投资的摊余成本。划分为贷款和应收款项类的金融资产,与划分为持有至到期投资的金融资产,其主要差别在于前者不是在活跃市场上有报价的金融资产,并且不像持有至到期投资那样在出售或重分类方面受到较多限制
长期应收款	不变		企业的长期应收款项,包括融资租赁产生的应收款项、采用递延方式具有融资性质的销售商品和提供劳务等产生的应收款项等,以及实质上构成对被投资单位净投资的长期权益
长期股权投资	不变		对被投资单位实施控制、重大影响的权益性投资,以及对其合营企业的权益性投资

续表

列报项目	修订状态	修订或新增项目说明	解读
投资性房地产	不变		企业为赚取租金或资本增值,或两者兼有而持有的房地产
固定资产	修订	反映资产负债表日企业固定资产的期末账面价值和企业尚未清理完毕的固定资产清理净损益	原"固定资产清理"归并至本项目。除为生产商品、提供劳务、出租或经营管理而持有的使用寿命超过一个会计年度的有形资产外,还包括因出售、报废、毁损、对外投资、非货币性资产交换、债务重组等原因转出的固定资产价值以及在清理过程中发生的费用等。固定资产折旧年限(或期限)只剩一年或不足一年的,无需归类为流动资产,仍在本项目中列报;预计在一年内(含一年)进行折旧的部分,也无需归类为流动资产,不转入"一年内到期的非流动资产"项目列报
在建工程	修订	反映资产负债表日企业尚未达到预定可使用状态的在建工程的期末账面价值和企业为在建工程准备的各种物资的期末账面价值	原"工程物资"归并至本项目。除企业基建、更新改造等在建工程发生的支出外,还包括企业为在建工程准备的各种物资的成本(工程用材料、尚未安装的设备以及为生产准备的工器具等)
生产性生物资产	不变		企业(农业)持有的生产性生物资产
油气资产	不变		企业(石油天然气开采)持有的矿区权益和油气井及相关设施
无形资产	不变		企业拥有或者控制的没有实物形态的可辨认非货币性资产。无形资产摊销年限(或期限)只剩一年或不足一年的,无需归类为流动资产,仍在本项目中列报;预计在一年内(含一年)进行摊销的部分,也无需归类为流动资产,不转入"一年内到期的非流动资产"项目列报
开发支出	不变		研发支出中的资本化支出

续表

列报项目	修订状态	修订或新增项目说明	解读
商誉	不变		购买方对合并成本大于合并中取得的被购买方可辨认净资产公允价值份额的差额,应当确认为商誉
长期待摊费用	不变		长期待摊费用摊销年限(或期限)只剩一年或不足一年的,无需归类为流动资产,仍在本项目中列报;预计在一年内(含一年)进行摊销的部分,也无需归类为流动资产,不转入"一年内到期的非流动资产"项目列报
递延所得税资产	不变		企业确认的可抵扣暂时性差异产生的递延所得税资产
其他非流动资产	不变		除预付土地出让金、预付工程款、预付房屋/设备款、无形资产预付款、继续涉入资产外,还包括:发放贷款及垫款、委托贷款、应收款项类投资、定期存款
流动负债:			
短期借款	不变		企业向银行或其他金融机构等借入的期限在1年以下(含1年)的各种借款
以公允价值计量且其变动计入当期损益的金融负债	不变		企业承担的交易性金融负债,以及企业持有的直接指定为以公允价值计量且其变动计入当期损益的金融负债
衍生金融负债	不变		企业衍生金融工具业务具有重要性的,增设本项目
应付票据及应付账款	新增	反映资产负债表日企业因购买材料、商品和接受服务等经营活动应支付的款项,以及开出、承兑的商业汇票,包括银行承兑汇票和商业承兑汇票	原"应付票据"及"应付账款"整合为本项目;"应付票据"和"应付账款"同属贸易性应付款项
预收账款	不变		包括预收货款、预收工程款,以及建造合同形成的已结算尚未完工款等

续表

列报项目	修订状态	修订或新增项目说明	解读
应付职工薪酬	不变		企业根据有关规定应付给职工的各种薪酬，以及企业（外商）按规定从净利润中提取的职工奖励及福利基金
应交税费	不变		企业按照税法等规定计算应交纳的各种税费，包括增值税、消费税、所得税、资源税、土地增值税、城市维护建设税、房产税、土地使用税、车船使用税、教育费附加、矿产资源补偿费等
其他应付款	修订	根据"应付利息""应付股利"和"其他应付款"科目的期末余额合计数填列	原"应付利息"及"应付股利"归并至本项目；根据新金融工具准则核算的利息和股利与资金往来等其他各种应付、暂收的款项归并至其他应付款
持有待售负债	不变	反映资产负债表日处置组中与划分为持有待售类别的资产直接相关的负债的期末账面价值	
一年内到期的非流动负债	不变		包括一年内到期的长期借款、一年内到期的应付债券、一年内到期的长期应付款、一年内到期的预计负债等
其他流动负债	修订	对于附有销售退回条款的销售，确认为预计负债的应付退货款，在一年或一个正常营业周期内清偿的，在"其他流动负债"项目中填列	除短期融资券/短期应付债券、预提费用、受益期预计在一年以内（含一年）的政府补助、短期财务担保合同负债、短期待转销项税额等外，还包括在一年或一个正常营业周期内清偿的应付退货款。不再包括委托存款、积分计划
非流动负债：			
长期借款	不变		企业向银行或其他金融机构借入的期限在1年以上（不含1年）的各项借款
应付债券	不变		企业为筹集（长期）资金而发行债券的本金和利息，包括可转换公司债券、优先股、永续债分拆后形成的负债成分

续表

列报项目	修订状态	修订或新增项目说明	解读
其中： 优先股 永续债	不变 不变		
长期应付款	修订	反映资产负债表日企业除长期借款和应付债券以外的其他各种长期应付款项的期末账面价值	原"专项应付款"归并至本项目。包括：应付融资租入固定资产的租赁费、以分期付款方式购入固定资产等发生的应付款项，以及企业取得政府作为企业所有者投入的具有专项或特定用途的款项
预计负债	不变		企业确认的对外提供担保、未决诉讼、产品质量保证、重组义务、亏损性合同等预计负债
递延收益	不变		企业确认的应在以后期间计入当期损益的政府补助
递延所得税负债	不变		企业确认的应纳税暂时性差异产生的所得税负债
其他非流动负债	不变		除长期待转销项税额、储备资金、代管基金、预收租金、附赎回义务的增资款、继续涉入负债等长期应付款项外，还包括委托存款、积分计划
所有者权益：			
实收资本（或股本）	不变		企业接受投资者投入的实收资本
其他权益工具	不变		企业发行的除普通股以外的归类为权益工具的各种金融工具
其中： 优先股 永续债	不变 不变		
资本公积	不变		企业收到投资者出资额超出其在注册资本或股本中所占份额的部分，以及直接计入所有者权益的利得和损失
减：库存股	不变		企业收购、转让或注销的本公司股份金额，以及按照发行限制性股票的数量以及相应的回购价格计算确定的回购义务

续表

列报项目	修订状态	修订或新增项目说明	解读
其他综合收益	不变		企业根据其他会计准则规定未在当期损益中确认的各项利得和损失
盈余公积	不变		企业从净利润中提取的法定盈余公积及任意盈余公积
未分配利润	不变		企业的未分配利润（或未弥补亏损）

表5-7　利润表

列报项目	修订状态	修订或新增项目说明	解读
一、营业收入	不变		企业确认的销售商品、提供劳务等主营业务的收入，以及除主营业务活动以外的其他经营活动实现的收入，包括出租固定资产、出租无形资产、出租包装物和商品、销售材料、用材料进行非货币性交换（非货币性资产交换具有商业实质且公允价值能够可靠计量）或债务重组等实现的收入
减：营业成本	不变		企业确认销售商品、提供劳务等主营业务收入时应结转的成本及除主营业务活动以外的其他经营活动所发生的支出
税金及附加	不变		企业经营活动发生的消费税、城市维护建设税、资源税、教育费附加及房产税、土地使用税、车船使用税、印花税等相关税费
销售费用	不变		
管理费用	修订		企业为组织和管理企业生产经营所发生的管理费用
研发费用	新增	反映企业进行研究与开发过程中发生的费用化支出	从原"管理费用"中分拆出本项目
财务费用	修订		
其中：利息费用	新增	反映企业为筹集生产经营所需资金等而发生的应予费用化的利息支出	原"财务费用"下单列本其中项目

续表

列报项目	修订状态	修订或新增项目说明	解读
利息收入	新增	反映企业确认的利息收入	原"财务费用"下单列本其中项目
资产减值损失	不变		企业计提各项资产减值准备所形成的损失
加：其他收益	修订	反映计入其他收益的政府补助等	位置提前。反映计入其他收益的政府补助（与企业日常活动相关的政府补助）等
投资收益（损失以"-"号填列）	不变		企业确认的投资收益或投资损失（出售金融工具、长期股权投资损益，应收或享有的股利等）
其中：对联营企业和合营企业的投资收益	不变		
公允价值变动收益（损失以"-"号填列）	不变		企业交易性金融资产、交易性金融负债，以及采用公允价值模式计量的投资性房地产、衍生工具、套期保值业务等公允价值变动形成的应计入当期损益的利得或损失，指定为以公允价值计量且其变动计入当期损益的金融资产或金融负债公允价值变动形成的应计入当期损益的利得或损失的应计入当期损益的利得或损失
资产处置收益（损失以"-"号填列）	此次不变	反映企业出售划分为持有待售的非流动资产（金融工具、长期股权投资和投资性房地产除外）或处置组（子公司和业务除外）时确认的处置利得或损失，以及处置未划分为持有待售的固定资产、在建工程、生产性生物资产及无形资产而产生的处置利得或损失。债务重组中因处置非流动资产产生的利得或损失和非货币性资产交换中换出非流动资产产生的利得或损失也包括在本项目内	不包括出售金融工具、长期股权投资和投资性房地产的处置利得或损失

续表

列报项目	修订状态	修订或新增项目说明	解读
二、营业利润（损失以"-"号填列）			
加：营业外收入	此次不变	反映企业发生的除营业利润以外的收益，主要包括债务重组利得、与企业日常活动无关的政府补助、盘盈利得、捐赠利得（企业接受股东或股东的子公司直接或间接的捐赠，经济实质属于股东对企业的资本性投入的除外）等	不包括存货盘盈利得；不包括固定资产盘盈
减：营业外支出	此次不变	反映企业发生的除营业利润以外的支出，主要包括债务重组损失、公益性捐赠支出、非常损失、盘亏损失、非流动资产毁损报废损失等	非流动资产毁损报废损失在该项目反映，这里的"毁损报废损失"通常包括因自然灾害发生毁损、已丧失使用功能等原因而报废清理产生的损失。不包括存货盘亏损失
三、利润总额（损失以"-"号填列）			
减：所得税费用	不变		企业确认的应从当期利润总额中扣除的所得税费用
四、净利润（净亏损以"-"号填列）			
（一）持续经营净利润（净亏损以"-"号填列）	此次不变	反映净利润中与持续经营的相关的净利润	按照《企业会计准则第42号——持有待售的非流动资产、处置组和终止经营》的相关规定列报
（二）终止经营净利润（净亏损以"-"号填列）	此次不变	反映净利润中与终止经营的相关的净利润	按照《企业会计准则第42号——持有待售的非流动资产、处置组和终止经营》的相关规定列报
其他综合收益的税后净额			
（一）不能重分类进行损益的其他综合收益			

续表

列报项目	修订状态	修订或新增项目说明	解读
1. 重新计量设定受益计划变动额	修订		简化措辞，原为"重新计量设定受益计划净负债或净资产的变动"
2. 权益法下不能转损益的其他综合收益	修订		简化措辞，原为"权益法下在被投资单位不能重分类进损益的其他综合收益中享有的份额"
……			
（二）将重分类进损益的其他综合收益			
1. 权益性下可转损益的其他综合收益	修订		简化措辞，原为"权益法下在被投资单位以后将重分类进损益的其他综合收益中享有的份额"
2. 可供出售金融资产公允价值变动损益	不变		可供出售金融资产公允价值变动形成的利得或损失，除减值损失和外币货币性金融资产形成的汇兑差额外，应当直接计入所有者权益
3. 持有至到期投资重分类为可供出售金融资产损益	不变		企业因持有意图或能力发生改变，使某项投资不再适合划分为持有至到期投资的，应当将其重分类为可供出售金融资产，并以公允价值进行后续计量。重分类日，该投资的账面价值与公允价值之间的差额计入所有者权益
4. 现金流量套期损益的有效部分	不变		将"其他综合收益——套期储备"科目当期发生额在"以后将重分类进损益的其他综合收益"项目所属的"现金流量套期损益的有效部分"项目中列示
5. 外币报表核算差额	不变		对境外经营的财务报表进行折算时，产生的外币财务报表折算差额
……			
五、综合收益总额			
六、每股收益：			

续表

列报项目	修订状态	修订或新增项目说明	解读
（一）基本每股收益	不变		按照归属于普通股股东的当期净利润，除以发行在外普通股的加权平均数计算基本每股收益
（二）稀释每股收益	不变		存在稀释性潜在普通股的，应当分别调整归属于普通股股东的当期净利润和发行在外普通股的加权平均数，并据以计算稀释每股收益

表5-8　　　　　　　　　　所有者权益变动表

列报项目	修订状态	修订或新增项目说明	解读
二、本年年初余额			
三、本年增减变动金额（减少以"-"号填列）			
（一）综合收益总额			
（二）所有者投入和减少资本			
（三）利润分配			
（四）所有者权益内部结转			
1. 资本公积转增资本（或股本）			
2. 盈余公积转增资本（或股本）			
3. 盈余公积弥补亏损			

列报项目	修订状态	修订或新增项目说明	解读
4. 设定受益计划变动额结转留存收益	修订		简化措辞,原为"结转重新计量设定受益计划净负债或净资产所产生的变动"
5. 其他			
四、本年年末余额			

三、其他变化

企业对不存在相应业务的报表项目可结合本企业的实际情况进行必要删减,企业根据重要性原则并结合本企业的实际情况可以对确需单独列示的内容增加报表项目。

第六节 新收入准则的解读

一、新收入准则修订的动机

收入作为一项财务报告的重要指标,经常被使用者用来评估企业的财务表现和未来前景。但是,在全球经济一体化,跨国企业迅速发展的大经济背景下,作为全球两大主要会计准则,《国际财务报告准则》(IFRS)与《美国公认会计原则》(GAAP)对于收入确认的要求却不尽相同。这往往导致了对于相似的经济交易会产生不同的会计处理。并且,对于旧的收入确认准则,《国际财务报告准则》与《美国公认会计原则》都存在一定的缺陷:《国际财务报告准则》缺乏足够的细节规范,与之相反,《美国公认会计原则》则规定得过于详尽并且在内容上存在一定的矛盾。为了改善这些问题,两大协会通过全方位的协作,制定了新的、相互融合的收入确认准则,新准则将会同时应用在于《国际财务报告准则》与《美国公认会计原则》中。两套准则的趋同不仅改善了财务报表信息的质量和一致性,并且极大提高了在应用不同准则的企业之间的可比性。

在市场经济日益发展,物联网、计算机互联网技术快速变化的背景下,企业的运营模式也发生了巨大变化,涉及的经济事项日趋复杂,现行收入准则已经不能满足会计处理实务中收入的确认和计量中出现的新要求。国际会计准则理事会于2014年5月发布了《国际财务报告准则第15号——与客户之间的合同产生的收入》,提出了"以客户合同为基础"的收入确认新观点,并设定了收入确认计量的"五步法模型"。为保持与国际财务报告准则的持续趋同,针对我国现行收入准则实施中存在的问题和缺陷,进一步规范和完善收入确认、计量和披露等会计原则,财政部于2017年7月修订发布了《企业会计准则第14号——收入》(以下简称"新收入准则"),并于2018年1月1日起实施。

二、新收入准则的适用范围及五步收入确认法

(一) 新收入准则的适用范围

新准则将应用于除以下几类合同之外的、所有的向顾客提供产品和劳务的合同,不包括在新准则范围内的合同有:租赁合同、保险合同;属于某些金融工具准则范围的一些权利和义务,例如:衍生物合同;除产品和劳务的保修之外的其他担保合同(仅适用于美国公认会计准则);能够促进企业与顾客之间销售的非货币性资产交换。与顾客的合同收入有可能存在部分适用新准则,部分适用其他准则的情况,例如:资产租赁和租赁设备的维护合同。若其他准则针对这种情况存在具体的规定,则可适用于其他准则,否则就要适用新收入准则。新准则一些步骤也将应用于非企业正常生产活动产生的资产的交易,如无形资产和固定资产的销售,包括房地产交易。

(二) 五步收入确认法的具体应用

为了配合新准则的核心原则的实施,国际会计准则理事会(IASB)与美国财务会计准则委员会(FASB)同时发布了一个五步收入确认法模型:

步骤一:明确与顾客的合同;

步骤二:明确合同中的履约义务;

步骤三:确定交易价格;

步骤四:分配合同中交易价格至每一项履约义务;

步骤五:当企业满足了(或者被视为满足了)履约义务时确认收入。

企业需要应用五步收入确认法模型来确定何时确认收入以及确认收入的金额。该模型明确了企业应当在商品或者劳务的控制权转移给顾客时,以企业预期有权换取的金额确认收入。当商品或者劳务的控制转移给了顾客,收入可以在一个时间点上确认;当分期确认这种方法可以更好描述企业的履约情况,收入也可以通过一段时间来分期确认。

步骤一:明确与顾客的合同。新的准则将合同定义为两方或者多方之间达成的一项协议,能够对各方产生具有法律效力的可执行的权利和义务。合同既可以是书面和口头的,也可以是一种商业惯例的暗示。

合同必须满足以下三个条件:①被批准的具有商业实质的协议;②付款条件和各方权利可辨认;③各方都有执行权利和履行义务的意图。除此之外,收入确认的前提是应收款项极有可能被收回。在这一点上,《国际财务报告准则》与《美国公认会计原则》存在不同。适用《国际财务报告准则》的企业将"可能性"的门槛设置的低于适用《美国公认会计原则》的企业。

总的来说,步骤一相对直白简单,容易操作。但是,企业应当注意当合同的修改

时，新准则要求会计人员判断是否合同的修改产生了新的合同。如果修改只是增加了合同标的物的数量与相应的报酬，那么增加的标的物可以被单独计量，视为新的合同，不会影响原本的合同。如果没有产生新的合同，那要判断合同未完成的部分是否与修改之前产生了实质性的不同。若产生了实质性的不同，则需要终止原合同，产生新合同。

步骤二：明确合同中的履约义务。当合同中包含一项以上的履约义务（包括商品或者劳务），若每项义务彼此独立，则需分开计量。如果每项履约义务不是独立的，则需要与其他义务一起计量。判断独立性需要满足以下两个条件：①顾客可以根据已有的资源单独从这项商品或者劳务中获得利益。②企业承诺转移的商品或者服务应当可以明确地区别于其他承诺。

例如，一个企业签订了一份防盗系统的安装和五年的保修合同。首先，要判断顾客是否可以选择单独购买这项服务，如果可以单独购买，则视为单独的合同；如果不能，则需继续判断保修服务是否提供了在产品的合理保障范围之外的额外服务，如果是额外服务则视为单独的合同；如果不能则合并计量。

步骤三：确定交易价格。交易价格代表了企业预期有权收到的金额，这一步需要综合考虑很多因素。首先，交易价格的确定需要会计人员的判断和估计，尤其当价格是一个变量，存在不同的可能，需要确定一个最可能的金额。例如，当企业提供一项服务的交易价格存在两种可能，按时完成服务可以获得服务价格和奖金，未按时完成只能获得服务价格。会计人员判断企业极有可能按时完成这项服务，那么这笔奖金就应当计入交易价格。如果存在大量的交易，会计人员判断其中70%可以按时完成，那么可以将所有交易奖金总额的70%计入交易价格。然而，对于这类交易，新准则提出了一个限制条件，当企业判断最有可能的收入时必须保证该项收入不会被撤回。相较于之前准则对于这种存在变量的交易通常视为零收入的处理，新准则提高了收入的准确性，但是需要极大地依赖会计人员在交易过程中的判断技巧。估计的交易价格必须在每个季度进行更新。对于估计的交易价格仅存在以下一个例外，根据销量或者用量而定的知识产权许可收入，例如版税收入，只有当销售和使用真正发生才能确认收入。

当合同存在明显的融资因素，例如存在较长的付款期，企业应当调整销售收入的确认，同时确认借款和利息收入。但当付款与商品的转移发生在一年之内则该交易不被视为融资，不需要调整收入。

步骤四：分配合同中交易价格至每一项履约义务。企业需要根据履约义务的独立销售价格的比例将交易价格分配至每项义务。例如之前的防盗系统安装与五年的保修服务，若每项服务单独标价1 000元，合计售价1 800元，则该企业应当分别确认900元安装收入与900元保修服务。如果不能直接获得独立销售价格，则需要使用估计价格。估计价格的方法有：市场评估法、成本加成法和残值法。

步骤五：当企业满足了（或者被视为满足了）履约义务时确认收入。企业将商品或者劳务的控制转移给了客户被视为满足履约义务。步骤五体现了新准则的核心，控制的转移，替代了旧准则中风险与报酬的转移。控制的转移既可以在时间点上完成，也可以分期完成。当该笔交易满足以下任意一条时，企业应该分期确认收入：①顾客同时收到和消耗企业提供服务，例如，常规或经常性服务。②企业产生或提高一项顾客控制的资产，例如，在顾客的土地上建造一项资产。③企业对其产生的资产没有其他的用途，并且企业对于按期完成的工作具有要求付款的权利，例如建造一项只能由顾客使用的资产。企业可以使用能够描述其履约程度的方法来分期确认收入，例如产量法、成本法。

三、新旧收入准则的差异分析

（一）收入确认模型不同

旧准则根据业务的类型（销售商品收入、提供劳务收入、让渡资产使用权收入和建造合同）分别来确认收入。新收入准则不再划分收入的类型来确认收入，将旧的收入准则和建造合同两项准则纳入统一的确认模型。

（二）收入确认时点的判断标准不同

旧准则下收入确认时点的判断标准是企业将商品所有权上的主要风险和报酬转移给购货方。新收入准则下收入确认时点的判断标准是控制权转移。

新收入准则第四条明确规定，企业应当在客户取得相关商品控制权时确认收入；第五条对控制权转移的迹象给出了明确的指引，规定了当企业与客户之间的合同同时满足哪些条件（见"新收入准则"第五条内容），企业应当在客户取得相关商品控制权时确认收入。

控制权的转移与风险和报酬的转移时点实际上在大多数情况下是一致的。但是，在某些交易事项下可能会产生偏离，使得新旧准则下收入确认时点不同。例如，一些手机、汽车、摩托车等零配件供应商，其产品通常只适用于某品牌某型号手机、汽车、摩托车等。该零配件除了销售给该手机、汽车、摩托车等制造商外没有其他替代用途，并且根据合同约定该供应商有权就当前已完成的工作获得报酬。那么，在此情况下，按照新收入准则的规定，该供应商应当随这些零配件的生产，在一段时间内确认收入。而在旧准则下通常是在该供应商将零配件交付时点确认收入。

旧准则在收入确认时强调"风险报酬转移"，而新准则强调"控制权转移"，因此，得出的判断结果一致性更高。

（三）对于包含多重交易安排的合同的会计处理指引不同

旧准则对于包含多重交易安排的合同仅提供了非常有限的指引。而新准则第七条对于包含多重交易安排的合同的会计处理给出了明确的指引。新收入准则引入了"履约义务"的概念。

新收入准则第七条规定：要求企业在合同开始日对合同进行评估，识别合同所包含的各项履约义务。如一家软件开发商，为某企业开发软件并提供相关技术服务，应根据其技术服务的性质来判断是否是一项单独的履约义务，如该服务是一个定制服务，只能由该企业完成且市场上无其他单独提供该服务的供应商，那么该服务应确认为一项单独的履约义务。反之，则可认为该合同中有两项履约义务，一是软件产品开发，二是技术服务。

新收入准则第七条还规定：如果合同中包含多项履约义务，要按照各项履约义务所承诺商品（或服务）的相对单独售价将交易价格分摊至各项履约义务，进而在履行各履约义务时确认相应的收入。

(四) 对于某些特定交易（或事项）的收入确认和计量的规定不同

旧准则第五条规定，企业应当按照从购货方已收或应收的合同或协议价款确定销售商品收入金额，但已收或应收的合同或协议价款不公允的除外。第二条规定，企业代第三方收取的款项，应当作为负债处理，不应当确认为收入。

新收入准则第三十四条也给出了明确的指引，企业应当根据其在向客户转让商品前是否拥有对该商品的控制权，来判断其从事交易时的身份是主要责任人还是代理人。如果该企业在向客户转让商品前能够控制该商品的，是主要责任人，应选择使用总额法；否则，该企业为代理人，应选择使用净额法，按照预期有权收取的佣金或手续费的金额确认收入。

以企业代理商品销售业务为例，如在向委托方转让代理商品前，该企业即受托方不能控制该商品，那么根据新收入准则第三十四条规定，该企业只能将其收取的代理费部分的收入确认为营业收入，因此更为真实地反映业务本质。

因此，新收入准则对于某些特定交易（或事项）的收入确认和计量，与旧准则相比，规定得更明确。

第六节　政府补助准则的解读

一、关于与日常活动相关的政府补助

政府补助准则规定，与企业日常活动相关的政府补助，应当按照经济业务实质计入其他收益或冲减相关成本费用。与企业日常活动无关的政府补助，应当计入营业外收支。政府补助准则不对"日常活动"进行界定。通常情况下，若政府补助补偿的成本费用是营业利润之中的项目，或该补助与日常销售等经营行为密切相关（如增值税即征即退等），则认为该政府补助与日常活动相关。

二、关于政府补助的会计处理方法

政府补助有两种会计处理方法：总额法和净额法。总额法是在确认政府补助时，将其全额一次或分次确认为收益，而不是作为相关资产账面价值或者成本费用等的扣减。净额法是将政府补助确认为对相关资产账面价值或者所补偿成本费用等的扣减。企业应当根据经济业务的实质，判断某一类政府补助业务应当采用总额法还是净额法。通常情况下，对同类或类似政府补助业务只能选用一种方法，同时，企业对该业务应当一贯地运用该方法，不得随意变更。

三、关于"其他收益"科目

企业选择总额法对与日常活动相关的政府补助进行会计处理的，应增设"其他收益"科目进行核算。其他收益科目核算总额法下与日常活动相关的政府补助以及其他与日常活动相关且应直接计入本科目的项目。对于总额法下与日常活动相关的政府补助，企业在实际收到或应收时，或者将先确认为递延收益的政府补助分摊计入收益时，借记"银行存款""其他应收款""递延收益"等科目，贷记"其他收益"科目。期末，应将本科目余额转入"本年利润"科目，本科目结转后应无余额。

四、关于与资产相关的政府补助

如果企业先取得与资产相关的政府补助，再确认所购建的长期资产，总额法下应当在开始对相关资产计提折旧或进行摊销时按照合理、系统的方法将递延收益分期计入当期收益。净额法下应当在相关资产达到预定可使用状态或预定用途时将递延收益冲减资产账面价值。如果相关长期资产投入使用后企业再取得与资产相关的政府补助，总额法下应当在相关资产的剩余使用寿命内按照合理、系统的方法将递延收益分期计入当期收益。净额法下应当在取得补助时冲减相关资产的账面价值，并按照冲减后的账面价值和相关资产的剩余使用寿命计提折旧或进行摊销。

五、关于政府补助准则的适用范围

根据《财政部关于进一步规范地方国库资金和财政专户资金管理的通知》的有关规定，政府原则上不对企业借款，相应不存在政府对企业债务豁免的情况，故将原政府补助准则（2006年制定发布）中准则适用范围的有关规定予以删除，即删除了"债务豁免"，适用《企业会计准则第12号——债务重组》。

六、关于衔接规定

政府补助准则规定，企业对2017年1月1日存在的政府补助采用未来适用法处理，对2017年1月1日至本准则施行日之间新增的政府补助根据本准则进行调整。2017年1月1日存在的政府补助主要指当日仍存在尚未分摊计入损益的与政府补助有关的递延收益。2017年1月1日至政府补助准则施行日之间新增的政府补助，主要指在这一期间内新取得的政府补助。政府补助准则发布后，财政部此前发布的有关政府补助会计处理规定（相关应用指南、企业会计准则解释等）与本准则不一致的，以本准则为准。

第七节 金融工具确认和计量的解读

一、金融工具的计量

金融工具的计量分为初始计量和后续计量,下面分别从这两个角度来分析金融工具的计量问题。

(一)金融工具的初始计量

金融工具的初始计量是按照交易发生时的公允价值进行计量的。对于交易费用,以公允价值计量的金融工具,交易费用计做交易当期的费用;其他类别的金融工具,交易费用计入初始确认时的成本。金融工具的交易费用,是指可直接归属于购买、发行、处置金融工具的新增的外部费用,通常包括中介机构的手续费和佣金等,不包括债券溢价、折价及融资费用,债券溢价、折价及融资费用通常构成债券的初始成本。

例 5-1:汇金公司于 2005 年 12 月 1 日购入华天公司股票 10 000 股,按当时每股市价 5.8 元以银行存款支付 58 000 元,交易费用 500 元。该项股票投资属于交易性投资,以公允价值计量。会计分录如下:

借:交易性金融资产——成本　　　　　　　　　　　　　　58 000
　　投资收益　　　　　　　　　　　　　　　　　　　　　　　500
　　贷:银行存款　　　　　　　　　　　　　　　　　　　　58 500

如果该项投资分类为可供出售金融资产的投资,则交易费用计入投资成本。会计分录如下:

借:可供出售金融资产——成本　　　　　　　　　　　　　58 500
　　贷:银行存款　　　　　　　　　　　　　　　　　　　　58 500

(二)金融工具的后续计量

依据"新准则"的第三十二条和第三十三条,金融工具的后续计量应区分不同类别分别以公允价值、摊余成本及成本计量。

1. 以公允价值进行后续计量

以公允价值计量的金融资产和金融负债,以及可供出售金融资产都是以公允价值进行后续计量。公允价值变动金额区分不同情况处理:以公允价值计量的金融资产和金融负债公允价值变动额计入变动当期损益;而可出售金融资产公允价值变动形成的利得或损失,则计入所有者权益。下面分别举例说明。

第一种情况:交易性金融资产。

例 5-2:承例 5-1,假设 2005 年 12 月 31 日华天公司股票市价为每股 6 元,该项股票投资属于交易性投资,每股公允价值上涨 0.2 元,合计 2 000 元。会计分录如下:

借:交易性金融资产——公允价值变动　　　　　　　　　　2 000
　　贷:公允价值变动损益　　　　　　　　　　　　　　　　2 000

如果上述投资于2006年2月1日以每股5.9元出售，收取现金59 000元。会计分录如下：

借：银行存款　　　　　　　　　　　　　　　　　　　59 000
　　投资收益　　　　　　　　　　　　　　　　　　　　1 000
　　贷：交易性金融资产——成本　　　　　　　　　　　58 000
　　　　交易性金融资产——公允价值变动　　　　　　　 2 000
同时，借：公允价值变动损益　　　　　　　　　　　　　2 000
　　　　贷：投资收益　　　　　　　　　　　　　　　　2 000

第二种情况：可供出售金融资产。

例5-3：承例5-2，假设该项投资为可供出售投资，则公允价值变动额应单列项目，在所有者权益下反映。"新准则"没有说明所有者权益的具体项目，可以在所有者权益下的"其他综合收益"项目中列示。会计分录如下：

借：可供出售金融资产——公允价值变动　　　　　　　 2 000
　　贷：其他综合收益　　　　　　　　　　　　　　　　2 000

假设2006年6月30日该股票上涨至每股6.2元，会计分录如下：

借：可供出售金融资产——公允价值变动　　　　　　　 2 000
　　贷：其他综合收益　　　　　　　　　　　　　　　　2 000

假设2007年2月1日以每股6元出售，则依据"新准则"的第三十八条第二款，终止确认该资产，转出计入所有者权益的公允价值变动累计额，计入当期损益。会计分录如下：

借：银行存款　　　　　　　　　　　　　　　　　　　60 000
　　其他综合收益　　　　　　　　　　　　　　　　　　4 000
　　贷：可供出售金融资产——成本　　　　　　　　　　58 500
　　　　　　　　　　　　——公允价值变动　　　　　　 4 000
　　　　投资收益　　　　　　　　　　　　　　　　　　1 500

2. 以摊余成本进行后续计量

根据"新准则"第三十二条和三十三条，对于持有至到期日的投资及贷款和应收账款、满足三十三条规定的金融负债后续计量采用实际利息率法，以摊余成本计量。摊余成本的公式为：摊余成本＝初始确认金额－已偿还的本金－累计摊销额－减值损失（或无法收回的金额）。实际利息率的公式为：实际利率＝将未来合同现金流量折现成初始确认金额的利率。

例5-4：假设大华股份公司2005年1月2日购入华凯公司2005年1月1日发行的五年期债券，票面利率14%，债券面值1 000元。公司按105 359元的价格购入100份，支付有关交易费2 000元。该债券于每年6月30日和12月31日支付利息，最后一年偿还本金并支付最后一次利息。

在计算实际利率时，应根据付息次数和本息现金流量贴现，即"债券面值＋债券溢价（或减去债券折价）＝债券到期应收本金的贴现值＋各期收取的债券利息的贴现值"，可采用"插入法"计算得出。

根据上述公式，按12%的利率测试：
本金：100 000×0.55839(n=10,i=6%)=55 839
利息：7 000×7.36(年金：n=10,i=6%)=51 520
本息现值合计　　　　　　　　　　　　　　　　107 359
本息现值正好等于投资成本，表明实际利息率为12%。作会计分录如下：
借：持有至到期投资——成本　　　　　　　　　107 359
　　贷：银行存款　　　　　　　　　　　　　　　　　　107 359
根据实际利率，编制溢价摊销表，见表5-9。

表5-9　　　　　　　　　　溢价摊销表　　　　　　　　　　单位：元

付息日期	利息收入	收取现金利息	溢价摊销	摊余溢价	摊余成本
2005年6月30日				7 359	107 359
2005年12月31日	6 441.54	7 000	558.46	6 800.54	106 800.54
2006年12月31日	6 408.03	7 000	591.97	6 208.57	106 208.57
2007年12月31日	6 252.65	7 000	747.35	3 463.55	103 463.55
2008年12月31日	6 207.81	7 000	792.19	2 671.36	102 671.36
2009年12月31日	6 160.28	7 000	839.72	1 831.64	101 831.64

2005年6月30日收到第一次利息，同时摊销债券投资溢价。根据表5-3，作会计分录如下：
借：银行存款　　　　　　　　　　　　　　　　7 000
　　贷：投资收益　　　　　　　　　　　　　　　　6 441.54
　　　　持有至到期投资——利息调整　　　　　　　558.46
在6月30日的资产负债表上债券投资的摊余成本为106 800.54元。对于华凯公司来说，发行公司债券筹集资金形成金融负债，其会计处理同大华公司正好相反。如果华凯公司扣除债券发行的各项费用后，筹集现金107 359元，初始确认金融负债作会计分录如下：
借：银行存款　　　　　　　　　　　　　　　　107 359
　　贷：应付债券——面值　　　　　　　　　　　100 000
　　　　　　　　——利息调整　　　　　　　　　　　7 359
2005年6月30日支付第一次利息，同时摊销公司债券溢价，根据表1，作会计分录如下：
借：财务费用　　　　　　　　　　　　　　　　6 441.54
　　应付债券——利息调整　　　　　　　　　　　558.46
　　贷：银行存款　　　　　　　　　　　　　　　　7 000
在2005年6月30日的资产负债表上华凯公司应付公司债券的摊余账面价值为106 800.54元。

3. 以成本进行后续计量

根据"新准则"第三十二条和三十三条，在活跃市场上没有报价、且其公允价值不能可靠计量的权益工具投资，以及与该权益工具挂钩并须交付该权益工具结算的衍生金融资产；及与在活跃市场上没有报价、公允价值不能可靠计量的权益工具挂钩并须通过交付该权益工具结算的衍生金融负债应采用成本计量。对非上市且股票价格难以可靠计量的公司股票的非长期性投资是比较典型的例子。

二、金融资产和金融负债的重新分类

金融资产和金融负债在初始分类后，若因计量条件、企业意图或能力、或部分处置，需要对金融资产或金融负债进行重新分类，重新分类会改变计量基础，从而引起重新分类金融资产和金融负债账面价值的变动及相关损益的确认。

（一）持有至到期投资重新分类为可供出售金融资产

持有至到期投资采用实际利息法以摊余成本计量，而可供出售金融资产则是以公允价值计量。企业因投资意图或能力等原因将持有至到期投资重分类为可供出售金融资产，需由原摊余成本改变为公允价值计量。依据"新准则"的第三十四条，摊余成本与公允价值之间的差额计入所有者权益，待该金融资产发生减值或终止确认时转出，计入当期损益。

例 5-5：承例 5-4，假设大华公司持有一年后即 2006 年 1 月 2 日，由于管理层投资意图改变，不再打算将其持有至到期而改为出可出售债券投资。由于市场利息变动，华凯公司债券每份市场价格，即公允价值为 1 050.14 元，总投资公允价值为 105 014 元，而此时大华公司该项投资的摊余成本为 106 208.57 元，两者差额为 1 194.57 元，列示在所有者权益下。会计分录如下：

借：可供出售金融资产　　　　　　　　　　　　　　　105 014
　　其他综合收益　　　　　　　　　　　　　　　　　1 194.57
　　贷：持有至到期投资——成本　　　　　　　　　　106 208.57

假设大华公司于 2006 年 6 月 1 日出售该债券投资，收取现金 106 100 元，此时将计入所有者权益的差额转出，计入当期损益。会计分录如下：

借：银行存款　　　　　　　　　　　　　　　　　　　106 100
　　投资收益　　　　　　　　　　　　　　　　　　　108.57
　　贷：可供出售金融资产　　　　　　　　　　　　　105 014
　　　　其他综合收益　　　　　　　　　　　　　　　1 194.57

依据"新准则"的第三十五条，因出售而改变分类，剩下的部分债券投资重新分类为可出售投资，应以公允价值计量。原摊余成本与公允价值之间的差额计入所有者权益，待该金融资产发生减值或终止确认时转出，计入当期损益。

例 5-6：承例 5-4，假设大华公司持有一年后即 2006 年 1 月 2 日，由于管理层投资意图改变，出售了其中的 50 份债券，扣除交易费用后收取现金 53 205.28 元，剩下的 50 份不再打算将其持有至到期而改为可出售债券投资。2006 年 1 月 2 日债券投资摊余成本为106 208.57元，出售与剩余各占50%，即53 104.28元。出售部分作会计分录如下：

借：现金 53 205.28
　　贷：可供出售金融资产 53 104.28
　　　　投资收益 101

剩余的部分重新分类为可出售投资，改以公允价值（市价）计量，即53 205.28元，其摊余成本与公允价值之间的差额计入所有者权益。会计分录如下：

借：可供出售金融资产 101
　　贷：其他综合收益 101

假设大华公司于2006年6月1日出售剩余的华凯公司债券，收取现金53 050元，此时将计入所有者权益的差额转出，计入当期损益。作会计分录如下：

借：现金 53 050
　　投资收益 54.28
　　其他综合收益 101
　　贷：可供出售金融资产 53 205.28

（二）以后期间公允价值得以可靠计量

根据"新准则"第三十六条规定，应以公允价值进行计量，但以前公允价值不能可靠计量的金融资产或金融负债，应在其公允价值能够可靠计量时改按以公允价值计量。

例5-7：假设建投公司获取消息：京润公司准备公开发行并争取上市。2004年11月10日建投公司通过协议转让买入京润公司股票10 000股，转让价格每股5.5元。该项股票投资购买时分类为可出售投资，由于该公司股票不存在活跃交易市场，其公允价值难以确定，以成本进行初始及后续计量。

2004年11月10日购买股票时作会计分录如下：

借：交易性金融资产——成本 550 000
　　贷：银行存款 550 000

2004年12月20日京润公司宣告并发放现金股利每股0.15元，建投公司收取现金股利1 500元，根据第三十八条，宣告现金股利计入当期损益，作会计分录如下：

借：现金 1 500
　　贷：投资收益 1 500

购入京润公司股票11个月后，即2005年10月10日京润公司成功公开发行，并于公开发行1个月后成功上市。2005年12月31日，京润公司股票市场交易价格为每股8.80元，由于该投资公允价值得以可靠计量，由原按成本改为公允价值计量，成本与公允价值之间的差额每股3.3元，共计33 000元，计入所有者权益。2005年12月31日，建投公司的会计分录如下：

借：可供出售金融资产——公允价值变动 33 000
　　贷：其他综合收益 33 000

假设2006年8月1日建投公司出售京润公司股票，扣除交易费用每股售价8.7元，

即收到资金 87 000 元。此时将计入所有者权益的差额转出,计入当年损益。作会计分录如下:

　　借:银行存款　　　　　　　　　　　　　　　　　　87 000
　　　　其他综合收益　　　　　　　　　　　　　　　　33 000
　　　　贷:可供出售金融资产——成本　　　　　　　　　　55 000
　　　　　　　　　　　　——公允价值变动　　　　　　　　33 000
　　　　　　投资收益　　　　　　　　　　　　　　　　32 000

(三) 由公允价值计量改为以成本或摊余成本计量

根据"新准则"第三十七条,因企业投资意图或能力改变,或公允价值不再能可靠计量,是金融资产或金融负债不再使用公允价值计量,改用成本或摊余成本计量。重新分类日的公允价值或账面价值成为该项目的成本或摊余价值。原计入所有者权益的利得或损失,有固定到期日的,应采用实际利息率法加以摊销计入损益;没有固定到期日的,仍留在所有者权益中,待该项金融资产处置时转出,计入当期损益。例如,在例5-3中,2006年12月31日,华天公司因违规而退市,其股票公允价值不能可靠确定,改为以成本计量,经过两次变动后的账面价值,即62 000元成为其成本,原计入所有者权益的公允价值变动额,即4 000元仍留在原账户中,待处置时转出。

三、金融资产减值

金融资产的后续计量实质上分为四种类别分别确定:以公允价值计量、公允价值变动计入损益的金融资产,以公允价值计量的可出售金融资产,以成本计量的金融资产及以摊余成本计量的金融资产。以公允价值计量、公允价值变动计入损益的金融资产不计提减值准备,所以计提减值的金融资产包括以成本计量的金融资产、以摊余成本计量的金融资产,以及以公允价值计量的可出售金融资产。"新准则"要求采用未来现金流量折现法确认和计量金融资产减值损失。未来现金流量折现法是按照金融资产(包括贷款、应收账款等)的账面价值减记至预计未来现金流量(不包括尚未发生的未来信用损失)现值,减记的金额确认为资产减值损失,计入当期损益。

(一) 以摊余成本计量的金融资产减值

"新准则"第四十二条规定以摊余成本计量的金融资产发生减值,将其账面价值减记至未来现金流量现值,未来现金流量现值按原实际利率折现。

例5-8:承例5-4,假设大华公司将债券持有至2007年12月,华凯公司因经营和技术等方面的问题,陷入严重财务困境,大华公司出于多方考虑作出让步,同意华凯公司的债务进重组方案,同意将每次付息减少至5 000元,本金减至80 000元。2007年的最后一期利息已支付。原实际利率为12%,至其到期日还将支付四次利息,用12%对未来现金流量贴现,计算如下:根据上述公式,按12%的利率测试:

本金:80 000×0.79209(P/F, n=4, i=6%) = 63 367.2
利息:5 000×3.46511(P/A: n=4, i=6%) = 17 325.55
本息现值合计　　　　　　　　　　　　　80 692.75

现时摊余成本见表5-3为103 463.55元,两者差额即减值额为22 770.8元,计入当期损益。会计分录如下:

  借:资产减值损失   22 770.8
    贷:持有至到期投资减值准备   22 770.8

  根据"新准则"的第四十四条,以摊余成本计量的金融资产确认减值损失后,如有证据表明该金融资产价值得以恢复,原确认的资产减值可以转回,计入当期损益。但转回后的账面价值不得超过不提减值准备情况下其在转回日的摊余成本。假设大华公司资产减值一年后,由于资产重组效果和经营环境改变,华凯公司已摆脱财务困境,债券本息支付恢复至原来约定,并对债权人给予额外补偿。投资减值因素消除,大华公司应将原确认的减值可以转回计入当期损益,但转回后账面价值不得超过不提减值准备情况下转回日的摊余成本。参阅表1,若不提减值准备,2008年12月31日投资摊余成本为101 831.64元,现时摊余成本为80 366.38元{[80 692.75-(5 000-80 692.75×6%)]-5 000+[80 692.75-(5 000-80 692.75×6%)]×6%)},虽然计提减值准备为22 770.8元,但转回部分不得超过21 465.26元(101 831.64-80 366.38)。转回减值损失作会计分录如下:

  借:持有至到期投资减值准备   21 465.26
    贷:资产减值损失   21 465.26

(二)以成本计量的金融资产减值

  以成本计量的金融资产减值,如在活跃市场上没有报价且公允价值不能可靠计量的权益工具投资,或与该权益工具挂钩并须通过交付该权益工具结算的衍生金融资产的减值,将其账面价值与公允价值(类似金融资产当时市场收益率对未来现金流量贴现值)之间的差额确认为减值损失,计入当期损益,并且减值损失不得转回。减值准备的会计处理原理相同,这类金融资产由于没有活跃市场,其现值的确定存在难度,增加主观性。

(三)以公允价值计量的可出售金融资产发生减值

  以公允价值计量的可出售金融资产发生减值,原直接计入所有者权益的累计损失应从所有者权益中转出,计入当期损益。

  例5-9:承例1,该可供出售投资,以公允价值计量,则可供出售金融资产的成本为58 500元。假设2005年12月31日该股票上涨至每股6元,公允价值变动2 000元计入所有者权益(即"其他综合收益")。假设2006年6月30日该公司因财务丑闻及财务状况恶化,股票下跌至每股5.7元,公允价值变动计入所有者权益,会计分录如下:

  借:其他综合收益   3 000
    贷:可供出售金融资产——公允价值变动   3 000

  假设2006年12月31日,华天公司因财务状况进一步恶化,股票停止交易即将退市,该投资发生严重减值,估计公允价值为每股4.5元。将原直接计入所有者权益的累计损失1 000元(3 000-2 000)从所有者权益中转出,连同公允价值下降的差额:12 000元(57 000-45 000)计入当期损益。作会计分录如下:

借：资产减值损失　　　　　　　　　　　　　　　　13 000
　　贷：其他综合收益　　　　　　　　　　　　　　　　1 000
　　　　可供出售金融资产——公允价值变动　　　　　12 000

对于可供出售的权益性投资减值损失不得通过损益转回，而对于可供出售的债务工具投资，公允价值上升，可以通过损益转回。

四、嵌入工具的会计处理

根据"新准则"第二十条的定义，可转换债券中包含的转股权可归为"嵌入衍生工具"，它使得债务合约受到股票价格的影响，因此，将其视为一般的应付债券和一般投资不能反映可转换债券的公允价值。《企业会计准则第37号——金融工具列报》借鉴了美国财务会计准则委员会（FASB）和国际会计准则委员会（IASC）提出的"权益部分余值计价法"，在第十条规定，"企业发行的非衍生金融工具包含负债和权益成分的"，将金融工具的负债部分和权益部分区分开来予以确认，先确定负债部分的价值，然后倒算权益部分的价值。本书通过可转换债券来解释主合同和嵌入衍生工具的会计处理。

例5-10：2005年1月1日，天健股份有限公司发行3年期可转换债券2 000张，每张面值1 000元，票面利率8%，每年年末付息。发行总收入为2 400 000元，支付交易费用30 000元。债券发行时不附选择权的类似债券市场利率为10%。2005年12月31日该可转换债券市价为每张2 600元，2006年12月31日，所有债券转换为200 000股面值10元的普通股。

1. 初始计量

发行可转换公司债券时，按实际收到的金额，借记"银行存款"等账户，按该项可转换公司债券包含的负债成分的公允价值，贷记"应付债券——可转换公司债券（面值）"，按权益成分的公允价值，贷记"资本公积——其他资本公积"，按差额，贷记"应付债券——可转换公司债券（利息调整）"。在例5-10中，可以用发行总收入和负债部分之间的差额来计算权益部分的价值。

2005年1月1日负债部分的价值 = 160 000 × P/A（10%，3）+ 2 000 000 × P/F（10%，3）= 1 900 504（元）

权益部分的价值 = 2 400 000 - 1 900 504 = 499 496（元）

2005年1月1日，天健发行可转换债券：

借：银行存款　　　　　　　　　　　　　　　　　2 400 000
　　贷：应付债券——可转换公司债券（面值）　　　1 900 504
　　　　资本公积——其他资本公积　　　　　　　　　499 496
借：财务费用　　　　　　　　　　　　　　　　　　　30 000
　　贷：银行存款　　　　　　　　　　　　　　　　　30 000

2. 后续计量

对负债部分可使用未来现金流贴现的方法计算价值，对权益部分仍使用权益余值计价法计算价值。当可转换公司债券持有人行使转换权利，将其持有的债券转换为股票，按"应付债券——可转换公司债券（面值、利息调整）"的余额，借记"应付债券——可转换公司债券（面值、利息调整）"，按"资本公积——其他资本公积"账户中属于该项可转换公司债券的权益成分的金额，借记"资本公积——其他资本公积"账户，按股票面值和转换的股数计算的股票面值总额，贷记"股本"账户，按其差额，贷记"资本公积——股本溢价"账户。

2005年12月31日，

负债部分的价值 = 160 000 × P/A(10%，2) + 2 000 000 × P/S(10%，2) = 1 930 480（元）

权益部分的价值 = 2 600 000 − 1 930 480 = 669 520（元）

权益部分价值变动 = (2 600 000 − 2 400 000) − (669 520 − 499 496) = 29 976（元）

借：资本公积——其他资本公积	29 976
贷：应付债券——可转换债券（利息调整）	29 976
借：财务费用	160 000
贷：应付利息	160 000

2006年12月31日，可转换债券换为普通股：

借：应付债券——可转换公司债券（面值）	1 900 504
——可转换公司债券（利息调整）	29 976
资本公积——其他资本公积	469 520
贷：股本	2 000 000
资本公积——股本溢价	400 000
借：财务费用	160 000
贷：应付利息	160 000

第八节　金融资产转移的解读

金融资产转移及其终止确认问题是会计实务中的一个难点，随着结构融资的不断创新，这方面的问题日益凸现。在新会计准则体系中，财政部借鉴国际会计准则，结合我国的实际情况，制定了《企业会计准则第23号——金融资产转移》（以下称"新准则"），共3章24条，它规范了金融资产转移的确认和计量，解决了当前资产证券化、信托、债券买断式回购等会计处理的难题。

一、金融资产转移的终止确认标准

在讨论金融资产转移的终止确认标准时，首先应明确金融资产转移的定义及其分类，然后再评价各种标准。

（一）金融资产转移的定义及种类

"新准则"第二条规定，金融资产转移是指企业（转出方）将金融资产让与或交付该金融资产发行方以外的另一方（转入方）。例如，建设银行将信贷资产信托给受托机构进行资产证券化，华发公司将销售商品形成的应收账款采用附追索权出售方式卖给商业银行等，都属于金融资产转移。

金融资产转移可分为整体转移和部分转移两大类。部分转移包括以下三种情形：将金融资产所产生现金流量中特定、可辨认部分转移，如企业将一组贷款（性质类似）的应收利息转移等；将金融资产所产生全部现金流量的一定比例转移，如企业将一组贷款（性质类似）的本金和应收利息合计的一定比例转移等；将金融资产所产生现金流量中特定、可辨认部分的一定比例转移，如企业将一组贷款（性质类似）的应收利息的一定比例转移等。

（二）终止确认标准

金融资产转移的会计处理关键点是理解金融资产的终止确认标准。众所周知，到目前为止，国际会计准则和美国财务会计准则采用了三种金融资产终止确认的判断标准：风险与报酬分析法、金融构成法和继续涉入法。

金融构成法的核心是控制权决定金融资产的归属，并且承认金融资产能分割成不同的组成部分。它按照控制权是否发生了转移来分析金融资产的终止确认问题，并承认金融资产与其所属的风险和报酬是可分割的，在一定程度上弥补了风险与报酬分析法的缺陷。根据金融构成法，是否终止确认金融资产，取决于转出者是否对其拥有有效的控制权，这符合实质重于形式原则。

在继续涉入法下，不考虑其继续涉入的程度，只要企业对金融资产的全部或部分存在继续涉入，与继续涉入有关的那部分资产就不予终止确认；不涉及继续涉入的那部分资产则终止确认。继续涉入法把金融资产视为可以分割的单元，并考察每个单元是否符合终止确认的条件。因此，一项金融资产转移可能导致一部分资产被终止确认，而另一部分资产未被终止确认，与其他两种方法相比，是一种比较折衷的会计确认方法。继续涉入法在具体应用中只需要解决有没有涉入的问题，不需要解决涉入多少的问题；只需要集中判断哪些资产是无条件转让，不需要判断转出方保留了哪些权利和义务。例5-11可以说明上述三种方法的区别。

例5-11：假设A银行发起一项资产证券化业务，将一定数额的住房贷款转让给特设交易载体（SPV），但贷款违约的损失仍由A银行承担。双方为此签订了转让交易合同，规定了A银行承担损失额的上限。A银行根据转让合同承担了坏账损失的风险，SPV相应拥有一笔由A银行提供的信用担保的合同权利。

在此例中，A银行失去了对贷款的控制权，但A银行仍然承担了贷款违约的风险。按照风险与报酬分析法，由于A银行仍然保留了贷款的违约风险，全部贷款应继续在A银行的资产负债表中确认，交易被确认为担保融资。按照金融构成法，恰好相反，由于贷款的控制权已转移，全部贷款应终止确认，同时将A银行承担的损失在报表中确认为金融负债。按照继续涉入法，情况正好处于两者之间。在全部贷款中，A银行只承担了一定数额的贷款损失，则这部分贷款继续在A银行的报表中，不被终止确认，而另一部分贷款应被终止确认。

从第七条、第九条、第十条可以看出,"新准则"主要是采用了风险报酬分析法和金融构成法相结合的方法。从第九条第二款和第十一条第三款可以判断,"新准则"也引入了继续涉入法。

二、金融资产转移的确认

金融资产转移的确认可以分成三种情形:

(一) 转移几乎所有风险和报酬

根据"新准则"第七条规定,企业已将金融资产所有权上几乎所有风险和报酬转移给转入方的,应当终止确认该金融资产,将该金融资产从其账户和资产负债表内予以转销。包括以下三种情况:

(1) 企业以不附追索权方式转移金融资产。

例 5-12:天健公司 2006 年 4 月 1 日向大华公司销售商品一批,售价 20 000 万元。双方约定 6 个月后付款。天健公司由于急需资金,于 6 月 1 日将此笔货款作价 19 600 元,无条件地转让给中金公司。天健公司应该终止确认该金融资产。

例 5-13:汇金公司和建投公司同时依据 2006 年 7 月 1 日人民币对美元的市场汇率 1:8.25,预期 1 年后市场汇率将变为 1:8.3。故双方签订远期外汇合约,约定:在 2007 年 6 月 30 日汇金公司按 1:8.3 将 10 000 美元向建投公司兑换成人民币。双方均以人民币为记账本位币。合约签订后,2006 年 8 月 20 日,市场汇率发生了变化,据此预期 2007 年的市场汇率会变为 1:8.2。8 月 23 日,汇金公司将合约转让给华康公司,获得转让款 900 美元。汇金公司应该终止确认该金融资产。

例 5-14:建设银行将 50 笔总额为 10 000 万元的不良贷款打包出售给某资产管理公司,不再保留任何权利,协商转让价 8 000 万元。建设银行应该终止确认该金融资产。

(2) 企业将金融资产转移,同时与转入方签订协议,在约定期限结束时按当日该金融资产的公允价值回购。

例 5-15:2006 年 12 月 4 日,汇金公司将持有的建投公司发行在外的 10 年期企业债券 1 000 万元转让给华康公司,该债券年利率 10%,汇金公司已计提 3 年利息,协商转移价格 1 200 万元。双方签订合约,约定:汇金公司于 2007 年 12 月 31 日按照市价回购该债券。汇金公司应该终止确认该金融资产。

(3) 企业将金融资产转移,同时与转入方签订看跌期权合约(即转入方有权将该金融资产返售给企业),但从合约条款判断,该看跌期权是一项重大价外期权(即期权合约的条款设计,使得金融资产的买入方到期行权的可能性极小)。例如,建设银行拥有一项贷款组合,将该贷款组合出售给建投公司,未保留任何对此贷款出售的服务性责任。双方签订合约,约定:只有建投公司破产时,才有权将该贷款返售给建设银行。建设银行应该终止确认该金融资产。

（二）保留几乎所有风险和报酬

根据"新准则"第七条规定，企业保留了金融资产所有权上几乎所有风险和报酬的，不应终止确认该金融资产。包括以下四种情况：

（1）企业将金融资产转移，同时与转入方签订协议，在约定期限结束时按固定价格将该金融资产回购。例5-16：华投公司将100万元的债券转让给建投公司，同时与建投公司签订回购协议，承诺在4个月后将转让的100万元债券回购，回购价为106万元，且转让的债券在市场上不易获得。由于华投公司必须回购，所以，华投公司仍然保留了债券上几乎所有的风险和报酬，不应终止确认该金融资产。

（2）企业采用附追索权方式转移金融资产。例如，汇金公司将一笔20 000元的贷款作价18 000元，转让给中金公司，汇金公司对该笔贷款享有追索权。汇金公司不应终止确认该金融资产。

（3）企业将金融资产转移，同时与转入方签订看跌期权合约（即转入方有权将该金融资产返售给企业），但从合约条款判断，该看跌期权是一项重大价内期权（即期权合约的条款设计，使得金融资产的买入方很可能会到期行权）。例如，建设银行拥有一项贷款组合，将该贷款组合出售给建投公司，双方签订合约，约定：只要贷款偿还者出现信用问题，建投公司就可以将该贷款返售给建设银行。建设银行不应该终止确认该金融资产。

（4）企业（银行）将信贷资产整体转移，同时保证对金融资产买方可能发生的信用损失进行全额补偿。例如，例5-11中的A银行把一定数额的住房贷款整体转让给SPV，但贷款违约的损失由A全额补偿，不应终止确认该金融资产。

（三）既没有转移也没有保留几乎所有风险和报酬

根据"新准则"第九条规定，企业既没有转移也没有保留金融资产所有权上几乎所有风险和报酬的，应当判断是否放弃了对所转移金融资产控制，分情况进行处理：

（1）企业放弃了对该金融资产控制的，应终止确认该金融资产。

（2）企业未放弃对该金融资产控制的，应按其继续涉入程度确认该金融资产，并相应确认负债，充分反映企业所保留的权利和承担的义务。

例5-17：某商业银行把2 000万元的贷款证券化，其中完全转移风险和报酬的部分占50%，继续涉入的部分占50%，获得现金2 200万元。则，该银行确认转移出去的资产1 000万元，获得现金1 100万元，确认负债1 100万元，确认收益100万元。

三、金融资产转移的会计计量

在对金融资产转移进行会计确认之后，接下来就要对其进行会计计量。本书按照符合金融资产终止确认条件和不符合终止确认条件来分析金融资产转移的会计计量。

（一）符合终止确认条件的会计计量在讨论终止确认的会计计量时，主要从整体转移和部分转移这两个角度来分析

1. 完整转移时的会计计量

根据"新准则"第十二条的规定，整体转移符合终止确认条件的，按照下面公式计算的差额，确认为当期损益：

　　因转移收到的对价
　　加：原直接计入所有者权益的公允价值变动累计额（利得为加项，损失为减项）
　　减：所转移金融资产的账面价值
　　金融资产整体转移的损益

因转移收到的对价＝因转移交易收到的价款＋新获得金融资产的公允价值＋因转移获得服务资产的公允价值－新承担金融负债的公允价值。其中，新获得的金融资产或新承担的金融负债，在转移日按公允价值确认该金融资产或者金融负债（包括看涨期权、看跌期权、担保负债、远期合同、互换等），并将该金融资产扣除金融负债后的净额作为上述对价的组成部分；原直接计入所有者权益的公允价值变动累计利得或损失，是指所转移金融资产（可供出售金融资产）转移前公允价值变动直接计入所有者权益的累计额。

例 5-18：假设某商业银行拥有一项贷款组合，账面价值为 5 000 万元，公允价值为 5 500 万元，将贷款出售收到 5 250 万元，未保留任何对此贷款出售的服务性责任。该银行从转入方获取一项购买类似贷款的期权，公允价值 320 万元；并承担了一项追索义务，公允价值 240 万元。该银行同时与转入方达成一项利率互换协议，公允价值 200 万元，据该协议该银行可按高于市场利率收到固定利息。

根据上述公式，该银行转移贷款组合收到的现金对价为 5 250 万元。转移中获得的新金融资产为：买入期权，公允价值 320 万元；利率互换，公允价值 200 万元。承担的金融负债为追索义务，公允价值 240 万元。因此，该银行因转移收到的总对价为 5 530 万元（5 250＋320＋200－240）。

该银行所转移贷款组合的账面价值为 5 000 万元。因此，该银行因贷款组合整体转移所应确认的当期收益为 530 万元（5 530－5 000）。

2. 部分转移时的会计计量

根据"新准则"第十三条的规定，部分转移符合终止确认条件的，企业应当将所转移金融资产整体的账面价值，在终止确认部分和未终止确认部分之间，按各自的相对公允价值进行分摊，并将以下两项金额的差额确认为当期损益：终止确认部分的账面价值；终止确认部分的对价，与原直接计入所有者权益的公允价值累计额中对应终止确认部分的金额（涉及转移的金融资产为可供出售金融资产的情形）之和。原直接计入所有者权益的公允价值变动累计额中对应终止确认部分的金额，应当按终止确认部分和未终止确认部分的相对公允价值，对该累计额进行分摊确定。

例 5-19：中金公司欲将账面净额为 50 000 000 美元的一组贷款证券化，将该贷款组合转让给一个不能破产的 SPV，获得现金 51 400 000 美元。SPV 的义务是收回贷款的现金、修正收款条件、向该贷款中的相关利益人支付款项。中金公司成为该贷款组合的服务人，因而得到额外的补偿 700 000 美元。SPV 承担了这笔贷款的收款风险和信用风险，中金公司仍有一部分剩余利益 2 000 000 美元。

在此例中，中金公司所保留的服务资产 700 000 美元应视同未终止确认贷款的一部分，因此，未终止确认贷款的相对公允价值为 2 700 000 美元（2 000 000＋700 000），终止确认贷款的相对公允价值为 51 400 000 美元，亦为对价。

（二）不符合终止确认条件时的会计计量

企业仍保留所转移金融资产所有权上的几乎所有风险和报酬的，应当继续确认所转移金融资产整体，并将收到的对价单独确认为一项金融负债。此类金融资产转移实质上具有融资性质，不能将金融资产与所确认的金融负债相互抵销。比如，企业将国债卖出后又承诺将以固定价格买回，因卖出国债所收到的款项应单独确认为一项金融负债。再如，某商业银行将一笔 2 000 万元的贷款进行证券化，如果该商业银行保留了这笔资产的风险和报酬，获得现金 2 200 万元。则该贷款 2 000 万元仍留在资产负债表中，该银行应确认金融负债 2 200 万元。

"新准则"主要是在以下两方面规范了不符合终止确认条件的金融资产的会计计量：

（1）对所转移金融资产提供财务担保。企业通过对所转移金融资产提供财务担保的方式继续涉入的，应当在转移日按该金融资产的账面价值和财务担保金额两者之中的较低者，确认继续涉入形成的资产，同时按财务担保金额和财务担保合同的公允价值之和确认继续涉入形成的负债。

（2）卖出看跌期权或持有看涨期权在实际业务中，企业可以通过卖出看跌期权或持有看涨期权，来规避金融资产转移过程中产生的风险。这同时也可能导致该金融资产不能终止确认，"新准则"的第十八条到第二十一条对此进行了规范。

①企业因卖出一项看跌期权或持有一项看涨期权，使所转移金融资产不符合终止确认条件，且按照摊余成本计量该金融资产的，应当在转移日按照收到的对价确认继续涉入形成的负债。

②企业因持有一项看涨期权使所转移金融资产不满足终止确认条件，且按照公允价值计量该金融资产的，应当在转移日仍按照公允价值确认所转移金融资产。

③企业因卖出一项看跌期权使所转移金融资产不满足终止确认条件，且按照公允价值计量该金融资产的，应当在转移日按照该金融资产的公允价值和该期权行权价格之间的较低者，确认继续涉入形成的资产；同时，按照该期权的行权价格与时间价值之和，确认继续涉入形成的负债。

④企业因卖出一项看跌期权和购入一项看涨期权（即上下期权）使所转移金融资产不满足终止确认条件，且按照公允价值计量该金融资产的，应当在转移日仍按照公允价值确认所转移金融资产。

第九节 金融工具列报准则的解读

一、金融工具列示

"新准则"第 5 条规定，企业发行金融工具应按照该金融工具的实质，以及金融资产、金融负债和权益工具的定义，在初始确认时将该金融工具或其组成部分确认为金融资产、金融负债或权益工具。实际操作过程中，可以参考《企业会计准则第22号——金融工具确认和计量》。

（一）初始确认为权益工具的情形

从"新准则"第6~8条可以判断，初始确认为权益工具的情形包括以下三方面：

（1）发行不以自身权益工具进行结算的金融工具企业发行的、将来不以自身权益工具进行结算的金融工具满足下列条件之一的，应在初始确认时确认为权益工具：该金融工具没有包括交付现金或其他金融资产给其他单位的合同义务；该金融工具没有包括在潜在不利条件下与其他单位交换金融资产或金融负债的合同义务。

（2）发行以自身权益工具进行结算的金融工具。企业发行的、将来用自身权益工具进行结算的金融工具满足下列条件之一的，应在初始确认时确认为权益工具：该金融工具是非衍生工具，且企业没有义务交付非固定数量的自身权益工具进行结算；该金融工具是衍生工具，且企业只有通过交付固定数量的自身权益工具换取固定数额的现金或其他金融资产进行结算。

（3）发行以现金、其他金融资产进行结算的金融工具。企业发行以现金、其他金融资产进行结算的金融工具满足下列条件之一的，应在初始确认时确认为权益工具：可认定要求以现金、其他金融资产结算的或有结算条款相关的事项不会发生；只有在发行方发生企业清算的情况下才需以现金、其他金融资产进行结算。

（二）金融资产或金融负债的列示

对于是否通过交付现金、其他金融资产进行结算，需要由发行方和持有方均不能控制的未来不确定事项（如股价指数、消费价格指数变动等）的发生或不发生来确定的金融工具，发行方应将其确认为金融负债。

对于发行方或持有方能选择以现金净额或以发行股份交换现金等方式进行结算的衍生金融工具，发行方应将其确认为金融资产或金融负债，但所有可供选择的结算方式表明该衍生金融工具应确认为权益工具的除外。

企业发行的非衍生金融工具包含负债和权益成分的，应在初始确认时将负债和权益成分进行分拆，分别进行处理。在进行分拆时，应先确定负债成分的公允价值并以此作为其初始确认金额，再按照该金融工具整体的发行价格扣除负债成分初始确认金额后的金额确定权益成分的初始确认金额。发行该非衍生金融工具发生的交易费用，应在负债成分和权益成分之间按照各自的相对公允价值进行分摊。

金融资产和金融负债应在资产负债表内分别列示，不得相互抵销；但同时满足下列条件的，应以相互抵销后的净额在资产负债表内列示：企业具有抵销已确认金额的法定权利，且该种法定权利现在是可执行的；企业计划以净额结算，或同时变现该金融资产和清偿该金融负债。不符合终止确认条件的金融资产转移，转出方不得将已转移的金融资产和相关负债进行抵销。

二、金融工具披露

"新准则"规范的金融工具披露侧重于金融工具的风险数据披露，主要包括编制报表时所采用的重要会计政策和计量基础信息（第15~24条）、套期保值相关信息（第25~28条）、公允价值相关信息（第29~32条）、金融工具及其风险信息（第33~45条）。

（一）重要会计政策和计量基础信息

企业应披露编制财务报表时对金融工具所采用的重要会计政策、计量基础等信息，主要包括：指定为以公允价值计量且其变动计入当期损益的金融资产或金融负债，应充分披露定性信息；指定金融资产为可供出售金融资产的条件；确定金融资产已发生减值的客观依据以及计算确定金融资产减值损失所使用的具体方法；金融资产和金融负债的利得和损失的计量基础；金融资产和金融负债终止确认条件；其他与金融工具相关的会计政策。

"新准则"第16条规范了应披露金融资产和金融负债的账面价值信息；第17条、18条分别规范了以公允价值计量且其变动计入当期损益的金融资产或金融负债应披露的风险数据信息；第19条规范了金融资产重新分类后，应披露计量基础发生变化的数据和原因；第20条规范了不符合终止确认条件的金融资产转移应披露的信息；第21条、22条规范了作为担保物的金融资产及其被出售或再作为担保物时应披露的信息；第23条规范了金融资产减值应披露的定量信息；第24条规范了违约借款应披露的信息。从上述两部分来看，第16~24条所规范的内容和第5条互为补充，构成了规范重要会计政策和计量基础信息披露的整体，这两部分内容从定性和定量两方面规范了金融资产或金融负债、资产转移、资产减值等经济事项应披露的信息。

（二）套期保值信息披露

企业应披露与每类套期保值有关的下列信息：套期关系的描述；套期工具的描述及其在资产负债表日的公允价值；被套期风险的性质。企业应披露与现金流量套期有关的下列信息：现金流量预期发生及其影响损益的期间；以前运用套期会计方法处理但预期不会发生的预期交易的描述；本期在所有者权益中确认的金额；本期从所有者权益中转出、直接计入当期损益的金额；本期从所有者权益中转出、直接计入预期交易形成的非金融资产或非金融负债初始确认金额的金额；本期无效套期形成的利得或损失。对于公允价值套期，企业应披露本期套期工具形成的利得或损失，以及被套期项目因被套期风险形成的利得或损失；对于境外经营净投资套期，企业应披露本期无效套期形成的利得或损失。

（三）公允价值信息披露

企业可以不披露下列金融资产或金融负债的公允价值信息：其账面价值与公允价值相差很小的短期金融资产或金融负债；活跃市场中没有报价的权益工具投资，以及与该权益工具挂钩并须通过交付该权益工具结算的衍生工具。

除此之外，企业应按照每类金融资产和金融负债披露下列公允价值信息：确定公允价值所采用的方法；公允价值是否全部或部分是采用估值技术确定；估值技术对估值假设具有重大敏感性的，企业应披露这一事实及改变估值假设可能产生的影响，同时披露采用这种估值技术确定的公允价值的本期变动额计入当期损益的数额。

对于缺乏活跃市场的金融资产或金融负债，根据《企业会计准则第22号——金融工具确认和计量》的规定,采用更公允的交易价格或估值结果计量的,应披露下列信息:在损益中确认该实际交易价格与公允价值之间形成的差异所采用的会计政策;该项差异的期初和期末余额。

(四) 金融工具及其风险信息披露

企业应披露与金融工具有关的下列收入、费用利得或损失。披露在活跃市场中没有报价的权益工具投资,以及与该权益工具挂钩并须通过交付该权益工具结算的下列信息:因公允价值不能可靠计量而未做相关公允价值披露的事实;该金融工具的描述、账面价值以及公允价值不能可靠计量的原因;该金融工具相关市场的描述;企业是否有意处置该金融工具以及可能的处置方式;本期已终止确认该金融工具的,应披露该金融工具终止确认时的账面价值以及终止确认形成的损益。

企业应披露与各类金融工具风险相关的描述性信息和数量信息。披露与每类金融工具信用风险有关的下列信息:尚未逾期和发生减值的金融资产定性信息(与第23条的定量信息相对应);原已逾期或发生减值但相关合同条款已重新商定过的金融资产的账面价值;在不考虑可利用的担保物或其他信用增级(如不符合相互抵销条件的净额结算协议等)的情况下,最能代表企业资产负债表日最大信用风险敞口的金额,以及可利用担保物或其他信用增级的信息。

企业应披露与敏感性分析有关的下列信息:资产负债表日所面临的各类市场风险(包括货币风险、利率风险和其他价格风险)的敏感性分析;本期敏感性分析所使用的方法和假设。企业采用风险价值法或类似方法进行敏感性分析能够反映风险变量之间(如利率和汇率之间等)的关联性,且企业已采用该种方法管理财务风险的,但应披露下列信息:用于该种敏感性分析的方法、选用的主要参数和假设;所使用方法的目的,以及使用该种方法不能充分反映相关金融资产和金融负债公允价值的可能性。

参 考 文 献

[1] 孙晓婷. 解析政府会计准则和政府会计制度的特点及意义 [J]. 财会学习, 2016 (11): 121.

[2] 王晨明. 政府会计准则——基本准则. 新坐标, 新起点 [J]. 财务与会计, 2016 (4).

[3] 王丽静. 会计核算与实务 [M]. 1 版. 北京: 中国财政经济出版社, 2017.

[4] 财政部. 政府会计准则——基本准则 [Z]. 2015 (10).

[5] 财政部. 权责发生制政府综合财务报告制度改革方案 [Z]. 2014-12.

[6] 财政部. 财政部有关负责人就制定《政府会计准则——基本准则》有关问题答记者问 [OL]. 2015-11-02.

[7] 财政部. 政府会计准则——基本准则 [M]. 上海: 立信会计出版社, 2015 (11).

[8] 朱晓梅. 我国政府会计报告评价与改进研究——评价模型构建与应用 [D]. 山东财经大学, 2016.

[9] 袁怡闻. 政府综合财务报告内容的几点思考 [J]. 财务与会计, 2016 (11): 23-25.

[10] 应唯, 张娟, 杨海峰. 政府会计准则体系建设中的相关问题及研究视角 [J]. 会计研究, 2016 (6): 3-7.

[11] 朱荣恩, 贺欣. 内部控制框架的新发展: 企业风险管理框架——COSO 委员会新报告〈企业风险管理框架〉简介 [J]. 审计研究, 2003 (6).

[12] 刘明辉, 张宜霞. 内部控制的经济学思考 [J]. 会计研究, 2002 (8).

[13] 吴水澎, 陈汉文, 邵贤弟. 企业内部控制理论的发展与启示 [J]. 会计研究, 2000 (5).

[14] 李连华. 公司治理与内部控制的衔接与互动 [J]. 会计研究, 2005 (2).

[15] 中华人民共和国财政部. 小企业会计准则 [S]. 2011.

[16] 中华人民共和国财政部. 企业会计准则——2006 [M]. 北京: 经济科学出版社, 2006.

[17] 财政部等五部委. 企业内部控制规范 [M]. 北京: 中国财政经济出版社, 2010.

[18] 财政部、证监会、审计署、银监会、保监会. 企业内部控制评价指引 [R/OL]. 2010. http://kjs.mof.'gov.cn/zhengwuxinxi/zhengeefabu/201005/2020100505328498224213.Pdf.

[19] 财政部、证监会、审计署、银监会、保监会. 企业内部控制应用指引 [R/OL]. 2010. http://kjs.mof.gov.cn/zhengwnxinxi/zhengeefabu/20100s/p020100505328497850725.Pdf.

[20] 财政部、证监会、审计署、银监会、保监会. 企业内部控制审计指引 [R/OL]. 2010. http://kjs.mof.gov.cn/zhengwnxinxi/zhengeefabu/201005/2020100505328498360534.Pdf.

[21] 财政部. 内部会计控制规范——基本规范 (试行) [EB/OL]. http://www.mof.gov.cn/news/20050713—2067—7874.htm, 2005.

[22] 财政部会计司赴美国考察团. 美国会计国际趋同、注册会计师监管和内部控制考察报告 [J]. 会计研究, 2007 (8): 81-86.

[23] 陈志斌. 信息化生态环境下企业内部控制框架研究 [J]. 会计研究, 2007 (1).

[24] 程新生. 公司治理、内部控制、组织结构互动关系研究 [J]. 会计研究, 2004 (4): 14-18.

[25] 池国华. 内部控制学 [M]. 北京：北京大学出版社，2010.

[26] 吴水澎，陈汉文，邵贤弟. 企业内部控制理论的发展与启示 [J]. 会计研究，2000（5）：2-8.

[27] 谢志华. 内部控制、公司治理、风险管理：关系与整合 [J]. 会计研究，2007（10）：37-45.

[28] 谢志华. 内部控制：本质与结构 [J]. 会计研究，2009（12）：70-75.

[29] 阎达五，杨有红. 内部控制框架的构建 [J]. 会计研究，2001（2）：9-14.

[30] 杨口香. 试论内部控制概念框架的构建 [J]. 会计研究，2010（11）：29-32.

[31] 薛娟. 谈新加坡会计准则的国际协调 [J]. 新会计，2006（2）：40-42.

[32] 王丹舟，李炳忠. 中国经济全球化和新会计准则体系 [J]. 商场现代化，2006（12）：383-384.

[33] 樊晓霞，章雁. 新修订薪酬会计准则与IAS19的比较分析 [J]. 交通财会，2014（6）：70-74.

[34] 吕佐志，秦文娇. 政策解析：职工薪酬准则修订后有六大亮点 [N]. 中国税务报，2014-04-08.

[35] 财政部. 企业会计准则运用指南 [M]. 中国财政经济出版社，2014.

[36] 程子建. 增值税"扩围"改革的价格影响与福利效应 [J]. 财经研究，2011（10）.

[37] 邓远军. 税制结构的基本决定因素与比较分析 [J]. 扬州大学税务学院学报，2004（1）.

[38] 潘文轩. 增值税"扩围"改革对行业税负变动的预期影响 [J]. 南京审计学院学报，2012（4）.

[39] 彭海燕. 我国个人所得税累进性分解的实证分析 [J]. 上海经济研究，2010（10）.

[40] 孙玉栋. 我国税收负担的走势及其政策调整 [J]. 当代经济研究，2007（6）.

[41] 谭郁森，朱为群. 增值税改革的税率选择 [J]. 税务研究，2013（1）.

[42] 岳奕宏. 新收入确认准则解读 [J]. 经济师，2015（3）.

[43] 焦桂芳，陆秀芬. 新旧收入准则对比分析 [J]. 会计之友，2018（8）.

[44] 胡冬明. "营改增"企业财会知识读本 [M]. 中国财政经济出版社，2017（7）.

[45] 史玉光. 解读《企业会计准则第37号——金融工具列报》[J]. 金融会计，2007（9）.

[46] 史玉光. 解读《企业会计准则第23号——金融资产转移》[J]. 金融会计，2007（3）.

[47] 史玉光. 解读《企业会计准则第22号——金融工具确认和计量》[J]. 金融会计，2007（5）.

[48] 时军. 浅析新收入准则的变化及其对会计核算的影响 [J]. 财会月刊，2018（5）：113-119.

[49]《财政部修订关于一般企业财务报表格式的通知》——致同研究之企业会计准则系列（六十九）[R]. 致同会计师事务所（特殊普通合伙），2018.